Praxis-Grammatik
RUSSISCH

Das große Lern- und Übungswerk.
Anfänger (A1) bis Fortgeschrittene (B2)
Mit Online-Übungen

von
Olena Prusikin

PONS

Praxis-Grammatik
RUSSISCH

Das große Lern- und Übungswerk.
Anfänger (A1) bis Fortgeschrittene (B2)
Mit Online-Übungen

von
Olena Prusikin

Basiert auf ISBN 978-3-12-562898-4.

PONS verpflichtet sich, den Zugriff auf die zu diesem Buch passenden Online-Übungen mindestens bis Ende 2025 zu gewährleisten. Einen Anspruch der Nutzung darüber hinaus gibt es nicht.

1. Auflage 2024

Redaktion: Leonie Röhr
Online-Übungen: Olena Prusikin
Logoentwurf: Erwin Poell, Heidelberg
Logoüberarbeitung: Sabine Redlin, Ludwigsburg
Layout: BÜRO CAÏRO, Stuttgart
Layoutüberarbeitung: one pm, Stuttgart
Satz: Satzkasten, Stuttgart
Druck und Bindung: Multiprint GmbH

ISBN: 978-3-12-566048-9

So benutzen Sie dieses Buch

Mit der *Praxis-Grammatik Russisch* verbessern Sie Ihre Grammatikkenntnisse, können Sie bereits Gelerntes wiederholen, trainieren, vertiefen und schnell etwas nachschlagen, wenn Sie unsicher sind.
Sie behandelt alle wesentlichen Themen der russischen Grammatik und führt Sie bis zum Niveau B2 des Europäischen Referenzrahmens.

Der Aufbau eines Kapitels

In Mini-Dialogen wird Ihnen zunächst das grammatische Phänomen in einem alltäglichen Zusammenhang vorgestellt.

Klare, leicht verständliche **Erklärungen** und **Regeln**, übersichtliche Tabellen und ausführliche Gebrauchskästen vermitteln Ihnen schnell sichere Kenntnisse. Viele praktische, realitätsnahe **Beispiele** zeigen Ihnen, wie das grammatische Phänomen richtig angewendet wird.

In den zahlreichen anschließenden **Übungen** können Sie das Erlernte selbst anwenden. Dabei ist der Schwierigkeitsgrad einer Übung jeweils durch Sternchen gekennzeichnet:
* = einfache Übung; ** = mittelschwere Übung; *** = schwierige Übung.
So können Sie selbst auf einfache Weise Ihren Lernfortschritt überprüfen.

In den Randspalten finden Sie jede Menge nützlicher Tipps und Informationen zum richtigen Sprachgebrauch:
- zusätzliche Erklärungen zu grammatischen Phänomenen
- Lerntipps und ergänzende Hinweise
- wichtige Ausnahmen und Stolpersteine
- Wortschatz- und Übersetzungshilfen

In der Randspalte finden Sie auch **Verweise** auf andere Kapitel, die das Verständnis des jeweiligen Themas unterstützen.

Zu allen Übungen finden Sie ab Seite 264 die **Lösungen**.

Das ausführliche **Stichwortverzeichnis** am Ende des Buches bringt Sie schnell zu den richtigen Stellen in der Grammatik.

Das Ausspracheтraining

Diese Grammatik bietet Ihnen auf den Seiten 262/263 ein spezielles Aussprachetraining zum Hören und Mitsprechen für die russische Sprache. Hierbei trainieren Sie insbesondere die typischen Laute des Russischen, aber auch die Satzmelodie.
Die MP3-Hördateien finden Sie zum Downloaden unter
www.pons.de/praxisgrammatik-ru

Nun viel Erfolg beim Nachschlagen, Lernen und Üben!

Russisch	Latein	Deutsch
бу́дущее вре́мя	Futur	Zukunft
вини́тельный паде́ж	Akkusativ	Wen-Fall, 4. Fall
глаго́л	Verb	Tätigkeitswort
гла́сный (звук)	Vokal	Selbstlaut
граммати́ческие времена́	Tempora	Zeiten
да́тельный паде́ж	Dativ	Wem-Fall, 3. Fall
деепричáстие	Adverbialpartizip	–
действи́тельный зало́г	Aktiv	Tätigkeitsform
еди́нственное число́	Singular	Einzahl
же́нский род	feminines Genus	weibliches Geschlecht
имени́тельный паде́ж	Nominativ	Wer-Fall, 1. Fall
(и́мя) прилага́тельное	Adjektiv	Eigenschaftswort
(и́мя) существи́тельное	Substantiv, Nomen	Hauptwort
(и́мя) числи́тельное	Numerale	Zahlwort
изъяви́тельное наклоне́ние	Indikativ	Wirklichkeitsform
ли́чное местоиме́ние	Personalpronomen	persönliches Fürwort
междоме́тие	Interjektion	Ausrufewort
местоиме́ние	Pronomen	Fürwort
мно́жественное число́	Plural	Mehrzahl
мужско́й род	maskulines Genus	männliches Geschlecht
наре́чие	Adverb	Umstandswort
настоя́щее вре́мя	Präsens	Gegenwart
нача́льная фо́рма (глаго́ла)	Infinitiv	Grundform des Verbs
несоверше́нный вид	imperfektiver Aspekt	unvollendeter Aspekt
отрица́ние	Negation	Verneinung
повели́тельное наклоне́ние	Imperativ	Befehlsform
подлежа́щее	Subjekt	Satzgegenstand
предло́г	Präposition	Verhältniswort
предло́жный паде́ж	Präpositiv	6. Fall
прича́стие	Partizip	Mittelwort
просто́е предложе́ние	–	einfacher Satz
проше́дшее вре́мя	Präteritum	einfache Vergangenheit
роди́тельный паде́ж	Genitiv	Wessen-Fall, 2. Fall
склоне́ние	Deklination	Beugung von Substantiven, Pronomen, Adjektiven, Zahlwörter und Partizipien
сло́жное предложе́ние	–	zusammengesetzter Satz
соверше́нный вид	perfektiver Aspekt	vollendeter Aspekt
согла́сный (звук)	Konsonant	Mitlaut
сослага́тельное наклоне́ние	Konjunktiv	Möglichkeitsform
сою́з	Konjunktion	Bindewort
спряже́ние	Konjugation	Beugung von Verben
сре́дний род	neutrales Genus	sächliches Geschlecht
страда́тельный зало́г	Passiv	Leideform
твори́тельный паде́ж	Instrumental	Mittelfall, 5. Fall
части́ца	Partikel	Füllwort, Signalwort

Ру́сский алфави́т – Das russische Alphabet

Am Wortende oder vor stimmlosen Konsonanten werden stimmhafte Konsonanten (wie z. B. d, b, g) stimmlos (also wie t, p, k) ausgesprochen. So klingen **код** (*Code*) und **кот** (*Kater*) zum Beispiel gleich.

Das unbetonte **e** spricht man wie **i** aus.

Ё wird immer betont. In der Schriftsprache wird **ё** oft durch **e** ersetzt.

Das unbetonte **o** wird wie **a** in *alt* ausgesprochen.

Das **щ** können Sie beim Pfeifen durch die Zähne hören!

Buchstabe Druckschrift	Schreibschrift	Buchstabenname	Aussprache
А, а	*А, а*	**а**	wie **a** in *Affe*
Б, б	*Б, б*	**бэ**	wie **b** in *Buch*
В, в	*В, в*	**вэ**	wie **w** in *Wasser*
Г, г	*Г, г*	**гэ**	wie **g** in *Gans*
Д, д	*Д, д*	**дэ**	wie **d** in *Dorf*
Е, е	*Е, е*	**е**	wie **je** in *jedoch*, nach Konsonanten wie **e**
Ё, ё	*Ё, ё*	**ё**	wie **jo** in *Joch*, nach Konsonanten wie **o**
Ж, ж	*Ж, ж*	**жэ**	wie das zweite **g** in *Garage*
З, з	*З, з*	**зэ**	wie **s** in *See* (stimmhaft)
И, и	*И, и*	**и**	wie **i** in *Igel*
Й, й	*Й, й*	**и кра́ткое**	(kurzes i) wie **j** in *Joghurt*
К, к	*К, к*	**ка**	wie **k** in *Kuchen*
Л, л	*Л, л*	**эл**	etwa wie das englische **l** in *love*
М, м	*М, м*	**эм**	wie **m** in *Musik*
Н, н	*Н, н*	**эн**	wie **n** in *Nase*
О, о	*О, о*	**о**	wie **o** in *Ort*
П, п	*П, п*	**пэ**	wie **p** in *Panne*
Р, р	*Р, р*	**эр**	gerolltes **r**
С, с	*С, с*	**эс**	wie **ß** in *weiß*
Т, т	*Т, т*	**тэ**	wie **t** in *Turm*
У, у	*У, у*	**у**	wie **u** in *und*
Ф, ф	*Ф, ф*	**эф**	wie **f** in *Fall*
Х, х	*Х, х*	**ха**	wie **ch** in *acht*
Ц, ц	*Ц, ц*	**цэ**	wie **z** in *Zahn*
Ч, ч	*Ч, ч*	**че**	wie **tsch** in *Kutsche*
Ш, ш	*Ш, ш*	**ша**	wie **sch** in *Schule*
Щ, щ	*Щ, щ*	**ща**	langes weiches **sch**
ъ	*ъ*	**твёрдый знак** (Härtezeichen)	kein Lautwert, vorheriger Konsonant wird hart ausgesprochen

Buchstabe Druckschrift	Schreibschrift	Buchstaben-name	Aussprache
ы	*ы*	**ы**	wie **ü** in *Tür*, die Lippen aber gespreizt wie bei der Aussprache von **i**
ь	*ь*	**мя́гкий знак** (Weichheitszeichen)	kein Lautwert, vorheriger Konsonant wird weich ausgesprochen
Э, э	*Э, э*	**э**	wie **ä** in *Ärzte*
Ю, ю	*Ю, ю*	**ю**	wie **ju** in *Juni*, nach Konsonanten wie **u**
Я, я	*Я, я*	**я**	wie **ja** in *Jacke*, nach Konsonanten wie **a**

Wenn Sie Probleme mit der Aussprache von weichen Konsonanten haben, stellen Sie sich ein **i** dahinter vor. Hören Sie den Unterschied zwischen dem **k** in *Kiel* und dem **k** in *kahl*?

Die Schreibschrift

Die meisten handgeschriebenen Buchstaben ähneln der Druckschrift, allerdings gibt es einige Abweichungen, auf die man achten soll.

Druckschrift	Handschrift
Бог	*Бог*
Га́мбург	*Га́мбург*
Де́нвер	*Де́нвер*
Лодзь	*Лодзь*
Па́льма	*Па́льма*
Я́лта	*Я́лта*
Тигр	*Тигр*
торт	*торт*
да́ча	*да́ча*
лиши́шь	*лиши́шь*

Die russische **verbundene Handschrift** wird sowohl in privaten Briefen und Notizen als auch in Preisschildern und Formularen verwendet, es macht also durchaus Sinn, sie zu lernen.

Hinweise zur Aussprache

Im Russischen gibt es keine feste **Betonung**. In ein und demselben Wort können je nach Form verschiedene Silben betont sein. In Lern- Wörterbüchern und in dieser Grammatik wird sie bei mehrsilbigen Wörtern durch ein Betonungszeichen angezeigt.

Man unterscheidet zwischen **weichen und harten Konsonanten**. Die harten Konsonanten werden wie die deutschen Konsonanten ausgesprochen. Bei der Aussprache von weichen Konsonanten wird der Zungenrücken angehoben und an den Gaumen gedrückt. Weich sind Konsonanten vor **ь**, **е**, **ё**, **и**, **ю**, **я** sowie den Konsonanten **ч** und **щ**. Die Zischlaute **ш**, **ж** und **ц** sind immer hart, auch wenn danach **ь**, **е**, **ё**, **и**, **ю**, **я*** folgen.

In normalen russischen Texten gibt es keine Betonungszeichen!

Beim Lernen neuer Vokabel lernen Sie die Betonung gleich mit.

***е**, **ё**, **и**, **ю**, **я** werden dann wie **э**, **о**, **ы**, **у**, **а** ausgesprochen.

1 ПРАВОПИСА́НИЕ – RECHTSCHREIBUNG

Groß- und Kleinschreibung

Im Russischen gibt es sehr viele Rechtschreibregeln. Wenn Sie ein neues Wort lernen, achten Sie dabei auf die richtige Schreibweise!

Wie im Deutschen fängt jeder **Satz** im Russischen mit einem Großbuchstaben an und endet mit einem Punkt. Russische **Substantive** werden nur am Satzanfang groß geschrieben.

Personennamen werden groß geschrieben, z. B. Vor-, Vaters- und Nachnamen: **С**ерге́й **А**лекса́ндрович **Е**се́нин, **А́**нна **А**ндре́евна **А**хма́това.

Suffixe sind kleine Wortbausteine, die selber keine Bedeutung haben und zur Bildung neuer Wörter oder Wortarten gebraucht werden. Deutsche Suffixe sind z. B. *-chen*, *-lich* oder *-keit*.

Wenn man die Zugehörigkeit ausdrücken möchte und dazu **Possessivadjektive** mit den Suffixen -**ин**, -**ов** oder -**ев** bildet, schreibt man sie groß. Werden sie aber mit dem Suffix -**ск**- gebildet, schreibt man sie klein.

Ю́лин журна́л, **О**ле́гова кни́га	толсто́вские кни́ги, пу́шкинский рома́н

Wenn **Eigennamen** (geographische Namen, Theater, Museen etc.) aus zwei oder mehreren Wörtern bestehen, schreibt man in der Regel nur das Wort groß, das diesen Namen näher identifiziert. In der Regel ist es das erste: **Ч**ёрное мо́ре, **Б**ольшо́й теа́тр, **Т**ретьяко́вская галере́я.

Das Wort und seine Bestandteile, S. 13
Qualitäts- und Beziehungsadjektive, S. 43

Dieselbe Regel gilt auch für die Schreibung von **Feiertagsnamen**. Es gibt allerdings einige Ausnahmen.

Но́вый год **Д**ень незави́симости	aber: **Д**ень **П**обе́ды **Д**ень **В**сех **С**вяты́х

журна́л – *Zeitschrift*
кни́га – *Buch*
мо́ре – *Meer*
Но́вый год – *Silvester, Neujahr*
День Всех Святы́х – *Allerheiligen*

 *Wie schreibt man „Eyjafjallajökull ist eine Sehenswürdigkeit Islands?"*
 *Ich weiß es nicht, schlag im Wörterbuch nach.*

Zeichensetzung

Auch die russische Zeichensetzung unterscheidet sich manchmal von der deutschen. Die wichtigsten Regeln dazu finden Sie in den Kapiteln **Der einfache Satz**, S. 199 und **Der zusammengesetzte Satz**, S. 227.

Übungen

1. **Lesen** Sie folgende Wörter laut **vor** und **übersetzen** Sie sie ohne Wörterbuch ins Deutsche.*

a) о́пера ____________ d) цирк ____________

b) шокола́д ____________ e) профе́ссор ____________

c) теа́тр ____________ f) телефо́н ____________

2. Schreiben Sie die Sätze ab. Achten Sie dabei auf die korrekte Groß- und Kleinschreibung.*

a) «отцы́ и де́ти» – рома́н ива́на турге́нева.

____

b) знако́мьтесь, э́то мой брат же́ня, а э́то – моя́ подру́га поли́на.

____

c) в день побе́ды в москве́ устра́ивают салю́т.

____

d) река́ днепр протека́ет по террито́рии росси́и, белару́си и украи́ны.

____

e) пра́здновать но́вый год мы бу́дем у на́ших друзе́й в дюссельдо́рфе.

____

f) моя́ знако́мая игра́ет в орке́стре большо́го теа́тра.

____

g) в э́том году́ я не пое́ду на чёрное мо́ре.

____

Знако́мьтесь! – *Machen Sie sich bekannt!/Darf ich vorstellen?*

устра́ивать – *veranstalten*

салю́т – *Feuerwerk*

пра́здновать – *feiern*

знако́мый, -ая – *der Bekannte, die Bekannte*

2 МОРФОЛО́ГИЯ – FORMENLEHRE

Im Russischen unterscheidet man zwölf Wortarten:

1.	**и́мя существи́тельное**	das Substantiv	учени́к, стул, любо́вь
2.	**и́мя прилага́тельное**	das Adjektiv	хоро́ший, ма́ленький, зелёный
3.	**местоиме́ние**	das Pronomen	я, твой, э́то
4.	**и́мя числи́тельное**	das Zahlwort	два, тре́тий
5.	**глаго́л**	das Verb	чита́ть, идти́, смея́ться
6.	**прича́стие**	das Partizip	бегу́щий, нарисо́ванный
7.	**дееприча́стие**	das Adverbialpartizip	пла́ча, разгова́ривая
8.	**наре́чие**	das Adverb	хорошо́, сего́дня, здесь
9.	**предло́г**	die Präposition	в, на, о́коло
10.	**сою́з**	die Konjunktion	и, но, потому́ что
11.	**части́ца**	die Partikel	ра́зве, ли, же
12.	**междоме́тие**	die Interjektion	ой! спаси́бо

бегу́щий – *der laufende* (von бе́гать – *laufen*)

нарисо́ванный – *der gemalte* (von нарисова́ть – *malen*)

пла́ча – *weinend* (von пла́кать – *weinen*)

разгова́ривая – *sich unterhaltend* (von разгова́ривать – *sich unterhalten*)

1 *Ein Meer, viele Wörter!*
2 *1. Meer*
2 *2. Meeres-, See-*
3 *3. Seemann*
4 *4. Übersee-, überseeisch*
5 *5. Küstenland*
6 *6. Küsten-*
7 *7. Seefahrer*

Das Wort und seine Bestandteile

Alle Wörter kann man in zwei große Gruppen einteilen: **flektierbare Wörter** (siehe Wortarten 1-6) und **unflektierbare Wörter** (siehe Wortarten 7-12).

Flektierbare Wörter bestehen aus dem **Stamm** - dem bedeutungstragenden Wortteil - und der **Endung**, die je nach der grammatischen Form verändert wird und auf die Funktion des Wortes im Satz hinweist:

Stamm Wurzel	 Suffix	Endung	Funktion der Endung
ры́б		а	feminin, Nominativ Singular
стол		- (Nullendung)	maskulin, Nom. oder Akk. Singular
холо́д	н	ый	maskulin, Nom. oder Akk. Singular
говор	и́	ть	Infinitiv

Der Stamm kann allein aus der **Wurzel** bestehen:

двор, **дом**, **дочь**, **краси́в**ый

Er kann aber auch ein **Suffix** enthalten:

до́м**ик**, до́ч**еньк**а, краси́в**ейш**ий	*Häuschen, Töchterchen, der schönste*

Allgemein gibt es im Russischen sehr viele Suffixe. So kann z.B. auch ein Adjektiv ein **Verkleinerungs**- bzw. **Verstärkungssuffix** bekommen:

то́лст**еньк**ий **-** толст**е́нн**ый	*schön rundlich - sehr dick*

Der Teil des Wortes, der vor der Wurzel steht und zur Bildung neuer Wörter dient, heißt **Präfix**:

вход, **вы́**ход, **пере**хо́д	(abgeleitet von ходи́ть - *gehen*)

Selbstverständlich kann ein Wort sowohl ein **Präfix** als auch ein **Suffix** haben:

подоко́нн**ик**, **над**смо́тр**щик**

Ein Wort kann auch **mehr als eine Wurzel** haben:

пар-о-**хо́д**, **тре**-**уго́ль**-ный

Die **Wurzel** ist der **Hauptteil** des Wortes, der seine **Grundbedeutung** trägt.

Das **Suffix** ist die Nachsilbe, die **nach der Wurzel** steht und zur **Bildung neuer Wörter** bzw. **Wortformen** dient.

вход - *Eingang*
вы́ход - *Ausgang*
перехо́д - *Übergang*
подоко́нник - *Fensterbrett*
надсмо́трщик - *Aufseher*
парохо́д - *Dampfschiff*
треуго́льный - *dreieckig*

Der Lautwechsel im Wortstamm

Im Russischen tritt sowohl bei der Formbildung ein und desselben Wortes als auch bei der Bildung neuer Wörter durch Präfixe und Suffixe mitunter ein Lautwechsel auf. Dies kann sein:

Die erste Deklination, S. 22
Die Aspekte des Verbs, S. 108

- ein **Vokalwechsel**: л**о**ма́ть – разл**а́**мывать, р**а**сти́ – подр**о́**сток;
- **Einschub** oder **Wegfall der Vokale о**, **е** (der sogenannten flüchtigen Vokale): с**о**н – сны, д**е**нь – дни;
- ein **Konsonantenwechsel** an der Grenze zwischen dem Stamm und der Endung: кру**г** – кру**ж**и́ть.

Die Hauptarten des Konsonantenwechsels sind folgende:

разла́мывать – *durchbrechen*
подро́сток – *Jugendlicher, Teenager*
кружи́ть – *kreisen*
кра́сить – *färben, streichen*
топи́ть – *heizen; ertränken*

с – ш	кра́**с**ить – кра́**ш**у	**з – ж**	во**з**и́ть – во**ж**у́
г – ж	доро**г**о́й – доро́**ж**е	**к – ч**	кри**к** – кри**ч**а́ть
г – ж – з	дру**г** – дру**ж**и́ть – дру**з**ья́	**ц – ч**	ли**ц**о́ – ли́**ч**ный
д – ж	си**д**е́ть – си**ж**у́	**т – ч**	хо**т**е́ть – хо**ч**у́
ст – щ	про**ст**о́й – про́**щ**е	**п – пл**	то**п**и́ть – то**пл**ю́
ск – щ	и**ск**а́ть – и**щ**у́	**в – вл**	ло**в**и́ть – ло**вл**ю́
б – бл	лю**б**и́ть – лю**бл**ю́	**м – мл**	кор**м**и́ть – кор**мл**ю́

Übungen

1. Finden Sie **Wörter mit der gleichen Wurzel**, achten Sie dabei auf den möglichen Lautwechsel.*

рука́ • бе́гать • мо́ре • де́ти • де́рево • ста́рый • ручно́й • ско́рость • морско́й • ста́рость • бег • приручи́ть • деревя́нный • ско́рый • де́тский • ско́ро • моря́к • вы́бежать • стари́к • де́точка • рукави́ца

ручно́й – *Arm-, Hand-; zahm*
ско́рость – *Geschwindigkeit*
приручи́ть – *zähmen*
рукави́ца – *Fausthandschuh*
де́точка – *Kindlein*

a) рук-/руч-: *рука, ручной,* ______
b) бег-/беж-: ______
c) мор-: ______
d) дет-: ______
e) дерев-: ______
f) стар-: ______
g) скор-: ______

2. Zerlegen Sie die Wörter in ihre **Bestandteile** und ergänzen Sie die Tabelle.**

мы́шка • пододея́льник • переки́нуть • небольшо́й • буты́лочка

Präfix	Wurzel	Suffix	Endung
	мыш	*к*	*а*
под	___	___	___
___	ки	___	___
не	___		___
	___	___	а

пододея́льник – *Bettbezug*
переки́нуть – *(hin)überwerfen*

3. Versuchen Sie, **möglichst viele Wörter** aus den vorhandenen Wortteilen zu bilden. Benutzen Sie dabei das Wörterbuch, denn nicht alle Kombinationen sind ist möglich!***

Präfixe	Suffixe	Endungen
под-	-овик	-ый
при-	-и-	-ть
пре-	-а-	-ся
до-	-ну-	-а
пере-	-ов-	-ий
по-	-ок	
	-е-	
	-от-	
	-еньк-	

a) -ход-: *подход, подходить,* ___

b) -красн-: ___

c) -берёз-: ___

d) -прыг-/-прыж-: ___

e) -черн-/-чёрн-: ___

f) -роз-: ___

g) -весел-/-весёл-: ___

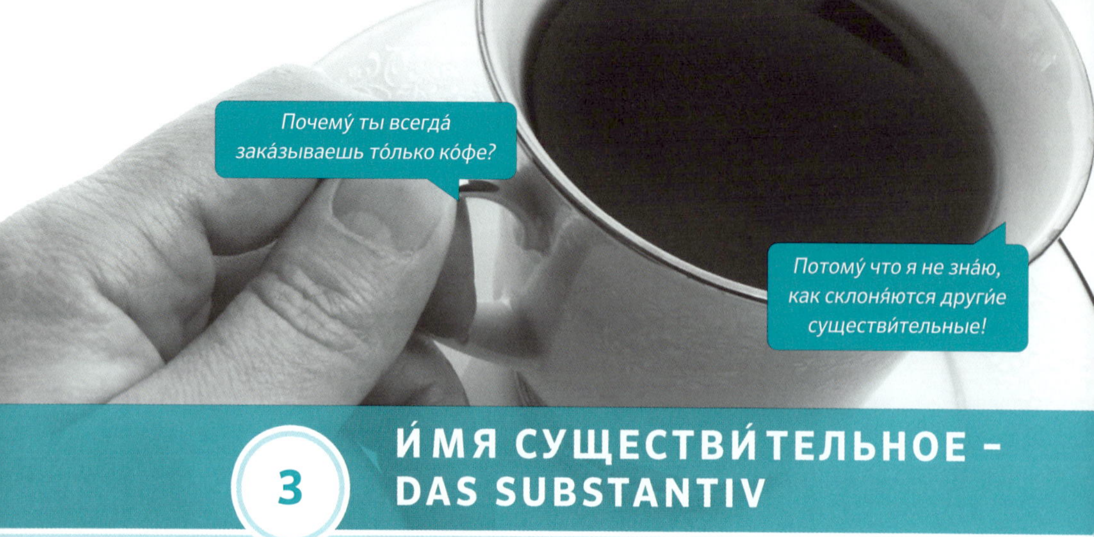

3 И́МЯ СУЩЕСТВИ́ТЕЛЬНОЕ – DAS SUBSTANTIV

Das grammatische Geschlecht, S. 16
Die Zahl, S. 18
Die Fälle, S. 18

Die russischen Substantive bezeichnen **Gegenstände, Lebewesen** sowie **abstrakte Begriffe**, werden nach dem Geschlecht unterschieden und nach Zahl und Fall verändert (dekliniert).

Die Artikellosigkeit des Russischen

Demonstrativpronomen, S. 65
Indefinitpronomen, S. 76

Russische Substantive haben **keinen Artikel**. Ob ein Substantiv bestimmt oder unbestimmt ist, ist im Russischen meistens irrelevant. Das Geschlecht, die Zahl und den Fall des Substantivs erkennt man meistens an seiner Endung.

како́й-то – *irgendein*
э́тот – *dieser*

Soll ein Substantiv **näher bestimmt** werden , können für diesen Zweck je nach Kontext **Indefinit- oder Demonstrativpronomen** (**како́й-то**, **э́тот** usw.) verwendet werden:

Она́ купи́ла маши́ну.	*Sie hat das/ein Auto gekauft.*
Она́ купи́ла **э́ту** маши́ну.	*Sie hat das/dieses Auto gekauft.*
Она́ купи́ла **каку́ю-то** машину.	*Sie hat sich (irgend-)ein Auto gekauft.*

Das grammatische Geschlecht

Für die Verwendung von Substantiven ist ihr grammatisches Geschlecht wichtig. Nach ihrem grammatischen Geschlecht lassen sich alle russischen Substantive **entsprechend ihren Endungen in drei Gruppen** aufteilen:

1 *Warum bestellst du immer nur Kaffee?*

2 *Weil ich nicht weiß, wie die anderen Substantive dekliniert werden!*

Maskulina	Feminina	Neutra
1. Alle Substantive auf **harte Konsonanten** und **-й**: сто**л**, я́щи**к**, музе́**й** 2. Viele Substantive auf **-ь**: ру**ль**, де**нь** – Bezeichnungen von **männlichen Personen** auf -**тель**: учи́**тель**, жи́**тель** – **Monatsnamen** auf **-ь**: ию**нь**, сентя́бр**ь**	1. Die meisten Substantive auf **-а**, **-я**, **-ь**: стран**а́**, неде́л**я**, крова́т**ь** 2. Alle Substantive auf **-жь**, **-чь**, **-шь**, **-щь**, **-ость**: молодё**жь**, но**чь**, мы**шь**, ве**щь**, но́в**ость**, ско́р**ость**	1. Alle Substantive auf **-о**, **(-ё)**, **-е**, **-мя**: окн**о́**, ружь**ё**, мо́р**е**, вре́**мя** 2. **Fremdsprachige unbelebte** Substantive mit **Stammauslaut** auf einen **Vokal**: пальт**о́**, жюр**и́**, раг**у́**

Substantive auf **-ь** können männlich oder weiblich sein. Lernen Sie das Geschlecht deshalb immer mit!

молодёжь – *Jugend, Jugendliche*

руль – *Lenkrad*

Substantive wie **мужчи́на** (*Mann*), **па́па** (*Papa*), **дя́дя** (*Onkel*), **де́душка** (*Opa*) haben zwar die typisch weiblichen Endungen **-а**/**-я**, gehören aber trotzdem zu den Maskulina.

Die zweite Deklination, S. 24

Substantive, die **Lebewesen** (Menschen und Tiere) bezeichnen, können nur weiblich oder männlich sein*. Das grammatische Geschlecht der belebten Substantive lässt sich entweder durch das natürliche Geschlecht des Menschen bzw. des Tieres oder durch die entsprechende Endung bestimmen:

Maskulina	Feminina
ма́льчи**к**, бра**т**, оте́**ц**	де́вочк**а**, сестр**а́**, ма**ть**
бы**к**, ко**т**, пету́**х**	коро́в**а**, ко́шк**а**, ку́риц**а**
сло**н**, крокоди́**л**, вол**к**	обезья́н**а**, па́нд**а**, ры́б**а**

*Ausnahmen: **живо́тное**, **дитя́** (Tier, Kind – letzteres weniger gebräuchlich) sind Neutra.

Einige **Berufsbezeichnungen** haben männliche und weibliche Formen: **учи́тель – учи́тельница** (*Lehrer – Lehrerin*), **санита́р – санита́рка** (*Krankenpfleger – Krankenpflegerin*). Die meisten sind jedoch immer maskulin, egal, ob es sich dabei um einen Mann oder eine Frau handelt: **врач** (*Arzt/Ärztin*), **парикма́хер** (*Friseur/Friseurin*), **фото́граф** (*Fotograf/Fotografin*).

Substantive, die **Kinder** bzw. **Tierjunge** bezeichnen und auf **-ёнок**/**-онок** enden, sind unabhängig von ihrem natürlichen Geschlecht immer maskulin.

реб**ёнок**, кот**ёнок**, медвеж**о́нок**	*das Kind, das Kätzchen, der Bärenwelpe*

Die **Deklination** der Substantive und der dazugehörigen Adjektive bzw. Pronomina entspricht dann dem grammatischen Geschlecht. Die **Konjugation** der Verben richtet sich hingegen nach dem eigentlichen Geschlecht der Person:

Das Präteritum, S. 131

Но́в**ый** врач приш**ёл**. aber: Но́в**ый** врач приш**ла́**.	*Ein neuer Arzt kam.* *Eine neue Ärztin kam.*

Die Zahl

Steht ein **Zahlwort** vor dem Substantiv, muss dies bei der Pluralbildung berücksichtigt werden, denn verschiedene Zahlwörter verlangen verschiedene Pluralformen.

Die meisten russischen Substantive können im **Singular** und im **Plural** gebraucht werden. Der Nominativ Plural wird mit Hilfe der Endungen **-ы/-и**, **-а/-я** (für Maskulina), **-ы/-и** (für Feminina) und **-а/-я** (für Neutra) gebildet.

Maskulina	Feminina	Neutra
стол – стол**ы́**	сестр**а́** – сёстр**ы**	письм**о́** – пи́сьм**а**
слова́рь – словар**и́**	неде́л**я** – неде́л**и**	мо́р**е** - мор**я́**

Grundzahlwörter, S. 84

Die Deklination der Substantive im Plural, S. 29
Besondere Fälle der Pluralbildung, S. 31

Einige Substantive werden **nur im Singular** gebraucht, andere dagegen **nur im Plural**.

чернила – *Tinte*
духи́ – *Parfum*
дро́жжи – *Hefe*
крапи́ва – *Brennnessel*
бу́дни – *Alltag*
су́тки – *24 Stunden*
по́хороны – *Bestattung*

Nur im Singular	Nur im Plural
1. **Sammelnamen**: молодёжь, бельё, посу́да, ме́бель	1. Gegenstände, die aus **zwei** oder **mehreren Teilen** bestehen: очки́, брю́ки, но́жницы, весы́, де́ньги, ша́хматы
2. einige **chemische Stoffe**, **Flüssigkeiten**, **Lebensmittel**: желе́зо, кислоро́д, пи́во, мя́со	2. einige **Substanzen** und **Lebensmittel**: черни́ла, духи́, сли́вки, дро́жжи,
3. einige **Pflanzennamen**: карто́фель, пшени́ца, мали́на, сире́нь, крапи́ва	3. einige **abstrakte Begriffe**: бу́дни, су́тки, кани́кулы, по́хороны
4. viele **abstrakte Begriffe**: пе́ние, внима́ние, мо́лодость, темнота́, любо́вь	

Die Fälle

Die Präposition, S. 173

Russische Substantive werden **dekliniert**, d. h. sie bekommen je nach Fall unterschiedliche Endungen. Bei der Deklination kann sich außerdem die Wortbetonung verschieben.

Wenn Sie ein neues Verb lernen, lernen Sie den Fall, mit dem es gebraucht wird, gleich mit: **звони́ть** + Dat., **ждать** + Gen. oder Akk. usw.

Die Fälle weisen im Russischen eine **Vielzahl von Bedeutungen** auf. Durch ein und denselben Fall kann man im Satz verschiedene Beziehungen zwischen den Wörtern zum Ausdruck bringen. Präpositionen verleihen ihnen zusätzliche Bedeutungen.

Nominativ	**имени́тельный паде́ж**	**кто? что?**	*wer? was?*
Genitiv	**роди́тельный паде́ж**	**кого́? чего́?**	*wessen?*
Dativ	**да́тельный паде́ж**	**кому́? чему́?**	*wem?*
Akkusativ	**вини́тельный паде́ж**	**кого́? что?**	*wen? was?*
Instrumental	**твори́тельный паде́ж**	**кем? чем?**	*mit wem? womit?*
Präpositiv	**предло́жный паде́ж**	**о ко́м? о чём?**	*über wen? worüber?*

Der partitive Genitiv, S. 26

Die ersten vier Fälle werden ähnlich wie im Deutschen verwendet.

Der **Instrumental** bezeichnet meistens das **Instrument** oder das **Mittel**, mit dessen Hilfe die Handlung durchgeführt wird: рисова́ть ки́сточк**ой** и кра́ск**ами** (*mit Pinsel und Farben malen*).
Viele Verben, Präpositionen und grammatikalische Konstruktionen verlangen den Instrumental **rein formal**, ohne dass die oben beschriebene Bedeutung beibehalten bleibt: рабо́тать врач**о́м** (*als Arzt arbeiten*), де́вушка с весл**о́м** (*Mädchen mit dem Ruder*), у́тр**ом** (*am Morgen*).

Präpositionen mit dem Instrumental, S. 176

Der **Präpositiv** wird (wie sein Name schon verrät) nur mit **Präpositionen** gebraucht. Seine Bedeutung hängt also von denen der Präpositionen ab.

§ **Präpositionen mit dem Präpositiv**, S. 176

Ду́маю **о** жи́зн**и**. *Ich denke über das Leben nach.*	Гуля́ю **в** па́рк**е**. *Ich gehe im Park spazieren.*

Übungen

1. Tragen Sie die Substantive je nach **Geschlecht** in die Tabelle ein.*

простыня́ – *Bettlaken*
го́ре – *Unglück*

a) сло́во d) окно́ g) и́мя j) простыня́
b) тетра́дь e) ключ h) глу́пость k) го́ре
c) дом f) апре́ль i) кни́га l) пари́

Maskulina	Feminina	Neutra

2. Verbinden Sie die männlichen Substantive mit dem Zahlwort **оди́н**, die weiblichen mit **одна́** und die sächlichen mit **одно́**.**

оди́н – *ein* (m.)
одна́ – *eine* (f.)
одно́ – *ein* (n.)
объявле́ние – *Anzeige, Ankündigung*

a) *один* бара́н e) ______ воспита́тельница
b) ______ овца́ f) ______ адвока́т
c) ______ альбо́м g) ______ объявле́ние
d) ______ такси́ h) ______ морко́вь

3. Tragen Sie die Substantive je nach ihrer **Pluralfähigkeit** in eine der drei Spalten ein. **

перúла – *Geländer*
ворóта – *Tor*
водорóд – *Wasserstoff*

a)	~~капýста~~	d)	трусы́	g)	смех	j)	ворóта
b)	~~дéньги~~	e)	обéд	h)	суп	k)	водорóд
c)	~~слон~~	f)	убóрка	i)	перúла	l)	зверь

Nur Singular	Singular und Plural	Nur Plural
капуста	*слон*	*деньги*

4. Verbinden Sie die Substantive im Singular mit den Pronomen **мой/моя́/моё** und die im Plural mit **мои́**. ***

мой – *mein* (m.)
моя́ – *meine* (f.)
моё – *mein* (n.)
мои́ – *meine* (Pl.)
задáние – *Aufgabe*

a) *моя* ______ ногá
b) ______ гóрод
c) ______ дочь
d) ______ нóжницы
e) ______ задáние
f) ______ конь
g) ______ очки́
h) ______ кани́кулы
i) ______ дом
j) ______ весы́
k) ______ бюрó
l) ______ дáча

5. Bestimmen Sie, welche **Substantive** im **Singular** gebraucht werden können und schreiben Sie ihre **Singularform**.***

a) носки́ *носок* ______
b) колгóтки ______
c) боти́нки ______
d) близнецы́ ______
e) очки́ ______
f) нóжницы ______
g) перчáтки ______
h) финáнсы ______

4 СКЛОНЕ́НИЯ – DEKLINATIONSMODELLE

Die russischen Substantive werden nach dem Geschlecht und den Endungen im Nominativ Singular in vier **Deklinationstypen** eingeteilt, und zwar in die **erste**, die **zweite**, die **dritte** und die **gemischte Deklination**.

Einige aus Fremdsprachen entlehnte Substantive auf **-о**, **-е**, **-и**, **-ю**, **-у** werden nicht dekliniert und haben keine Pluralform. Dazu gehört das männliche Substantiv **ко́фе** sowie zahlreiche sächliche Substantive wie z. B. **ра́дио**, **кино́**, **пальто́**, **кафе́**, **такси́**, **меню́**, **какаду́** usw.

Allgemeine Hinweise zur Deklination

Viele russische Substantive wechseln bei der Deklination im Singular und/oder im Plural ihre **Betonung**: ст**о**л – стол**а́**. Leider gibt es kaum verlässliche Regeln dazu, also muss man im Zweifelsfall ein Wörterbuch zu Rate ziehen.

Zahlreiche Substantive werden **abweichend von der Regel dekliniert** (Lautwechsel, unregelmäßige Endungen usw.). Daher empfiehlt es sich, beim Lernen der neuen Substantive ihre Deklination im Wörterbuch nachzuschlagen und mitzulernen.

1
- Wer ist das?
- Ohne wen langweilst du dich?
- Über wen freust du dich?
- Wen liebst du?
- Mit wem spielst du?
- Über wen denkst du nach?

2
- Das ist unsere Katze.
- Ohne die Katze.
- Über die Katze!
- Die Katze!
- Mit der Katze.
- Über die Katze.

Die Kategorie der Belebtheit beeinflusst auch die Deklination der dem Substantiv zugeordneten Adjektive, Partizipien, Pronomen und Zahlwörter
▸ **Die Adjektivdeklination**, S. 38
▸ **Das Pronomen**, S. 57
▸ **Das Zahlwort**, S. 84
▸ **Die Deklination der Partizipien**, S. 158

Belebte und unbelebte Substantive

Grammatikalisch gesehen sind sämtliche Bezeichnungen für Menschen und Tiere **belebte Substantive**, alle anderen Substantive sind **unbelebt**. Diese Erkenntnis ist für die Deklination der Substantive von großer Wichtigkeit, da sich dadurch folgende Deklinationsmuster erklären lassen:

belebt	unbelebt
m.: Akk. Sg. = Gen. Sg. m./f./n.: Akk. Pl. = Gen. Pl.	m., n., f. auf -**ь**: Akk. Sg. = Nom. Sg. m./f./n.: Akk. Pl. = Nom. Pl.

Der **Stammauslaut** ist der Laut, auf den der Stamm des Wortes endet, also der letzte Konsonant vor der Endung. Ist der Konsonant hart, spricht man von einem harten Stammauslaut, ist er weich (z. B. wenn der Stamm auf -**ь** endet), spricht man von einem weichen Stammauslaut.

Im **Instr. Sg**. haben die **männlichen** und die **sächlichen** Substantive auf **ж**, **ч**, **ш**, **щ**, **ц** die betonte Endung -**óм** und die unbetonte Endung -**ем**.

Die Deklination der Substantive im Singular

Die erste Deklination

Zur ersten Deklination gehören die **männlichen** Substantive, die auf einen **Konsonanten** oder -**ь** enden, und die **sächlichen** Substantive auf -**о**, -**ё**, -**е**.

Männliche Substantive mit hartem Stammauslaut und Stammauslaut auf Zischlaut

Fall	harter Stammauslaut		Zischlaute (ж, ч, ш, щ, ц)		Endungen
	bel.	unbel.	bel.	unbel.	
Nom.	ма́льчик	дива́н	това́рищ	нож	endungslos (0-Endung)
Gen.	ма́льчик**а**	дива́н**а**	това́рищ**а**	нож**а́**	-**а**
Dat.	ма́льчик**у**	дива́н**у**	това́рищ**у**	нож**у́**	-**у**
Akk.	ма́льчик**а**	дива́н	това́рищ**а**	нож	wie Gen. (bel.) oder Nom. (unbel.)
Instr.	ма́льчик**ом**	дива́н**ом**	това́рищ**ем**	нож**óм**	-**ом**, -**ем**
Präp.	(о) ма́льчик**е**	(о) дива́н**е**	(о) това́рищ**е**	(о) нож**е́**	-**е**

Männliche Substantive mit weichem Stammauslaut und Stammauslaut auf -й

Fall	weicher Stammauslaut		Stammauslaut auf -й		Endungen
	bel.	unbel.	bel.	unbel.	
Nom.	конь	дождь	геро́й	музе́й	endungslos (0-Endung)
Gen.	кон**я́**	дожд**я́**	геро́**я**	музе́**я**	-**я**
Dat.	кон**ю́**	дожд**ю́**	геро́**ю**	музе́**ю**	-**ю**
Akk.	кон**я́**	дождь	геро́**я**	музе́й	- wie Gen. (bel.) oder Nom. (unbel.)
Instr.	кон**ём**	дожд**ём**	геро́**ем**	музе́**ем**	-**ём**, -**ем**
Präp.	(о) кон**е́**	(о) дожд**е́**	(о) геро́**е**	(о) музе́**е**	-**е**

Wenn die Endung im Instrumental betont ist, weist das Substantiv die Endung -**ём** auf. Ist die Endung unbetont, hat es die Endung -**ем**.

Sächliche Substantive mit hartem Stammauslaut

Fall	Substantive	Endungen
Nom.	лéто	-о
Gen.	лéта	-а
Dat.	лéту	-у
Akk.	лéто	- wie Nom.
Instr.	лéтом	-ом
Präp.	(о) лéте	-е

Der Präpositiv braucht immer eine Präposition, z. B. **о** (bzw. **об**, wenn das nachfolgende Wort mit einem Vokal beginnt).

Sächliche Substantive mit weichem Stammauslaut und Stammauslaut auf Zischlaut

Fall	weicher Stammauslaut	Stammauslaut auf ж, ч, ш, щ, ц			Endungen
Nom.	пóле	ружьё	сéрдце	плечó	-ё, -е, -о
Gen.	пóля	ружья́	сéрдца	плечá	-я, -а
Dat.	пóлю	ружью́	сéрдцу	плечу́	-ю, -у
Akk.	пóле	ружьё	сéрдце	плечó	- wie Nom.
Instr.	пóлем	ружьём	сéрдцем	плечóм	-ём, -ем, -ом
Präp.	(о) пóле	(о) ружьé	(о) сéрдце	(о) плечé	-е

ружьё – *Gewehr*

Nach **ж**, **ч**, **ш**, **щ** und **ц** haben die **sächlichen Substantive** im **Nominativ Singular** die Endung **-ó** in **betonter** und die Endung **-е** in **unbetonter Position**.

Ц wird immer hart ausgesprochen!

лицó, плечó, сéрдце, учи́лище

Männliche Substantive auf -ий und sächliche Substantive auf -ие

Fall	männlich		sächlich	Endungen
	bel.	unbel.		
Nom.	гуманитáрий	планетáрий	собрáние	-ий, -ие
Gen.	гуманитáрия	планетáрия	собрáния	-ия
Dat.	гуманитáрию	планетáрию	собрáнию	-ию
Akk.	гуманитáрия	планетáрий	собрáние	wie Gen. (bel.) oder Nom. (unbel.)
Instr.	гуманитáрием	планетáрием	собрáнием	-ием
Präp.	(о) гуманитáрии	(о) планетáрии	(о) собрáнии	-ии

Das russische Alphabet, S. 8

гуманитáрий – *Geisteswissenschaftler*

Die flüchtigen Vokale in den Substantiven

Einige **männliche** Substantive der **ersten Deklination** erhalten im **Nominativ Singular** einen **Einschubvokal** vor dem letzten Konsonanten, damit das Wort einfacher auszusprechen ist. Dieser Vokal taucht in anderen Fällen nicht auf und wird **flüchtiger Vokal** genannt.

Flüchtige Vokale kommen im Nominativ Singular folgender männlicher Substantive vor:

у́голь – *Kohle*
посо́л – *Botschafter*
руче́й – *Bach*

Manchmal tritt anstelle vom flüchtigen -**е** ein -**ь** oder ein -**й** auf:
лёд – льда
лев – льва
руче́й – ручья́
бое́ц – бойца́

1. in den Substantiven, die auf **-ол(ь)**, **-ел(-ёл)**, **-ер**, **-ень**, **-ок**, **-ек**, **-енок(-ёнок)**, **-ец** enden;	посо́л – посла́ – послу́ – посла́ – ... у́голь – угля́ – ... орёл – орла́ – ... ве́тер – ве́тра – ... мешо́к – мешка́ – ... ребёнок – ребёнка – ... оте́ц – отца́ – ...
2. in **einsilbigen** Wörtern.	лоб – лба – ... сон – сна – ...

Der Präpositiv mit der Endung *-у (-ю)*

Einige männliche Substantive weisen im Präpositiv nach den Präpositionen **в** und **на** die betonte Endung -**у́** (-**ю́**) auf.

* Beginnt das Wort mit zwei Konsonanten, wird die Präposition **в** zu **во**.

1. в лесу́, в саду́, в углу́, в шкафу́, в носу́, в глазу́, во рту́*, в бою́, в плену́, в Крыму́	на берегу́, на мосту́, на лугу́, на шкафу́, на лбу́, на носу́, на краю́, на снегу́
2. В како́м году́? – В 2022 году́. В кото́ром часу́?	

Die zweite Deklination

Zur zweiten Deklination gehören die **weiblichen** Substantive auf -**а** (-**я**). Innerhalb der zweiten Deklination unterscheidet man die Beugung der Substantive mit hartem und mit weichem Stammauslaut.

Der Unterschied zwischen diesen beiden Deklinationsmustern besteht hier nur in den **Genitivendungen** (nach **г**, **к**, **х** und den Zischlauten wird **ы** immer zu **и**)!

Weibliche Substantive mit hartem Stammauslaut

Fall	Substantive mit hartem Stammauslaut außer г, к, х	Endungen	Substantive mit Stammauslaut auf г, к, х, ж, ш, щ, ч	Endungen
Nom.	ла́мпа	-а	рука́	-а
Gen.	ла́мпы	-ы	руки́	-и
Dat.	ла́мпе	-е	руке́	-е
Akk.	ла́мпу	-у	ру́ку	-у
Instr.	ла́мпой	-ой	руко́й	-ой
Präp.	(о) ла́мпе	-е	(о) руке́	-е

Nach Zischlauten (**ж**, **ш**, **ч**, **щ**) und **ц** haben die Substantive im **Instrumental** die betonte Endung -**о́й** und die unbetonte Endung -**ей** (свечо́й, пти́цей).

Weibliche Substantive mit weichem Stammauslaut

Fall	Substantive auf **-я**	Endungen	Substantive auf **-ия**	Endungen
Nom.	земл**я́**	**-я**	ли́н**ия**	**-ия**
Gen.	земл**и́**	**-и**	ли́н**ии**	**-ии**
Dat.	земл**е́**	**-е**	ли́н**ии**	**-ии**
Akk.	зе́мл**ю**	**-ю**	ли́н**ию**	**-ию**
Instr.	земл**ёй**	**-ей (-ёй)**	ли́н**ией**	**-ией**
Präp.	(о) земл**е́**	**-е**	(о) ли́н**ии**	**-ии**

Das grammatische Geschlecht, S. 16

Nach der zweiten Deklination werden außerdem die **männlichen Substantive** und die **Substantive zweierlei Geschlechts** auf **-а** (**-я**) gebeugt: мужчи́н**а**, дя́д**я**, у́мниц**а** usw.

Die dritte Deklination

In der dritten Deklination stimmt der Akk. Sg. mit dem Nom. Sg. überein.

Einige Substantive, deren **Stamm** in allen Fällen des Singulars **betont** ist, weisen im **Präpositiv Singular Endbetonung** auf, falls sie mit den Präpositionen **в** oder **на** gebraucht werden: ночь – о но́чи – **в** ночи́, степь – о сте́пи – **в** степи́, кровь – о кро́ви – **на** крови́.

Nach der dritten Deklination werden die **weiblichen** Substantive gebeugt, die im Nominativ Singular auf **-ь** enden.

Fall	Substantiv	Endungen
Nom.	ночь	endungslos (0-Endung)
Gen.	но́ч**и**	**-и**
Dat.	но́ч**и**	**-и**
Akk.	ночь	wie Nom.
Instr.	но́ч**ью**	**-ью**
Präp.	(о) но́ч**и**	**-и**

Zur dritten Deklination gehören auch die Substantive **мать** und **дочь**, die in fast allen Fällen das Suffix **-ер-** erhalten.

Fall	Substantive		Endungen
Nom.	мать	дочь	endungslos (0-Endung)
Gen.	ма́т**ери**	до́ч**ери**	**-и**
Dat.	ма́т**ери**	до́ч**ери**	**-и**
Akk.	мать	дочь	wie Nom.
Instr.	ма́т**ерью**	до́ч**ерью**	**-ью**
Präp.	(о) ма́т**ери**	(о) до́ч**ери**	**-и**

Die gemischte Deklination

Nach diesem Muster werden folgende sächliche Substantive dekliniert: **вре́мя**, **зна́мя**, **и́мя**, **пла́мя** (*Flamme*), **пле́мя** (*Stamm*), darüber hinaus fünf weitere seltener verwendete Substantive auf **-мя**.

Zehn Neutra auf **-мя** und das männliche Substantiv **путь** gehören zur gemischten Deklination.

Fall		Endungen		Endungen
Nom.	вре́мя	**-я**	путь	0-Endung
Gen.	вре́м**ени**	**-и**	пути́	**-и**
Dat.	вре́м**ени**	**-и**	пути́	**-и**
Akk.	вре́мя	wie Nom.	путь	wie Nom.
Instr.	вре́м**енем**	**-ем**	путём	**-ём**
Präp.	(о) вре́м**ени**	**-и**	(о) пути́	**-и**

Der partitive Genitiv*

* Eine Übung zu diesem Thema finden Sie auf S. 36.

Nach den Verben, die den Akkusativ regieren, können ess- und trinkbare Objekte auch im Genitiv stehen, wenn sich diese Objekte nur auf einen (**kleineren) Teil der vorhandenen Menge** an Lebensmitteln beziehen. Der partitive Genitiv wird **nur mit vollendeten Verben** verwendet.

Die Aspekte des Verbs, S. 108

графи́н – *Karaffe*

Partitiver Genitiv	Akkusativ
Я нали́л **со́ка** в стака́н. (ein bisschen Saft, davon ist noch mehr da)	Я нали́л **сок** в графи́н. (den ganzen Saft, den ich hatte)
Она́ вы́пила **молока́**. (ein bisschen Milch)	Она́ вы́пила **молоко́**. (die ganze Milch)

Maskulina bilden neben regelmäßigen auch umgangssprachliche Formen des partitiven Genitivs auf **-у**/**-ю**: Я купи́ла сы́р**у**, мёд**у**, са́хар**у** и ча́**ю**.

Übungen

1. Bestimmen Sie **Geschlecht** und **Fall** der hervorgehobenen Substantive.*

пляж – *Strand*
складно́й сту́л – *Klappstuhl*
бино́кль – *Fernglas*
футля́р – *Etui*

Пляж (a) *(Mask., Nom.)* был пуст. То́лько у **мо́ря** (b) ___________ на складно́м **сту́ле** (c) ___________ сиде́л **мужчи́на** (d) ___________ с **бино́клем** (e) ___________ и смотре́л на во́лны, ча́ек и **кора́бль** (f) ___________ у **горизо́нта** (g) ___________ . Ря́дом с его́ **сту́лом** (h) ___________ стоя́ла **су́мка** (i) ___________ с **буты́лкой** (j) ___________ **воды́** (k) ___________ , то́лстой **тетра́дью** (l) ___________ и **футля́ром** (m) ___________ от **бино́кля** (n) ___________.

2. Beantworten Sie die **Fragen** mit den **Substantiven** in Klammern.*

a) Кого́ ты встре́тил в па́рке? – (друг) *Друга* ________ .

b) Кто был у вас в гостя́х? – (ро́дственник) ________ .

c) Что вы изуча́ли в университе́те? – (фи́зика) ________ .

d) С кем Оле́г е́здил в о́тпуск? – (подру́га) ________ .

e) О чём вы разгова́ривали? – (о́тпуск) ________ .

f) Что ты купи́ла? – (пла́тье) ________ .

g) Где ты гуля́ешь с соба́кой? – (лес) ________ .

h) Чем ты э́то нарисова́ла? – (каранда́ш) ________ .

i) Кто у тебя́ в мешке́? – (кот) ________ .

j) Кому́ ты его́ пода́ришь? – (жена́) ________ .

Die Fragewörter helfen Ihnen, den richtigen Fall zu wählen!

§ **Die Fälle**, S. 18

мешо́к – *Sack*

3. Bestimmen Sie, zu welcher **Deklination** die Substantive gehören.*

a)	хала́т	*1.*	b)	ёж	____	c)	нога́	____
d)	но́вость	____	e)	полоте́нце	____	f)	коро́ль	____
g)	ло́жка	____	h)	мазь	____	i)	по́езд	____
j)	пе́сня	____	k)	дельфина́рий	____	l)	го́ре	____
m)	клей	____	n)	форе́ль	____	o)	бревно́	____
p)	чай	____	q)	ко́фе	____	r)	пи́во	____

хала́т – *Kittel*
ёж – *Igel*
полоте́нце – *Handtuch*
мазь – *Salbe*
клей – *Kleber*
бревно́ – *Baumstamm*

4. Ergänzen Sie die **Tabellen**.**

Nom.	ключ	(d) ____	ка́мень	(k) ____
Gen.	(a) *ключа* ____	му́хи	(h) ____	стекла́
Dat.	ключу́	(e) ____	ка́мню	(l) ____
Akk.	(b) ____	му́ху	(i) ____	стекло́
Instr.	(c) ____	(f) ____	ка́мнем	(m) ____
Präp.	о ключе́	(g) ____	(j) ____	о стекле́

ра́нец – *Ranzen*
сеть – *Netz*
я́блоня – *Apfelbaum*
входно́й биле́т – *Eintrittskarte*

Nom.	любо́вь	(q) ________	муж	(x) ________
Gen.	(n) *любви́*	со́лнца	(u) ________	исто́рии
Dat.	любви́	(r) ________	му́жу	(y) ________
Akk.	(o) ________	со́лнце	(v) ________	исто́рию
Instr.	(p) ________	(s) ________	му́жем	(z) ________
Präp.	о любви́	(t) ________	(w) ________	об исто́рии

5. Setzen Sie die Substantive in Klammern in den richtigen **Fall**.***

a) Ната́ша наде́ла *ко́фту* ________ (ко́фта).

b) Ма́льчик несёт ра́нец ________ (подру́га).

c) Рыба́к лови́л ры́бу ________ (сеть).

d) Я уви́дел краси́вую ________ (ба́бочка).

e) Мы вспомина́ли о ________ (ле́то).

f) В ________ (сад) растёт я́блоня.

g) Моя сестра́ показа́ла ________ (контролёр) свой входно́й ________ (биле́т).

h) Вчера́ я помы́ла ________ (окно́) в кабине́те.

6. Wählen Sie die **richtige Form der Substantive**, schreiben Sie die russischen Buchstaben, die in Klammern davor stehen, in die Kästchen links unten und erfahren Sie, wie der tiefste Süßwassersee der Erde heißt.***

му́ха – *Fliege*
стрекоза́ – *Libelle*
объявле́ние – *Anzeige*
поднима́ть тру́бку – *den Hörer abnehmen*
птене́ц – *Küken*

a) Малы́ш лежи́т на рука́х у ...
(а) ма́ти. (б) ма́тери. (в) ма́терью.

b) Му́ха пла́вает в моём ...
(а) борще́. (б) борщу́. (в) борща́.

c) Стрекоза́ лета́ла над ...
(и) руче́ем. (й) ручьём (к) ручеём.

d) Я звоню́ вам по ...
(и) объявле́ние. (й) объявле́нием. (к) объявле́нию.

e) Подними́, пожа́луйста, ...
(а) тру́бку. (б) тру́бка. (в) тру́бкой.

f) Э́тот пте́нец вы́растет и ста́нет ...
(к) пти́цой. (л) пти́цей. (м) пти́цем.

Die Deklination der Substantive im Plural

Wie bereits im Kapitel **Die Zahl**, S. 18 erwähnt, bilden die meisten russischen Substantive den **Nominativ** Plural mit den Endungen

- **-ы** (die männlichen und die weiblichen Substantive mit hartem Stammauslaut);
- **-и** (die männlichen und die weiblichen Substantive, deren Stamm auf einen weichen Konsonanten, **г/к/х** oder einen Zischlaut endet);
- **-а** und **-я** (die sächlichen Substantive mit hartem bzw. weichem Stammauslaut).

Die Zahl, S. 18

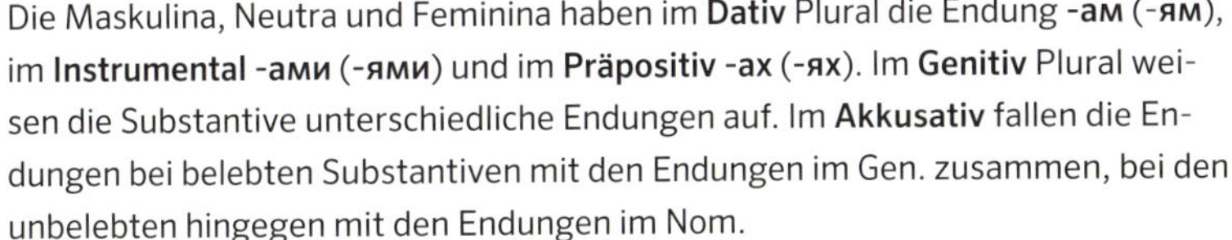
Die Maskulina, Neutra und Feminina haben im **Dativ** Plural die Endung **-ам** (**-ям**), im **Instrumental -ами** (**-ями**) und im **Präpositiv -ах** (**-ях**). Im **Genitiv** Plural weisen die Substantive unterschiedliche Endungen auf. Im **Akkusativ** fallen die Endungen bei belebten Substantiven mit den Endungen im Gen. zusammen, bei den unbelebten hingegen mit den Endungen im Nom.

Die Wörter **лю́ди**, **две́ри**, **ло́шади** bilden im Plural die **Instrumentalformen людьми́**, **дверьми́**, **лошадьми́**.

Die erste Deklination

Der Genitiv Plural der Substantive, S. 32

Männliche Substantive mit hartem Stammauslaut

Fall	belebt	Endungen	unbelebt	Endungen
Nom.	пило́ты	-ы	дубы́	-ы
Gen.	пило́тов	-ов	дубо́в	-ов
Dat.	пило́там	-ам	дуба́м	-ам
Akk.	пило́тов	wie Gen.	дубы́	wie Nom.
Instr.	пило́тами	-ами	дуба́ми	-ами
Präp.	(о) пило́тах	-ах	(о) дуба́х	-ах

Die männlichen und sächlichen Substantive, die im Nominativ Plural auf **-ья** enden (**бра́тья**, **кры́лья**, **дере́вья** etc.), behalten das **-ь** in allen Fällen und werden (bis auf den Gen. Pl. mit der Endung **-ьев**) wie die männlichen Substantive mit weichem Stammauslaut dekliniert.

Männliche Substantive mit weichem Stammauslaut, auf Zischlaute und г, к, х

Die Präposition, S. 173

Fall	belebt	Endungen	unbelebt	Endungen
Nom.	врачи́	-и	огни́	-и
Gen.	враче́й	-ей	огне́й	-ей
Dat.	врача́м	-ам	огня́м	-ям
Akk.	враче́й	wie Gen.	огни́	wie Nom.
Instr.	врача́ми	-ами	огня́ми	-ями
Präp.	(о) врача́х	-ах	(об) огня́х	-ях

Der **Unterschied** zwischen den Pluralendungen der männlichen und der sächlichen Substantive besteht nur in den **Nominativendungen**.

Sächliche Substantive

Fall				Endungen
Nom.	о́кна	поля́	зда́ния	-а, -я, -ия
Gen.	о́кон	поле́й	зда́ний	endungslos (0-Endung), -ей, -ий
Dat.	о́кнам	поля́м	зда́ниям	-ам, -ям, -иям
Akk.	о́кна	поля́	зда́ния	wie Nominativ
Instr.	о́кнами	поля́ми	зда́ниями	-ами, -ями, -иями
Präp.	(об) о́кнах	(о) поля́х	(о) зда́ниях	-ах, -ях, -иях

Die zweite Deklination

Fall	bel.	unbel.	unbel.	Endungen
Nom.	сёстры	неде́ли	а́рмии	-ы, -и, -ии
Gen.	сестёр	неде́ль	а́рмий	endungslos (Nullendung), -ий
Dat.	сёстрам	неде́лям	а́рмиям	-ам, -ям, -иям
Akk.	сестёр	неде́ли	а́рмии	wie Nom. (unbel.) oder Gen. (bel.)
Instr.	сёстрами	неде́лями	а́рмиями	-ами, -ями, -иями
Präp.	(о) сёстрах	(о) неде́лях	(об) а́рмиях	-ах, -ях, -иях

Die dritte Deklination

Fall	bel.	unbel.	Endungen
Nom.	мы́ши	тетра́ди	-и
Gen.	мыше́й	тетра́дей	-ей
Dat.	мыша́м	тетра́дям	-ам, -ям
Akk.	мыше́й	тетра́ди	wie Nom. (unbel.) oder Gen. (bel.)
Instr.	мыша́ми	тетра́дями	-ами, -ями
Präp.	(о) мыша́х	(о) тетра́дях	-ах, -ях

Besondere Fälle der Pluralbildung

1. Einige männlichen Substantive, vor allem viele Berufsbezeichnungen haben im **Nominativ Plural** die Endungen **-а**, **-я**. Die Endung wird dabei betont.

-а	-я
глаз – глаза́	**я́корь – якоря́**
но́мер – номер**а́**	учи́тель – учител**я́**
па́спорт – паспорт**а́**	пу́дель – пудел**я́**
бе́рег – берег**а́**	
по́езд – поезд**а́**	
дом – дом**а́**	
до́ктор – доктор**а́**	
ма́стер – мастер**а́**	

я́корь – *Anker*

2. Einige Maskulina mit hartem Stammauslaut und Neutra auf **-о** bekommen im Plural die Endung **-ья**.

Maskulina	**Neutra**
сын – сынов**ья́**	крыло́ – кры́л**ья**
брат – бра́т**ья**	перо́ – пе́р**ья**
друг – друз**ья́**	де́рево – дере́в**ья**
лист – ли́ст**ья**	

!
лист (*Blatt Papier*) – лист**ы́**
aber:
лист (*Pflanzenblatt*) – ли́ст**ья**

цвето́к (*Blume*) – цвет**ы́**
aber:
цвет (*Farbe*) – цвет**а́**

3. Personenbezeichnungen auf **-анин**, **-янин** haben im Plural die Endungen **-ане**, **-яне**.

-анин ▸ -ане	**-янин ▸ -яне**
англич**а́нин** – англич**а́не**	кресть**я́нин** – кресть**я́не**

4. Substantive auf **-онок**, **-ёнок** weisen im Plural die Endungen **-ата**, **-ята** auf.

-онок ▸ -ата	**-ёнок ▸ -ята**
медвеж**о́нок** – медвеж**а́та**	кот**ёнок** – кот**я́та**
зайч**о́нок** – зайч**а́та**	масл**ёнок** – масл**я́та**

маслёнок – *Butterpilz*

5. Einige Substantive bilden **unregelmäßige** Pluralformen:

ребёнок – **де́ти**	*челове́к* – **лю́ди**
и́мя – **имена́***	*я́блоко* – **я́блоки**
су́дно – **суда́**	*цвето́к* – **цветы́**

Diese Pluralformen werden genauso dekliniert wie die „normalen" Substantive im Plural.

*Genau so werden die Pluralformen der anderen Substantive auf **-мя** gebildet.

Die gemischte Deklination, S. 26

Die Deklination der Substantive im Plural, S. 29

Der Genitiv Plural der Substantive

Im Genitiv Plural weisen die Substantive unterschiedliche Endungen auf.

Die Form des Genitivs Plural wird in den meisten Wörterbüchern angegeben. Lernen Sie sie mit!

Der Genitiv Plural wird nach Wörtern, die **unbestimmte Mengen** bezeichnen wie z. B. **мно́го**, **не́сколько**, **ма́ло**, den **Zahlen ab 5** und der Negation **нет** benutzt.

Das Zahlwort, S. 84
Die Negation mit *не* und *нет*, S. 224

не́мец – *Deutscher*
граждани́н – *Bürger*
крестья́нин – *Bauer*
коло́дец – *Brunnen*
муравéй – *Ameise*
чуло́к – *Strumpf*

Maskulina

-ов	Substantive mit **hartem Stammauslaut**: лес (Nom. Sg.) – леса́ (Nom. Pl.) – лес**о́в** (Gen. Pl) оте́ц – отцы́ – отц**о́в**
-(ь)ев (unbetont) **-ёв** (betont)	Die **stammbetonten** Substantive **-ья**: брат – бра́тья – бра́т**ьев** стул – сту́лья – сту́л**ьев** **Substantive** mit **Stammauslaut** auf **-ц**, wenn die **Endung** im Genitiv Plural **unbetont** ist: коло́дец – коло́дцы – коло́дц**ев** не́мец – не́мцы – не́м**цев** Substantive auf **-й**: муравéй – муравьи́ – муравь**ёв** трамва́й – трамва́и – трамва́**ев**
-ей	Die **endungsbetonten** Substantive auf **-ья**: друг – друзья́ – друз**е́й** Bei Stammauslaut auf **weichen Konsonanten** und **Zischlaut**: врач – врачи́ – врач**е́й** конь – ко́ни – кон**е́й**
endungslos	сапо́г – сапоги́ – сапо́г раз – разы́ – раз чуло́к – чулки́ – чуло́к партиза́н – партиза́ны – партиза́н Substantive auf **-анин**, **-янин**: граждани́н – гра́ждане – гра́ждан крестья́нин – крестья́не – крестья́н

о́блако – облака́ – облак**о́в**

Im Genitiv Plural kann ein **Vokal im Wortstamm** auftauchen: яйцо́ – я́**и**ц; окно́ – о́к**о**н, письмо́ – пи́с**е**м usw.

Neutra

0-Endung	Substantive auf **-о** und auf **-е** bei **Stammauslaut** auf **-ц** und Zischlaute: письмо́ – пи́сьма – пи́сем окно́ – о́кна – о́кон полоте́нце – полоте́нца – полоте́нец яйцо́ – я́йца – яи́ц
-ий	Substantive auf **-ие**: собра́ние – собра́ния – собра́н**ий** зда́ние – зда́ния – зда́н**ий**
-ев	Substantive auf **-о**, die im Nominativ Singular auf **-ья** enden: де́рево – дере́вья – дере́вь**ев** перо́ – пе́рья – пе́рь**ев**
-ей	Substantive auf **-е**: мо́ре – моря́ – мор**е́й** по́ле – поля́ – пол**е́й**

Feminina

0-Endung (harter Konsonant)	Substantive auf **-а**: же́нщина – же́нщины – же́нщин страна́ – стра́ны – стран
0-Endung (**-ь**, **-й**)*	Substantive auf **-я**: ды́ня – ды́ни – дын**ь** ста́туя – ста́туи – ста́ту**й**
-ей	Substantive auf **-ья**: семья́ – се́мьи – сем**е́й** статья́ – статьи́ – стат**е́й** Feminina der **dritten Deklination**: мать – ма́тери – матер**е́й** мышь – мы́ши – мыш**е́й** тетра́дь – тетра́ди – тетра́д**ей** ночь – но́чи – ноч**е́й**

*Ausnahmen:
ви́шня – ви́шни – **ви́шен**
пе́сня – пе́сни – **пе́сен**
ба́шня – ба́шни – **ба́шен**

ды́ня – *Honigmelone*
статья́ – *Artikel*

Die Deklination von Eigennamen

Form

Im Russischen bilden die meisten **Familiennamen** dem Geschlecht des Trägers entsprechend weibliche und männliche Formen.

Im Singular werden die **männlichen Familiennamen** auf **-ов**, **-ев**, **-ёв**, **-ин**, **-ын** vorwiegend wie maskuline Substantive dekliniert.

Э́то Ко́ля Петр**о́в**. Вчера́ я ви́дел Петро́в**а**. (Akk.)	Э́то Никола́й Сидо́р**ин**. Э́то пода́рок Сидо́рин**у**. (Dat.)

Die **weiblichen Familiennamen** auf **-ова**, **-ева**, **-ёва**, **-ина**, **-ына** werden im Singular vorwiegend wie Adjektive dekliniert.*

Familiennamen im Plural auf **-овы**, **-евы**, **-ёвы**, **-ины**, **-ыны** werden wie Adjektive dekliniert.

Vor- und Vatersnamen werden im Unterschied zu den Familiennamen wie normale Substantive dekliniert

Э́то дочь Ли́ди**и** Степа́новн**ы**. (Gen.)	Я звони́л И́гор**ю** Андре́евич**у**. (Akk.)

Ortsnamen werden wie Substantive dekliniert.

Львы живу́т в А́фрик**е**. (Präp.)	Она́ чита́ет об исто́рии Ки́ев**а**. (Gen.)

*Mehr zur Deklination der Familiennamen, die wie Adjektive dekliniert werden

Die Deklination der Familiennamen, S. 53

Der Vatersname wird vom Vornamen des Vaters mit Hilfe der Suffixe **-ович**/**-евич** und **-овна**/**-евна** gebildet:
Сергей Ива́н**ович**, Иван Серге́**евич**, Анна Ива́н**овна**, Елена Серге́**евна**.

In den Familiennamen auf **-их/-ых** wird immer die Endsilbe betont.

Nicht dekliniert werden:

1. Ukrainische Familiennamen auf -ко:	Ти́щен**ко**, Лы́сен**ко**
2. Russische Familiennamen auf **-их/-ых**:	Долг**и́х**, Черн**ы́х**
3. Russische Familiennamen auf **-ич** und **nicht-russische Familiennamen** auf **Konsonanten**, wenn sie auf **Frauen** bezogen sind:	Татья́на Дру́б**ич** Мари́я А́нна **Мо́царт**
4. Nichtrussische Familiennamen auf **Vokal**:	Пикасс**о́**, Растре́лл**и**
5. Nichtrussische **geographische Namen** auf **-е**, **-и**, **-о**, **-у**:	Зимба́бв**е**, Тбили́с**и**, О́сл**о**, Бак**у́**

Мы слу́шали о́перу **Лы́сенко**.
Я звони́л Ива́ну **Белы́х**.
Я люблю́ **Пикассо́**.
Э́то портре́т Мари́и А́нны **Мо́царт**. (aber: Я был в до́ме **Мо́царта**.)
Про́шлым ле́том он был в **О́сло**.

Übungen

1. Bilden Sie die **Pluralformen**.*

при́нтер – *Drucker*
скри́пка – *Geige*

a)	я́блоко	*яблоки*	h)	гарди́на	________
b)	гру́ша	________	i)	мо́ре	________
c)	кре́сло	________	j)	чемода́н	________
d)	при́нтер	________	k)	скри́пка	________
e)	крова́ть	________	l)	мяч	________
f)	костёр	________	m)	дире́ктор	________
g)	сестра́	________	n)	ве́шалка	________

2. Bestimmen Sie das Geschlecht und den Deklinationstyp der Ortsnamen.*

a)	Москва́	*fem., 2. Dekl.*	e)	Австра́лия	________
b)	Берли́н	________	f)	Сара́ево	________
c)	Евро́па	________	g)	Кишенёв	________
d)	Ле́йпциг	________	h)	Волы́нь	________

3. Setzen Sie die angegebenen maskulinen Substantive in den **Genitiv** und ordnen Sie sie in **Gruppen**.*

ученики́ • врачи́ • бра́тья • словари́ • студе́нты • дома́ • портфе́ли • города́ • дни́ • сту́лья • календари́ • друзья́ • языки́ • геро́и • телефо́ны • го́луби • ме́сяцы • экза́мены • украи́нцы

портфе́ль – *Aktentasche*
го́лубь – *Taube*

(a) **-ов**	(b) **-(ь)ев**	(c) **-ей**
учеников	*братьев*	*врачей*

4. Beantworten Sie die Fragen nach dem Muster, benutzen Sie dabei den **Genitiv Plural**.**

упражне́ние – *Übung*

a) – В ва́шем до́ме оди́н эта́ж?

– Нет, в на́шем до́ме пять *этаже́й* ___.

b) – Вы сде́лали два упражне́ния?

– Нет, я сде́лала не́сколько ___.

c) – Кири́лл купи́л одну́ тетра́дь?

– Нет, он купи́л мно́го ___.

d) – В э́той табли́це четы́ре числа́?

– Нет, в э́той табли́це де́сять ___.

e) – В э́той кни́ге два́дцать четы́ре страни́цы?

– Нет, в э́той кни́ге три́дцать ___.

f) – На не́бе есть облака́?

– Нет, на не́бе нет ___.

g) – У вас во дворе́ расту́т дере́вья?

– Нет, у нас во дворе́ нет ___.

5. Setzen Sie die Substantive in den **Akkusativ** oder **den partitiven Genitiv**.**

a) Купи́, пожа́луйста, *сыра* ____________ (сыр) на у́жин.

b) Кто опя́ть съел весь ________________ (сыр)?

c) Ко́шка вы́пила всю ________________ (вода́).

d) Я налила́ ко́шке ________________ (вода́).

e) Мой брат лю́бит ________________ (мёд) в ча́е.

f) Ма́ма положи́ла сы́ну ________________ (мёд) в чай.

клубни́ка – *Erdbeere*

g) Я съе́ла всю ________________ (клубни́ка), бо́льше нет.

h) Дай мне ещё ________________ (клубни́ка), пожа́луйста.

6. Wählen Sie die richtige Form der **Eigennamen**.**

a) Вчера́ я встре́тила ...

☐ 1. Серге́я Андре́евича. ☐ 2. Серге́й Андре́евича.

b) Ле́том мы пое́дем в ...

☐ 1. Тбили́сю. ☐ 2. Тбили́си.

c) Я не узна́л ...

☐ 1. Тама́ры Фёдоровной. ☐ 2. Тама́ру Фёдоровну.

d) Учени́к чита́л стихи́ ...

☐ 1. Тара́са Шевче́нки. ☐ 2. Тара́са Шевче́нко.

e) Это кни́га ...

☐ 1. Экзюпери́. ☐ 2. Экзюпера́.

сцена́рий – *Drehbuch*

f) Мы смотре́ли фильм по сцена́рию ...

☐ 1. Алекса́ндра Адамо́вича. ☐ 2. Алекса́ндра Адамо́вич.

g) Я вспо́мнила о ...

☐ 1. Ю́лии Гиле́виче. ☐ 2. Ю́лии Гиле́вич.

h) Он познако́мился с ...

☐ 1. Андре́ем Черны́хом. ☐ 2. Андре́ем Черны́х.

7. Diese Sätze sind falsch. Bringen Sie sie in Ordnung!***

a) Я ре́жу бума́гой но́жницы.

Я режу ножницами бумагу.

b) В овоща́х и фру́ктах он купи́л магази́н.

____

c) Учи́тель объясня́л дете́й пра́вилам.

____

d) Па́па забива́ет молото́к гвоздя́ми.

____

e) Мы чита́ем пти́цы и зве́ри о кни́гах и журна́лах.

____

f) Почтальо́н принёс мне ро́дственников от пи́сем.

____

g) Ко́шки всегда́ боя́тся мыше́й.

____

h) Я́годы лю́бят медве́дей.

____

i) Я чита́ю автомоби́ли о журна́ле.

____

j) Ни́на звони́т ва́жному вопро́су по ма́тери.

____

k) Де́вочка да́рит кни́ге дру́га.

____

l) По́езд опозда́л на друзе́й.

____

забива́ть – *einschlagen*
молото́к – *Hammer*
гво́здь – *Nagel*
но́жницы – *Schere*
ро́дственник – *Verwandter*
опозда́ть – *sich verspäten*

5 И́МЯ ПРИЛАГА́ТЕЛЬНОЕ - DAS ADJEKTIV

Qualitäts- und Beziehungsadjektive, S. 43

Das Adjektiv bezeichnet **Eigenschaften** und **Merkmale** (большо́й, деревя́нный) sowie die **Zugehörigkeit** der **Substantive** (за́ячий хвост, роди́тельский дом) und beantwortet die Fragen **како́й**? **кака́я**? **како́е**? **каки́е**? (*was für ein/eine/welche?*) oder **чей**? **чья**? **чьё**? **чьи**? (*wessen?*). Es bezieht sich auf ein Substantiv und stimmt mit ihm in Geschlecht, Zahl und Fall überein:

за́ячий хвост – *Hasenschwanz*

роди́тельский дом – *Elternhaus*

Я вы́нула ма́леньк**ую** матрёшк**у** из сре́дн**ей** матрёшк**и**.
Больш**и́е** матрёшк**и** стоя́т ря́дом.

In **Wörterbüchern** steht immer die **männliche Form** der Adjektive.

Die Adjektivdeklination

Form

Die **Geschlechtsendung** des Adjektivs hängt von dem **Stammauslaut** sowie von der **Wortbetonung** ab.* Der Adjektivstamm kann auf einen **harten Konsonanten**, auf **г**, **к**, **х**, auf die Zischlaute **ж**, **ч**, **ш**, **щ** oder einen **weichen Konsonanten** enden.

*Unterscheidet sich das **natürliche Geschlecht** des Bezugsworts vom grammatischen, so folgt das Adjektiv dem natürlichen Geschlecht.

1. Die meisten russischen Adjektive haben einen **harten Stammauslaut.**	**männlich**	unbetonte Endung -**ый**: но́в**ый**, бе́л**ый**, дли́нн**ый** betonte Endung -**ой**: голуб**о́й**, молод**о́й**, прост**о́й**
	sächlich	Endung -**ое**: прост**о́е**, но́в**ое**, ста́р**ое**
	weiblich	Endung -**ая**: но́в**ая**, бе́л**ая**, дли́нн**ая**
	Plural	Endung -**ые**: но́в**ые**, прост**ы́е**, бе́л**ые**, дли́нн**ые**, ста́р**ые**

Das grammatische Geschlecht, S. 16

сре́дний – *mittlerer, mittelgroß*

 *Das ist die größte Matrjoschka, das ist eine große, das ist eine mittelgroße, das ist eine kleine und das ist die kleinste.*

2. Nach **г, к, х, ж, ч, ш, щ** kann nie ein **-ы** folgen.	**männlich**	unbetonte Endung **-ий**: ма́леньк**ий**, све́ж**ий**, хоро́ш**ий** betonte Endung **-ой**: друг**о́й**, плох**о́й**, больш**о́й**
	sächlich	Endung **-ое**: ма́леньк**ое**, плох**о́е**, больш**о́е** unbetonte Endung **-ее** (nur in Adjektiven mit Stammauslaut **ж, ч, ш, щ**): све́ж**ее**, хоро́ш**ее**, горя́ч**ее**
	weiblich	Endung **-ая**: ма́леньк**ая**, све́ж**ая**, больш**а́я**
	Plural	Endung **-ие**: ма́леньк**ие**, плох**и́е**, све́ж**ие**, больш**и́е**
3. Adjektive auf **weiches -н-**	**männlich**	Endung **-ий**: си́н**ий**, ле́тн**ий**, после́дн**ий**
	sächlich	Endung **-ее**: си́н**ее**, ле́тн**ее**, после́дн**ее**
	weiblich	Endung **-яя**: си́н**яя**, ле́тн**яя**, после́дн**яя**
	Plural	Endung **-ие**: си́н**ие**, ле́тн**ие**, после́дн**ие**

Die **Deklination der Adjektive** richtet sich nach dem Geschlecht, der Zahl und dem Fall des Substantivs, auf das sich das Adjektiv bezieht.

Maskulinum Singular

	harter Stammauslaut		**auf г, к, х**	**auf ж, ч, ш, щ**		**weicher Stamm-auslaut**
	Betonung auf Stamm	**Betonung auf Endung**		**Betonung auf Stamm**	**Betonung auf Endung**	
N.	но́в**ый**	прост**о́й**	ти́х**ий**	хоро́ш**ий**	больш**о́й**	си́н**ий**
G.	но́в**ого**	прост**о́го**	ти́х**ого**	хоро́ш**его**	больш**о́го**	си́н**его**
D.	но́в**ому**	прост**о́му**	ти́х**ому**	хоро́ш**ему**	больш**о́му**	си́н**ему**
A.	wie Gen. (bei belebten Substantiven) oder Nom. (bei unbelebten Substantiven)					
I.	но́в**ым**	прост**ы́м**	ти́х**им**	хоро́ш**им**	больш**и́м**	си́н**им**
P.	(о) но́в**ом**	(о) прост**о́м**	(о) ти́х**ом**	(о) хоро́ш**ем**	(о) больш**о́м**	(о) си́н**ем**

Die Deklination von Adjektiven mit Stamm auf **г, к, х** ist bis auf den Nominativ (**ти́хий, лихо́й**) unabhängig von der Betonungsposition.
Die Adjektive mit dem weichen Stammauslaut sind immer stammbetont.

In den Genitivendungen **-ого**, **-его** wird **г** wie **в** ausgesprochen.

Die Deklinationsendungen der **männlichen** und der **sächlichen Form** der Adjektive sind in allen Fällen außer im Nominativ und im Akkusativ gleich. Wie bei den Substantiven stimmen die Akkusativendungen mit denen im Genitiv (falls sich das Adjektiv auf ein belebtes Substantiv bezieht) oder im Nominativ (wenn es sich um ein unbelebtes Substantiv handelt) überein.

Neutrum Singular

In allen Fällen außer dem Nominativ und Akkusativ werden die männlichen und die sächlichen Adjektive gleich dekliniert.

	harter Stammauslaut	auf г, к, х	auf ж, ч, ш, щ Betonung auf Stamm	auf ж, ч, ш, щ Betonung auf Endung	weicher Stammauslaut
Nom.	но́вое	ти́хое	хоро́шее	большо́е	си́нее
Gen.	но́вого	ти́хого	хоро́шего	большо́го	си́него
Dat.	но́вому	ти́хому	хоро́шему	большо́му	си́нему
Akk.	но́вое	ти́хое	хоро́шее	большо́е	си́нее
Instr.	но́вым	ти́хим	хоро́шим	больши́м	си́ним
Präp.	(о) но́вом	(о) ти́хом	(о) хоро́шем	(о) большо́м	(о) си́нем

Femininum Singular

Die weiblichen Adjektive haben im Genitiv, Dativ, Instrumental und Präpositiv die gleichen Endungen: -**ой** oder -**ей**.

	harter Stammauslaut	auf г, к, х	auf ж, ч, ш, щ Betonung auf Stamm	auf ж, ч, ш, щ Betonung auf Endung	weicher Stammauslaut
Nom.	но́вая	ти́хая	хоро́шая	больша́я	си́няя
Gen.	но́вой	ти́хой	хоро́шей	большо́й	си́ней
Dat.	но́вой	ти́хой	хоро́шей	большо́й	си́ней
Akk.	но́вую	ти́хую	хоро́шую	большу́ю	си́нюю
Instr.	но́вой	ти́хой	хоро́шей	большо́й	си́ней
Präp.	(о) но́вой	(о) ти́хой	(о) хоро́шей	(о) большо́й	(о) си́ней

Analog zur Substantivdeklination sind der maskuline Akkusativ Singular dem Genitiv gleich, wenn sich das Adjektiv auf ein Substantiv bezieht, das **etwas Belebtes** bezeichnet. Dagegen stimmt er mit dem Nominativ überein, wenn es sich bei dem Bezugswort nicht um ein Lebewesen handelt.

секре́т – *Geheimnis*

Я зна́ю ма́леньк**ого** ма́льчика.	Я зна́ю ма́леньк**ий** секре́т.

Adjektive, die sich auf männliche Substantive mit den Endungen -**а**, -**я** beziehen, stehen in der männlichen Form und werden dementsprechend dekliniert.

Das grammatische Geschlecht, S. 16

Э́то мой ста́р**ый** де́душка.	Я ви́жу высо́к**ого** мужчи́н**у**.

Plural

Im Genitiv und Präpositiv sind die Endungen gleich (-**ых**, -**их**).

Im Plural ist die Wortbetonung für die Deklination irrelevant.

Fall	harter Stammauslaut	auf г, к, х	Stammauslaut auf ж, ч, ш, щ,	weicher Stammauslaut
Nom.	но́вые	ти́хие	больши́е	си́ние
Gen.	но́вых	ти́хих	больши́х	си́них
Dat.	но́вым	ти́хим	больши́м	си́ним
Akk.	но́вых (bel.) но́вые (unbel.)	ти́хих (bel.) ти́хие (unbel.)	больши́х (bel.) больши́е (unbel.)	си́них (bel.) си́ние (unbel.)
Instr.	но́выми	ти́хими	больши́ми	си́ними
Präp.	(о) но́вых	(о) ти́хих	(о) больши́х	(о) си́них

Gebrauch

Adjektive beziehen sich im Russischen auf ein Substantiv (sehr selten auf ein Personalpronomen) und bezeichnen seine **Eigenschaften** oder **Merkmale**.

Я взяла́ **ма́мину** (Zugehörigkeit) **но́вую** (Eigenschaft) **шёлковую** (Merkmal) блу́зк**у**.

Das Adjektiv kann als **Attribut** gebraucht werden, dann steht es vor dem Substantiv und **stimmt** mit ihm **in Geschlecht, Zahl und Fall überein**:

Он чита́ет интере́сную кни́гу о да́льних стра́нах.

Qualitäts- und Beziehungsadjektive, S. 43

Oft werden **im Deutschen** russische attributive Adjektive mit Substantiven durch ein **Kompositum** wiedergegeben:

морско́й бе́рег	*Seestrand*
де́тская ко́мната	*Kinderzimmer*
шёлковая блу́зка	*Seidenbluse*

Für das Prädikat wird oft (vor allem in der geschriebenen Sprache) die Kurzform des Adjektivs benutzt.

Adjektive können auch als **Prädikate** auftreten und eine Aussage über das Subjekt des Satzes treffen. Im **Präsens** wird dabei das Verb **быть** (*sein*) weggelassen, im **Präteritum** benutzt man die Formen **был, была́, бы́ло, бы́ли**, im **Futur** die Formen **бу́дет, бу́дут**.

Präsens	**Präteritum**	**Futur**
Э́тот хлеб чёрствый.	Кни́га **была́** ску́чная.	Доро́га **бу́дет** до́лгая.

Die Lang- und die Kurzform der Adjektive, S. 44
Das Prädikat, S. 211
Das Subjekt, S. 206
Das Verb *быть*, S. 120

Übungen

1. Ergänzen Sie die **Adjektivendungen**.*

a) но́в*ый*___ дом
b) ра́нн______ у́тро
c) зелён______ одея́ло
d) ры́ж______ соба́ка
e) у́зк______ мост
f) ка́р______ глаза́
g) ста́р______ маши́на
h) больн______ дя́дя
i) сле́дующ______ ме́сяц
j) осе́нн______ пого́да

ры́жий – *rothaarig*
ка́рий – *braun* (nur im Kontext „braune Augen“)

2. Setzen Sie die **Betonungszeichen**.*

общий – *gemeinsam*
волчий – *Wolfs-*
чужой – *fremd*

a)	левый	c)	общее	e)	рыжий	g)	смешной	i)	волчье
b)	золотой	d)	добрый	f)	большое	h)	плохое	j)	чужое

3. Beantworten Sie die Fragen, setzen Sie dabei die **Adjektive** in Klammern in den richtigen **Fall**.**

a) Каку́ю кни́гу ты пи́шешь? – *Детскую.* __________ (де́тский)

b) Како́й э́то журна́л? – __________ (же́нский)

c) Како́го цве́та у неё глаза́? – __________ (си́ний)

d) Како́е письмо́ ты чита́ешь? – __________ (но́вый)

e) Како́го бра́та ты встре́тил вчера́? – __________ (ста́рший)

f) Како́й кра́ской он кра́сит коро́ву? – __________ (лило́вый)

га́лстук – *Krawatte*

g) К како́му костю́му подхо́дит э́тот га́лстук? – К __________ (тёмный)

4. Suchen Sie die passenden **Adjektive** und setzen Sie sie in die richtige **Form**.***

бе́дный • большо́й • деревя́нный • о́стрый • ю́жный • све́жий • прекра́сный • ра́дужный • ста́рший

ёж - *Igel*
иго́лка – *Nadel*
ра́дужный – *regenbogenfarben*

a) Ба́бушка, почему́ у тебя́ таки́е *большие* __________ зу́бы?

b) У меня́ нет __________ бра́та.

c) У ежа́ __________ иго́лки.

d) Принц поцелова́л __________ принце́ссу.

e) Мы пода́рим э́ти игру́шки __________ де́тям.

f) Под __________ мосто́м течёт руче́й.

g) Они́ несли́ __________ флаг.

h) Из __________ окна́ видны́ го́ры.

i) Пойдём на __________ во́здух!

Qualitäts- und Beziehungsadjektive

Alle russischen Adjektive lassen sich in Qualitäts- und Beziehungsadjektive einteilen. Die **Qualitätsadjektive** bezeichnen die Merkmale, die bei einem Gegenstand in mehr oder minder starkem Maße auftreten können (**высо́кий** дом, **краси́вый** го́род). Die **Beziehungsadjektive** lassen dagegen keinen Vergleich und keine Steigerung zu und bezeichnen die Eigenschaften eines Gegenstandes durch Beziehung auf andere Gegenstände, Stoffe, Zeitpunkte und Orte (**стекля́нная** ва́за, **вчера́шний** день, **речна́я** вода́).

стекля́нный – *Glas-, gläsern*
вчера́шний – *gestrig*
речно́й – *Fluss-*

Form

Qualitätsadjektive

- bestehen oft nur aus der **Wurzel** und der **Endung**: но́в**ый** костю́м, ста́р**ое** де́рево
- werden hauptsächlich von **Substantiven** mit Hilfe des Suffixes -**н**- und den Adjektivendungen gebildet: холо́д**ный**, вку́с**ный**
- haben häufig das Suffix -**к**-: высо́**кий**, я́р**кий**.

§ Die Adjektivdeklination, S. 38

Beziehungsadjektive

- sind **immer von Substantiven abgeleitet**. Dabei enthalten sie die Suffixe -**н**-, -**ск**-, -**ат**-, -**ист**-, -**ов**-, -**ев**-, -**ическ**-, -**енн**-, -**ан**-, -**ян**-: желе́з**ный**, ки́ев**ский**, горб**а́т**ый, боло́т**ист**ый, ме́х**ов**ый, пол**ев**о́й, истор**и́ческ**ий, пи́сьм**енн**ый, ко́ж**ан**ый, ветр**ян**о́й.

! Wenn der Stamm des Substantivs, von dem das Adjektiv abgeleitet wird, auf **г**, **к**, **х**, **т**, **ц** endet, findet ein Konsonantenwechsel statt: доро́**г**а – доро́**ж**ный, со́лн**ц**е – со́лне**ч**ный usw.

Der Lautwechsel im Wortstamm, S. 14

Gebrauch

Qualitätsadjektive bezeichnen z. B.:

die **Farbe**:

бе́лый снег, жёлтый песо́к

die **Größe** oder die **Form**:

большо́й о́стров, кру́глый стол

die **physischen Eigenschaften**:

лёгкий рюкза́к, молода́я мать

die **Charaktereigenschaften**:

до́брый ма́льчик, у́мная соба́ка

Beziehungsadjektive erläutern z. B.:
das **Material**:

серебряное кольцо́, шерстяны́е носки́

желе́зный – *eisern*
горба́тый – *bucklig*
боло́тистый – *sumpfig*
ме́ховый – *Pelz-*
полево́й – *Feld-*
ветряно́й – *Wind-*
шерстяно́й – *Woll-*

die **Person**, für die der Gegenstand gedacht ist:

детский стул, женский журнал

die **Zeit**:

весенние цветы, утренний чай

den **Ort**:

горная река, морская рыба

die **Art der Tätigkeit**:

спортивные новости, оперный театр

den **Besitz**:

мамины очки, Танина сумка

Die Lang- und die Kurzform der Adjektive

Im Russischen unterscheidet man Lang- und Kurzformen der Adjektive. **Qualitätsadjektive** können **beide Formen** haben, **Beziehungsadjektive** haben **nur Langformen**.

Langform	Kurzform
высо́**кий** шкаф	шкаф высо́к
зи́мн**ий** день	- (keine Kurzform)

Form

Die Kurzformen werden nicht nach dem Fall verändert!

Die Kurzformen werden gebildet, indem von den Langformen der Qualitätsadjektive die Endung gestrichen wird. Die Adjektive bekommen dann die folgenden Endungen:

Singular Mask.	Fem.	Neutr.	Plural alle drei Geschlechter
–	-а	-о	-**ы**, -**и** (nach weichen Konsonanten und **г**, **к**, **х**, **ж**, **ц**, **ш**, **щ**)

здоро́в~~ый~~ – здоро́в – здоро́в**а** – здоро́в**о** – здоро́в**ы**
хоро́ш~~ий~~ – хоро́ш – хорош**а́** – хорош**о́** – хорош**и́**

Ein **е** wird auch dann eingeschoben, wenn in der Langform ein **ь** oder ein **й** vor dem Suffix -**к**- steht:
го́р**ь**кий – го́р**е**к
сто́**й**кий – сто́**е**к

Endet der Stamm des Adjektivs auf zwei Konsonanten, wird in der männlichen Kurzform ein **о** oder ein **е**/**ё** zwischen diese Konsonanten eingefügt.

o vor к	**e/ё vor н, р, л**
бли́зкий **–** бли́з**о**к	больно́й **–** бо́л**е**н
у́зкий – у́з**о**к	у́мный – ум**ё**н
лёгкий – лёг**о**к	о́стрый – ост**ё**р

сто́йкий – *standhaft*

Die Adjektive auf -**енный** haben in der Kurzform entweder die Endung -**ен** oder die Endung -**енен**.

уве́р**енный** – уве́р**ен**	обыкнове́**нный** – обыкнове́**нен**

уве́ренный – *sicher*
обыкнове́нный – *gewöhnlich*

Die Adjektive **большо́й** und **ма́ленький** haben keine Kurzformen. Stattdessen verwendet man die Kurzform der Adjektive **вели́кий** und **ма́лый**.

вели́кий большо́й	вели́к, велика́, велико́, велики́
ма́лый ма́ленький	мал, мала́, мало́, малы́

Gebrauch

Die Kurzformen der Adjektive können **nur als Prädikat** verwendet werden und bestimmen das Subjekt.

Наш дом краси́в. Я в э́том уве́рена.

Das Prädikat, S. 211
Das Subjekt, S. 206

Für die Vergangenheit benutzt man das Verb **быть** (*sein*) in den Formen **был**, **была́**, **бы́ло**, **бы́ли**, für die Zukunft werden die Formen **бу́дет** (Sg.) und **бу́дут** (Pl.) verwendet. Im Präsens wird das Verb **быть** meistens nicht gebraucht.

Präteritum	Э́ти джи́нсы **бы́ли** мне велики́.
Präsens	Э́ти джи́нсы мне велики́.
Futur	Э́ти джи́нсы **бу́дут** мне велики́.

In einigen Fällen ist **sowohl die Lang- als auch die Kurzform** des Adjektivs als Prädikat möglich, allerdings sind die Formen nicht immer austauschbar.

Die Kurzform gilt gegenüber der Langform als **schriftsprachlich**. Man kann also schreiben bzw. sagen, ohne die Bedeutung zu verändern:

Исто́рия была́ интере́сн**а**. oder: Исто́рия была́ интере́сн**ая**.

Die Kurzform kann eine **zeitliche Begrenzung** ausdrücken:

Моя́ сестра́ больн**а́я**.	*Meine Schwester ist (chronisch) krank.*
Моя́ сестра́ больн**а́**.	*Meine Schwester ist (im Moment) krank.*

Die **Langform** bezeichnet eine **konkrete Eigenschaft**, die **Kurzform** bezeichnet eine **subjektive Eigenschaft** in Bezug auf eine Person, einen Gegenstand oder Umstände.

Боти́нки широ́кие.	*Die Schuhe sind weit.*
Боти́нки мне широки́.	*Die Schuhe sind mir zu weit.*

In Sätzen mit dem Subjekt **э́то** wird die Kurzform des Adjektivs (Sg. Neutr.) gebraucht.

Э́то мне поня́тно. Э́то о́чень стра́нно.

Ist von einem prädikativen Adjektiv ein **Objekt abhängig**, wird immer die Kurzform verwendet.

собесе́дование – *Vorstellungsgespräch*

Мы ра́ды встре́че. Он гото́в к собесе́дованию.

Übungen

1. Bestimmen Sie, welche **Adjektive** zu den **Qualitäts**- und welche zu den **Beziehungsadjektiven** gehören.*

резиновый – *Gummi-*

деревя́нный • интере́сный • мя́гкий • неме́цкий • рези́новый • речно́й • тёплый • техни́ческий • то́лстый • уста́лый

Qualitätsadjektive	Beziehungsadjektive
интересный	*деревянный*

2. Setzen Sie in die **Kurzformen** die richtigen **Vokale о/е/ё** ein.*

кре́пкий – *stark*
го́рький – *bitter*
хи́трый – *schlau*

a) ску́ч*е*н	d) ни́з___к	g) го́р___к
b) све́т___л	e) кре́п___к	h) хит___р
c) ост___р	f) ум___н	i) до́л___г

3. Suchen Sie zu jedem Substantiv je ein **passendes Qualitäts-** und **Beziehungsadjektiv** und setzen Sie diese in die richtige Form.**

a) *круглый резиновый* __________ мяч

b) ____________________ журна́л

c) ____________________ ко́мната

d) ____________________ день

e) ____________________ пиро́г

f) ____________________ по́лка

ва́нный, вку́сный, высо́кий, дли́нный, кни́жный, кру́глый, литерату́рный, ма́йский, просто́рный, рези́новый, то́лстый, я́блочный

ва́нный – *Bade-*
просто́рный – *geräumig*

4. Ergänzen Sie die fehlenden **Lang-** (m. Nom. Sg.) **und Kurzformen** der Adjektive.**

Langform	Kurzform m.	f.	n.	Pl.
но́вый	a) *нов*	нова́	b) *ново*	но́вы
c) _____	широ́к	d) _____	широко́	e) _____
у́мный	f) _____	умна́	g) _____	умны́
h) _____	бо́лен	i) _____	бо́льно	j) _____
коро́ткий	k) _____	коротка́	l) _____	коротки́
m) _____	плох	n) _____	пло́хо	o) _____

Das Wort **ва́нная** kann auch ohne Substantiv in der Bedeutung *Badezimmer* gebraucht werden.

Substantivierte Adjektive, S. 52

5. Suchen Sie zu jedem Adjektiv eines aus der Box heraus, das das **Gegenteil** ausdrückt, und bilden Sie die passende **Kurzform**.***

больно́й • большо́й • гру́стный • интере́сный • коро́ткий • бедный • высокий • поле́зный • по́лный • сло́жный • споко́йный

a) Это пла́тье мне дли́нно, а то – *коротко* __________.

b) Куре́ние вре́дно, а спорт – ____________________.

c) Э́тот стака́н пуст, а тот – ____________________.

d) Э́тот ребёнок здоро́в, а тот – ____________________.

e) Э́ти ту́фли мне малы́, а те – ____________________.

f) Э́та кни́га была́ скучна́, а та – ____________________.

g) Де́вушка была́ весела́, а ю́ноша – ____________________.

куре́ние – *Rauchen*
ску́чный – *langweilig*

h) Вчера́ я был взволно́ван, а сего́дня уже́ ______________________.

i) Э́ти упражне́ния легки́, а те – ______________________.

j) Э́тот челове́к бога́т, а тот – ______________________.

k) Э́тот дом ни́зок, а тот – ______________________.

6. Richtig oder falsch? Kreuzen Sie die Sätze mit der **richtigen Adjektivform** an. Passen Sie auf, manchmal sind beide Varianten möglich!***

a) 1. ☐ Я больна́я гри́ппом.
   2. ☐ Я больна́ гри́ппом.

b) 1. ☐ Му́зыка была́ о́чень краси́ва.
   2. ☐ Му́зыка была́ о́чень краси́вая.

c) 1. ☐ Э́то бу́дет весёлое.
   2. ☐ Э́то бу́дет ве́село.

d) 1. ☐ В э́том году́ была́ сне́жная зима́.
   2. ☐ В э́том году́ была́ сне́жна зима́.

e) 1. ☐ Э́то ко́жаная су́мка.
   2. ☐ Э́то ко́жана су́мка.

f) 1. ☐ Но́вый дива́н бу́дет удо́бный.
   2. ☐ Но́вый дива́н бу́дет удо́бен.

g) 1. ☐ Твоя́ шля́па мне велика́.
   2. ☐ Твоя́ шля́па мне больша́я.

h) 1. ☐ Их дочь похо́жая на роди́телей.
   2. ☐ Их дочь похо́жа на роди́телей.

i) 1. ☐ Э́тот пиро́г вишнёвый?
   2. ☐ Э́тот пиро́г вишнёв?

j) 1. ☐ До пя́тницы я соверше́нно свобо́ден.
   2. ☐ До пя́тницы я соверше́нно свобо́дный.

Die Steigerung der Adjektive

Steigerungsformen lassen sich **nur von Qualitätsadjektiven** bilden. Von den Beziehungsadjektiven können keine Steigerungsformen gebildet werden. Qualitätsadjektive bilden zwei Steigerungsformen: den **Komparativ** und den **Superlativ**.

Der Komparativ

Man unterscheidet zwischen dem **einfachen** (веселе́е) und dem **zusammengesetzten** (бо́лее весёлый) Komparativ.

Form

Der einfache Komparativ
Der einfache Komparativ wird durch Anfügen der Suffixe -**ee** oder -**e** an den Adjektivstamm gebildet. Die meisten Adjektive bilden den einfachen Komparativ mit dem Suffix -**ee**:

весёлый – весел**е́е**	си́льный – сильн**е́е**
краси́вый – красив**е́е**	сла́бый – слаб**е́е**

In der Komparativform wird in der Regel das erste -**e** des Suffixes -**ee betont** (s. Tabelle). **Lange Adjektive** mit mindestens drei Silben sind in der Komparativform **stammbetont** (внима́тельнее, осторо́жнее). Die Komparativformen auf -**e** sind immer **stammbetont**.

Von Adjektiven mit Stammauslaut auf **г, д, т, к, х** oder **ст, ск** sowie von einigen anderen Adjektiven wird der Komparativ mit Hilfe des Suffixes -**e** gebildet. Dabei tritt ein **Konsonantenwechsel** ein (**г, д ▸ ж; к, т ▸ ч; х ▸ ш; ст ▸ щ**).

г, д ▸ ж	**т, к ▸ ч**	**х ▸ ш**	**ст ▸ щ, ск ▸ щ**
доро**г**о́й – доро́**же**	кру**т**о́й – кру́**че**	су**х**о́й – су́**ше**	про**ст**о́й – про́**ще**
моло**д**о́й – моло́**же**	зво́н**к**ий – зво́н**че**	ти́**х**ий – ти́**ше**	пло́**ск**ий – пло́**ще**

круто́й – *steil*
зво́нкий – *klangvoll, wohlklingend*
пло́ский – *flach*

Bei einigen Adjektiven **entfallen** im Komparativ die **Suffixe** -**к**-, -**ок**-, im Wurzelauslaut tritt ein Konsonantenwechsel auf.

ни́зкий – ни́**же**	бли́зкий – бли́**же**
высо́кий – вы́**ше**	коро́ткий – коро́**че**

Merken Sie sich:
дале́кий – **да́льше**
то́нкий – **то́ньше**
до́лгий – **до́льше**
хоро́ший – **лу́чше**
плохо́й – **ху́же**
ма́ленький – **ме́ньше**

Ebenfalls mit Hilfe des Suffixes -**e** bildet man den Komparativ einiger anderen Adjektive:

большо́й – бо́льше	по́здний – по́з**же** (*oder* поздне́е)
сла́дкий – сла́**ще**	глубо́кий – глу́б**же**

Der zusammengesetzte Komparativ

Der zusammengesetzte Komparativ kann von **allen Qualitätsadjektiven** gebildet werden. Er wird durch Voranstellung von **бо́лее** gebildet.

све́тлый	▶	**бо́лее** све́тлый
до́брый	▶	**бо́лее** до́брый

Das Adjektiv verändert sich nach Fall, Geschlecht und Zahl wie das dazugehörige Substantiv, das **бо́лее** bleibt dagegen stets unverändert.

Gebrauch

Den Komparativ benutzt man, um **Vergleiche** anzustellen. Er bezeichnet die Eigenschaft, die bei einem Gegenstand oder einer Person stärker ausgeprägt ist als bei einem bzw. einer anderen.

Лев **сильне́е** ко́шки. Ко́шка **слабе́е** льва.

за́яц – *Hase*
черепа́ха – *Schildkröte*

Der Vergleich mithilfe des einfachen Komparativs kann im Russischen auf zwei verschiedene Weisen erfolgen:

- Das Vergleichswort steht im **Genitiv**:

Жира́ф вы́ше **зе́бры**. За́яц быстре́е **черепа́хи**.

Vor **чем** steht in der Regel ein Komma.

- Die Konjunktion *als* nach dem Komparativ wird durch die Konjunktion **чем** wiedergegeben. Das Vergleichswort steht in diesem Fall im **Nominativ**.

Жира́ф вы́ше, **чем зе́бра**. За́яц быстре́е, **чем черепа́ха**.

Nach dem **zusammengesetzten** Komparativ ist **nur** ein Vergleich durch **чем** + **Nominativ** möglich.

Жира́ф бо́лее высо́кий, **чем зе́бра**. За́яц бо́лее бы́стрый, **чем черепа́ха**.

Der einfache und der zusammengesetzte Komparativ sind untereinander **austauschbar**, aber der **zusammengesetzte Komparativ** ist eher in der **Schriftsprache** zu verwenden.

Der Superlativ

Im Russischen unterscheidet man den einfachen und den zusammengesetzten Superlativ.

Der einfache Superlativ

Form

Der einfache Superlativ wird durch das Einfügen der Suffixe **-ейш-** oder **-айш-** gebildet. Die Formen werden wie das Adjektiv **хоро́ший** gebeugt.

Die Adjektivdeklination, S. 38

-ейш-	-айш- (nach г, к, х)*
бога́тый – богат**е́йш**ий	глубо́кий – глубо**ча́йш**ий
краси́вый – красив**е́йш**ий	кра́ткий – крат**ча́йш**ий
си́льный – сильн**е́йш**ий	стро́гий – стро**жа́йш**ий
у́мный – умн**е́йш**ий	ти́хий – ти**ша́йш**ий

* Dabei findet ein Konsonantenwechsel statt: **г** ▶ **ж**, **к** ▶ **ч**, **х** ▶ **ш**.

Der Lautwechsel im Wortstamm, S. 14

Viele Superlativformen können zum Ausdruck der Verstärkung mit **наи-** präfigiert werden:

си́льный – **наи**сильне́йший	*stark – der allerstärkste*
хоро́ший – **наи**лу́чший	*gut – der allerbeste*
стро́гий – **наи**строжа́йший	*streng – der allerstrengste*

Merken Sie sich folgende Sonderformen:
хоро́ший – лу́чше – **лу́чший**
плохо́й – ху́же – **ху́дший**
ма́ленький – ме́ньше – **ме́ньший**

Der zusammengesetzte Superlativ

Form

Der zusammengesetzte Superlativ kann **von allen Qualitätsadjektiven** gebildet werden, und zwar durch Voranstellen von **са́мый**.

молодо́й	▶	**са́мый** мо́лодой
весёлый	▶	**са́мый** весёлый
глу́пый	▶	**са́мый** глу́пый

Von vielen Adjektiven kann **kein einfacher Superlativ** gebildet werden (z. B. **ра́нний, молодо́й, больно́й**). Hier ist lediglich die Bildung des zusammengesetzten Superlativs möglich. Im Zweifelsfall sollte man den zusammengesetzten Superlativ benutzen.

Ein zusammengesetzter Superlativ kann auch durch Verbindung des einfachen Komparativs mit dem Genitiv des Pronomens **все** (*alle*) gebildet werden:

Он ста́рше **всех**.	*Er ist der Älteste (von allen).*
Она умне́е **всех**.	*Sie ist die Klügste (von allen).*

Der zusammengesetzte Superlativ kann auch mit **наибо́лее** gebildet werden.

са́мый высо́кий	**наибо́лее** высо́кий
са́мый популя́рный	**наибо́лее** популя́рный

Die Adjektivdeklination, S. 38

Der Superlativ wird **nach Geschlecht, Zahl und Fall abgewandelt**, das Wort **наибо́лее** und die Formen des einfachen Komparativs mit **всех** bleiben **unverändert**.

са́мый (наибо́лее) высо́кий	**высоча́йший**
Мы бы́ли на Цу́гшпитце – са́м**ой** (наибо́лее) высо́**кой** горе́ Герма́нии.	Мы подняли́сь на Цу́гшпитце – высоча́йш**ую** го́ру Герма́нии.

Gebrauch

Der Superlativ zeigt, dass ein Gegenstand oder eine Person eine Eigenschaft in **höchstem Maße** aufweist.

- За́яц бы́стрый, ло́шадь быстре́е, а гепа́рд – **са́мый бы́стрый**.

Er kann allerdings auch sein, dass etwas nur in **ungewöhnlich hohem Maße** vorhanden ist.

- умне́йший челове́к — *ein überaus kluger Mensch*
- редча́йший слу́чай — *ein höchst seltener Fall*

Der **einfache Superlativ** ist für die **Schriftsprache** typisch und wird seltener verwendet als der zusammengesetzte. Die zusammengesetzte Form mit **са́мый** wird **sowohl in der Schriftsprache als auch in der Umgangssprache** gebraucht.

взро́слый – *erwachsen, Erwachsener*
вести́ себя́ – *sich benehmen*
рабо́чее ме́сто – *Arbeitsplatz*
запрещено́ – *verboten*
рабо́чий – *Arbeiter*
бастова́ть – *streiken*
зарпла́та – *Lohn, Gehalt*

Substantivierte Adjektive

Einige Adjektive können in der Bedeutung von Substantiven gebraucht werden und deren Funktion im Satz übernehmen.

Die Adjektivdeklination, S. 38

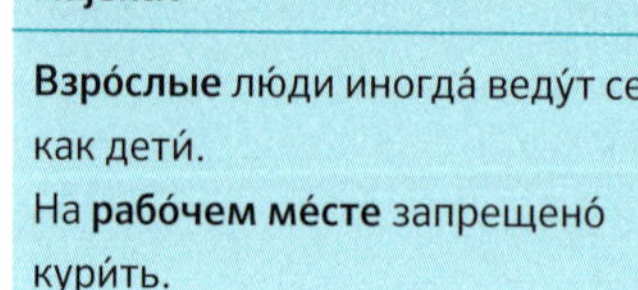

Adjektiv	**Substantiviertes Adjektiv**
Взро́слые лю́ди иногда́ веду́т себя́ как дети́. На **рабо́чем ме́сте** запрещено́ кури́ть.	**Взро́слые** иногда́ веду́т себя́ как де́ти. **Рабо́чие** басту́ют из-за ни́зкой зарпла́ты.

Das substantivierte Adjektiv kann zur näheren Bestimmung ein weiteres Adjektiv bei sich haben: **но́вая бу́лочная, ста́рый больно́й** usw.

Form

Die Adjektive in Substantivfunktion sowie die völlig zu Substantiven gewordenen Adjektive werden **wie Adjektive dekliniert**.

Gebrauch

Manche Adjektive sind komplett zu Substantiven geworden und nur noch als solche gebräuchlich:

прохо́жий	*Passant*
портно́й	*Schneider*
мостова́я	*Straßenpflaster*
запята́я	*Komma*

Die Deklination der Familiennamen

Deklinatations-modelle, S. 21
Die Adjektiv-deklination, S. 38

Männliche Familiennamen auf **-ын**, **-ин**, **-ов**, **-ев**, **-ёв** werden **wie** die männlichen **Substantive** der ersten Deklination mit hartem Stammauslaut dekliniert, haben aber im Instrumental die adjektivische Endung **-ым**.
Weibliche Familiennamen auf **-ына**, **-ина**, **-ова**, **-ева**, **-ёва** werden **wie Adjektive** dekliniert, haben aber im Akkusativ die Endung **-у**.
Im **Plural** haben diese Familiennamen die Nominativendung **-ы**, in den übrigen Fällen werden sie **wie Adjektive** im Plural dekliniert.

Fall	männlich	weiblich	Plural
Nominativ	Щедри́н	Щедрин**а́**	Щедрин**ы́**
Genitiv	Щедрин**а́**	Щедрин**о́й**	Щедрин**ы́х**
Dativ	Щедрин**у́**	Щедрин**о́й**	Щедрин**ы́м**
Akkusativ	Щедрин**а́**	Щедрин**у́**	Щедрин**ы́х**
Instrumental	Щедрин**ы́м**	Щедрин**о́й**	Щедрин**ы́ми**
Präpositiv	(о) Щедрин**е́**	(о) Щедрин**о́й**	(о) Щедрин**ы́х**

Die Familiennamen mit Adjektivendungen **-ский** (**-цкий**), **-ская** (**-цкая**) werden ausnahmslos **wie Adjektive** dekliniert.

Fall	-цкий (-ский)	-ская (-цкая)	Plural
Nominativ	Высо́ц**кий**	Краси́нск**ая**	Краси́нск**ие**
Genitiv	Высо́ц**кого**	Краси́нск**ой**	Краси́нск**их**
Dativ	Высо́ц**кому**	Краси́нск**ой**	Краси́нск**им**
Akkusativ	Высо́ц**кого**	Краси́нск**ую**	Краси́нск**их**
Instrumental	Высо́ц**ким**	Краси́нск**ой**	Краси́нск**ими**
Präpositiv	(о) Высо́ц**ком**	(о) Краси́нск**ой**	(о) Краси́нск**их**

Я разгова́ривал с Макси́мом Ла́рин**ым**.
Она́ встре́тила О́льгу Ла́рин**у**.
Мы бы́ли в гостя́х у семьи́ Ла́рин**ых**.

Die Deklination von Eigennamen, S. 33

Übungen

1. **Steigern** Sie die **Adjektive**. Ergänzen Sie die fehlenden Formen.*

Der einfache Komparativ und der zusammengesetzte Superlativ sind die gebräuchlichsten Steigerungsformen.

Als Zusatzübung können Sie auf einem Extrablatt auch den zusammengesetzten Komparativ mit **бо́лее** und den einfachen Superlativ von den in der Übung genannten Adjektiven bilden.

	Grundform	einfacher Komparativ	zusammengesetzter Superlativ
a)	сухо́й	*суше*	*самый сухой*
b)	мо́крый	______	______
c)	твёрдый	______	______
d)	тёплый	______	______
e)	______	мя́гче	______
f)	______	ху́же	______
g)	______	ме́дленнее	______
h)	______	______	са́мый дли́нный
i)	______	______	са́мый ма́ленький
j)	______	______	са́мый гру́стный

2. Entscheiden Sie, ob die Adjektive **Steigerungsformen** bilden können und sortieren Sie sie in die beiden Spalten ein.*

удо́бный – *bequem*
соба́чий – *Hunde-*
ку́хонный – *Küchen-*

лёгкий • желе́зный • тёмный • весе́нний • счастли́вый • то́нкий • кра́сный • сла́бый • речно́й • удо́бный • соба́чий • гро́мкий • компью́терный • ку́хонный

kann Steigerungsformen bilden	kann keine Steigerungsformen bilden

3. Schreiben Sie in Klammern ein S, wenn das hervorgehobene Wort ein **Substantiv** ist, und ein A, wenn das hervorgehobene Wort ein **Adjektiv** ist.*

a) Я обе́дала в столо́вой. (*S*)

b) Суп на́до есть столо́вой ло́жкой. (___)

c) Больно́го везу́т в больни́цу. (___)

d) Больна́я ко́шка ничего́ не ест. (___)

e) Я е́ду в экску́рсию по ру́сским города́м. (___)

f) Ру́сские всегда́ гостеприи́мны. (___)

g) Мёртвые не куса́ются. (___)

h) В мёртвый сезо́н пляж пуст. (___)

i) По у́лице иду́т вое́нные. (___)

j) Они́ пою́т вое́нные ма́рши. (___)

столо́вая – *Kantine, Mensa*
столо́вая ло́жка – *Esslöffel*
гостеприи́мный – *gastfreundlich*
куса́ться – *beißen*
мёртвый сезо́н – *Nebensaison*
вое́нный – *Angehöriger des Militärs / der Armee; militärisch, Militär-*

4. Setzen Sie die **Familiennamen** in die richtige Form.**

a) Са́ша пьёт ко́фе с *Кристиной Лозинской* (Кристи́на Лози́нская – Instr.)

b) Я знако́ма с ____________________ (Серге́й Серге́ев – Instr.).

c) Сего́дня в кла́ссе нет ____________________ (Ка́тя Беля́ева – Gen.).

d) Мне ну́жно позвони́ть ____________________ (Оле́г Ильи́н – Dat.).

e) Они́ встре́тили ____________________ (Окса́на Нау́мова – Akk.).

f) Он чита́ет кни́гу о ____________________ (Пу́шкин – Präp.).

g) В 1972 году́ Фи́шер победи́л ____________________ (Спа́сский – Akk.).

победи́ть – *besiegen*

5. Ersetzen Sie den **zusammengesetzten Superlativ** durch den **einfachen**.**

a) Эльбру́с – са́мая высо́кая гора́ Евро́пы.

высочайшая

b) Транссиби́рская магистра́ль – са́мая дли́нная желе́зная доро́га в ми́ре.

____

c) Байка́л – са́мое глубо́кое о́зеро в ми́ре.

____

d) Каспи́йское мо́ре – са́мое кру́пное о́зеро в ми́ре.

кру́пный – *groß*

____

e) Верхоя́нск – са́мый холо́дный го́род в ми́ре.

____

f) Во́лга – са́мая дли́нная река́ в Евро́пе.

____

6. Bilden Sie **Sätze** nach dem folgenden Muster.***

a) ста́рший: Ми́ша – Ро́ма – Андре́й

Рома старше Миши, а Андрей – самый старший.

b) мла́дший: Ю́ля – О́ля – Ле́на

____

c) высо́кий: ту́мбочка – стол – шкаф

____

d) ме́дленный: лягу́шка – черепа́ха – ули́тка

____

e) бы́стрый: велосипе́д – мотоци́кл – самолёт

____

f) бли́зкий: Сату́рн – Юпи́тер – Марс

____

ту́мбочка – *Nachttisch*
лягу́шка – *Frosch*
ули́тка – *Schnecke*
мотоци́кл – *Motorrad*
черепа́ха – *Schildkröte*

7. **Übersetzen** Sie ins Russische.***

a) Mein Haus ist höher als dein Haus.

____

b) Der Gepard ist das schnellste Tier der Welt.

____

c) Die Donau ist länger als der Rhein.

____

d) Schokolade ist süßer als Karotten.

____

e) Der Lamborghini Veneno ist das teuerste Auto der Welt.

____

f) In Moskau dauert der kürzeste Tag des Jahres sieben Stunden.

____

6 МЕСТОИМЕ́НИЕ – DAS PRONOMEN

Als **Pronomen** bezeichnet man Wörter, die **stellvertretend für ein Substantiv** stehen oder **ein Substantiv begleiten**. Im Russischen gibt es neun verschiedene Pronomentypen.

Personalpronomen	я, ты, он, она́, оно́ ...	*ich, du, er, sie, es ...*
Reflexivpronomen	себя́	*sich*
Possessivpronomen	мой, твой, его́, её ...	*mein, dein, sein, ihr ...*
Demonstrativpronomen	э́тот, тот, тако́й	*dieser, jener, solcher*
Interrogativpronomen	кто? что? како́й?	*wer? was? was für ein?*
Relativpronomen	кото́рый, кто, что	*der, wer, was*
Negationspronomen	никто́, ничто́, никако́й	*niemand, nichts, keiner*
Indefinitpronomen	кто́-то, что́-нибу́дь	*jemand, irgendetwas*
Definitpronomen	сам, весь, ка́ждый	*selbst, ganz, jeder*

1 *Wer sind all diese Menschen?*
2 *Das bin ich, und das da sind meine Schwestern.*
3 *Und wer ist das?*
4 *Das sind ihre Männer und unsere Eltern, und das da sind unsere Kinder.*

Nach den Präpositionen **вне**, **благодаря́**, **вслéдствие**, **вопреки́**, **соглáсно**, **навстрéчу** erhalten die Pronomen der 3. Person **kein** н-!

Personalpronomen

Personalpronomen stehen für eine **Person** oder eine **Sache**, die **bekannt** ist und **nicht wiederholt** werden soll.

Form

Steht vor den Personalpronomen der 3. Person (**он**, **онó**, **онá**, **они́**) eine **Präposition**, wird im Russischen ein **н-** vorgeschaltet.

горди́ться – *stolz sein*

Я дарю́ **ему́** подáрок.	Я иду́ к **нему́** в гóсти.
Мы ви́дели **её** вчерá.	Вот вáза, постáвь в **неё** цветы́.
Где мои́ ключи́? Ты **их** не ви́дел?	Мы бы́ли у **них** в гостя́х.

Die Deklinationsformen der Pronomen **он** und **онó** sind gleich.

егó wird **евó** ausgesprochen.

*s. unten bei „Gebrauch".

Die Deklination der Personalpronomen

		1. Person	**2. Person**	**3. Person**		
Singular	**Nom.**	я	ты	он	онá	онó
	Gen.	меня́	тебя́	(н)егó	(н)её	(н)егó
	Dat.	мне	тебé	(н)ему́	(н)ей	(н)ему́
	Akk.	меня́	тебя́	(н)егó	(н)её	(н)егó
	Instr.	мной	тобóй	(н)им	(н)ей	(н)им
	Präp.	(обо) мне	(о) тебé	(о) нём	(о) ней	(о) нём
Plural	**Nom.**	мы	вы, Вы*		они́	
	Gen.	нас	вас/Вас		(н)их	
	Dat.	нам	вам/Вам		(н)им	
	Akk.	нас	вас/Вас		(н)их	
	Instr.	нáми	вáми/Вáми		(н)и́ми	
	Präp.	(о) нас	(о) вас/Вас		(о) них	

Gebrauch

Personalpronomen ersetzen Personennamen oder Gegenstandsbezeichnungen. Damit bezeichnet man:

- den/die **Sprecher selbst**: 1. Person – **я** (Sg.), **мы** (Pl.);
- den oder die **Gesprächspartner**: 2. Person – **ты** (Sg.), **вы/Вы** (Pl.);
- die Person oder den Gegenstand, **über die/den gesprochen wird**: 3. Person – **он, онá, онó** (Sg.), **они́** (Pl.).

Я хочу́ поговори́ть с **тобóй** о кóшке. Сегóдня **онá** óчень гру́стная.

Мы не мóжем прийти́ к **вам** с детьми́. **Они́** сейчáс у бáбушки.

Im Russischen benutzt man das Pronomen der 2. Person Plural **Вы** als **Höflichkeitsform**. In Briefen wird es groß geschrieben.

Я пишу́ **Вам** впервы́е. — *Ich schreibe Sie zum ersten Mal an.*

Wenn man **sich selbst** und **eine** oder **mehrere andere Personen** als **Gruppe** darstellen möchte, benutzt man das Pronomen **мы** mit der Präposition **с** (statt der deutschen Konstruktion *XY und ich*).

Мы с сестро́й бы́ли в кино́. — *Meine Schwester und ich waren im Kino.*

Das Reflexivpronomen *себя́*

Form

Im Russischen gibt es im Unterschied zum Deutschen **nur ein Reflexivpronomen** - **себя́** (*sich*). Dies kann alle Personen und Geschlechter und sowohl den Singular als auch den Plural vertreten.

Die Deklination des Reflexivpronomen себя́

	Singular und Plural	Deutsch
Nominativ	–	–
Genitiv	себя́	*mich, dich, sich, uns, euch*
Dativ	себе́	*mir, dir, sich, uns, euch*
Akkusativ	себя́	*mich, dich, sich, uns, euch*
Instrumental	**собо́й**	– *
Präpositiv	(о) себе́	– *

* Da es im Deutschen keinen Instrumental und Präpositiv gibt, werden die Pronomen je nach Satzkonstruktion mit Akkusativ- oder Dativformen **übersetzt**:
У меня́ с **собо́й** письмо́. – *Ich habe einen Brief bei mir.*
Я горжу́сь **собо́й**. – *Ich bin stolz auf mich.*

Gebrauch

Das Pronomen **себя́** bezieht sich immer auf das **Subjekt** des Satzes und tritt als Objekt auf.

Dativ	**Akkusativ**
Ты пригото́вил **себе́** у́жин.	(*Du hast dir das Abendessen* gekocht.)
Ты не узнаёшь **себя́** на фо́то.	(*Du erkennst dich auf dem Foto nicht.*)

Possessivpronomen

Possessivpronomen geben eine **Zugehörigkeit** oder einen **Besitz** an.

Form

	1. Person	2. Person	3. Person
Singular	мой	твой	его́/её/его́
Plural	наш	ваш, Ваш	их

Die Possessivpronomen **мой** und **твой** werden nach demselben Muster dekliniert. Die Deklination von **наш** und **ваш** ist ebenfalls gleich.

*Das **г** in der Pronominalendung -**его** wird als **в** ausgesprochen.

Deklination von мой (твой)

	Mask. Sg.	Fem. Sg.	Neutr. Sg.	Plural
Nom.	мой	моя́	моё	мои́
Gen.	моего́*	мое́й	моего́*	мои́х
Dat.	моему́	мое́й	моему́	мои́м
Akk.	моего́* (bel.) мой (unbel.)	мою́	моё	мои́х (bel.) мои́ (unbel.)
Instr.	мои́м	мое́й	мои́м	мои́ми
Präp.	(о) моём	(о) мое́й	(о) моём	(о) мои́х

Deklination von наш (ваш/Ваш)

	Mask. Sg.	Fem. Sg.	Neutr. Sg.	Plural
Nom.	наш	на́ша	на́ше	на́ши
Gen.	на́шего*	на́шей	на́шего*	на́ших
Dat.	на́шему	на́шей	на́шему	на́шим
Akk.	на́шего* (bel.) наш (unbel.)	на́шу	на́ше	на́ших (bel.) на́ши (unbel.)
Instr.	на́шим	на́шей	на́шим	на́шими
Präp.	(о) на́шем	(о) на́шей	(о) на́шем	(о) на́ших

Analog zur Substantivdeklination sind der maskuline Akk. Sg. sowie der Akk. Pl. aller drei Geschlechter mit dem Genitiv identisch, wenn sich das Possessivpronomen auf ein Substantiv bezieht, das ein **Lebewesen** bezeichnet.

Die Pronomen **его**, **её** und **их** bleiben in allen Formen unverändert.

Э́то **его́** брат. (Nom.)	Он боя́лся **его́** бра́та. (Gen.)
Она́ звони́т **её** сестре́. (Dat.)	Она́ зна́ет **её** сестру́. (Akk.)
Мы знако́мы с **их** роди́телями. (Instr.)	Мы говори́м об **их** роди́телях. (Präp.)

Gebrauch

Die russischen Possessivpronomen werden meist genauso gebraucht wie die deutschen, um den **Besitz** oder die **Zugehörigkeit** der Substantive anzuzeigen.

Э́то **мой** дом.	*Das ist <u>mein</u> Haus.*
Э́то **его́** брат.	*Das ist <u>sein</u> Bruder.*

Im Deutschen werden dafür Sonderformen wie *meins*, *deiner* etc. verwendet.

Die Possessivpronomen können auch **ohne Substantive** gebraucht werden, wenn aus dem Kontext klar ist, worauf sie sich beziehen (z. B. als Antwort auf eine Frage). Die Pronomen behalten dabei **Zahl**, **Geschlecht** und **Fall** des Substantivs, auf das sie sich beziehen. Wenn der Name des Gegenstands nicht davor genannt wird, wird eher die Form des **Neutr. Sg.** gebraucht.

Чьи э́то кни́ги? – **Мои́**.	(an der Kasse) Э́то то́же **ва́ше**? – Да, **моё**.
Её зарпла́та вы́ше, чем **его́**.	
Э́то твоя́ ша́пка? – Да, **моя́**.	Я что́-то нашла́. Э́то **твоё**?

Es gibt noch einige Besonderheiten im Gebrauch der Possessivpronomen. So kann man im Russischen nicht nur eine **Personengruppe** durch ein Possessivpronomen im Plural vertreten lassen, sondern dabei auch **einzelne Personen hervorheben**.

Здесь **на́ша с сестро́й** ко́мната.	*Hier ist das Zimmer <u>von meiner Schwester und mir</u>.*
Ваш с Артёмом прое́кт мне нра́вится.	*Das Projekt <u>von Artjom und dir/Ihnen</u> gefällt mir.*

Personalpronomen, S. 58

Wie das Personalpronomen **вы/Вы** steht das Possessivpronomen der 2. Pers. Pl. **ваш/Ваш** entweder für eine **Personengruppe** oder als eine **höfliche Anrede** an eine Person. **Großgeschrieben** wird es in Briefen, offiziellen Anschreiben und Fragebögen, wenn es sich auf eine Person bezieht.

<u>Де́ти</u>, убери́те **ва́ши** игру́шки!
Уважа́емые <u>жильцы́</u> до́ма №4, в **ва́шем** до́ме бу́дет ремо́нт.
Уважа́емая <u>И́нна</u> <u>Ма́рковна</u>, **Ва́ше** письмо́ я получи́л 21.04.2024.

уважа́емый – *geehrt*
ремо́нт – *Renovierung, Reparatur*

Das reflexive Possessivpronomen *свой*

Im Russischen gibt es ein reflexives Possessivpronomen **свой**. Ins Deutsche kann man es mir *sein/ihr eigenes* übersetzen.

Die Deklination von **свой** ist dieselbe wie bei **мой**, **твой**.

Form

Das reflexive Possessivpronomen **свой** wird nach Geschlecht, Zahl und Fall verändert:

Die Deklination von *мой (твой)*, S. 60

Mask. Sg.	Fem. Sg.	Neutr. Sg.	Plural
свой	своя́	своё	свои́

Gebrauch

Wie die übrigen Possessivpronomen auch, zeigt das Pronomen **свой** einen Besitz oder eine Zugehörigkeit an. Es wird jedoch nur dann verwendet, wenn der Gegenstand dem **Subjekt**, also der handelnden Person gehört* (Sätze 1, 4). Wenn der Gegenstand hingegen nicht dem Subjekt, sondern einer anderen Person gehört, steht ein anderes Possessivpronomen (Satz 2). Wenn der Gegenstand mit dem Possessivpronomen selbst Subjekt des Satzes ist, muss ebenfalls ein anderes Possessivpronomen stehen (Satz 3). Beachten Sie, dass für **alle Personen** im **Singular** und **Plural** nur dieses eine Pronomen zur Verfügung steht.

*Ausnahmen: das Sprichwort „**Своя́** руба́шка бли́же к те́лу." (*Jeder ist sich selbst der Nächste.*) sowie Sätze wie „У него́ есть **своя́** ко́мната." (*Er hat ein eigenes Zimmer.*).

(Я разгова́ривала с Вади́мом о Ва́не.)	(*Ich habe mich mit Wadim über Wanja unterhalten.*)
1. Вади́м дал мне **свой** телефо́н.	*Wadim hat mir seine* (eigene) *Telefonnummer gegeben.*
2. Вади́м дал мне **его́** телефо́н.	*Wadim hat mir seine* (Wanjas) *Telefonnummer gegeben.*
3. **Его́** но́мер: 0562-449911.	*Seine* (Wadims oder Wanjas) *Nummer ist: 0562-449911*
4. Пото́м я дала́ Вади́му **свой** рабо́чий но́мер телефо́на.	*Dann habe ich Wadim meine Büronummer* gegeben.

Übungen

1. Wählen Sie die richtige Form der **Personalpronomen** aus.*

идти́ + Dat. - *jemandem gut stehen*

звони́ть + Dat. - *jemanden anrufen*

a) Купи́ э́то пла́тье, _______ тебе́ идёт.

1. его́ 2. оно́ 3. она́

b) Ты _______ звони́ла?

1. меня́ 2. мне 3. мной

c) А́ня пи́шет _______ письмо́.

1. нему́ 2. его́ 3. ему́

d) Он идёт с _______ в кино́.

1. она́ 2. ей 3. ней

e) Я не ви́жу _______.

1. тебя́ 2. тобо́й 3. ты

f) Вот статья́ о ______.

1. мы 2. нас 3. на́ми

g) У меня́ есть для ______ пода́рок!

1. Вас 2. Вам 3. Вы

h) Ты встре́тишь _______ на вокза́ле.

1. них 2. ни́ми 3. их

2. Ergänzen Sie in der Tabelle die fehlenden **Possessivpronomen**.*

	Mask. Sg.	**Fem. Sg.**	**Neutr. Sg.**	**Plural**
Nom.	твой	твоя́	___	твои́
Gen.	___	твое́й	___	___
Dat.	___	___	твоему́	___
Akk.	___	твою́	___	___
Instr.	___	___	твои́м	___
Präp.	(о) твоём	___	___	(о) твои́х

3. Aufräumaktion im Kinderzimmer! Finden Sie die richtigen **Possessivpronomen**.*

её • наш • твой • ва́ши • твоя́ • его́ • мой • их

a) Ма́ма, па́па, вот *ваши* ___________ биле́ты в кино́!

b) Ма́ша, э́то _______________ ку́кла?

c) Где _______________ пылесо́с?

d) Позови́ дете́й, я нашла́ _______________ ди́ски с мультфи́льмами.

e) Э́то руба́шка Макси́ма? – Да, э́то _______________ руба́шка.

f) Макси́м, э́то _______________ мяч? – Да, мой.

ку́кла – *Puppe*
пылесо́с – *Staubsauger*
мультфи́льм – *Zeichentrickfilm*

g) Кто́-нибудь ви́дел ________________ очки́? Я ничего́ не ви́жу.

h) Э́то Ма́шины альбо́мы? – Нет, э́то не ________________ .

4. Setzen Sie das richtige **Personalpronomen** oder das **Reflexivpronomen себя́** in der richtigen Form ein.**

мобильный – *Handy*
одино́кий – *einsam*
стару́шка – *altes Mütterchen*
позво́лить себе́ – *sich leisten*
позво́лить – *erlauben, lassen*
позвони́ть – *klingeln*

a) Я ви́жу *себя* в зе́ркале.
За на́ми е́дет маши́на, я ви́жу *её* в зе́ркале.

b) Ты купи́ла ________________ краси́вую су́мку.
У тебя́ ско́ро день рожде́ния. Я куплю́ ________________ су́мку.

c) У него́ не рабо́тает телефо́н. Роди́тели не мо́гут ________________ позвони́ть.
Он и́щет свой моби́льный и звони́т сам ________________ .

d) Э́то И́ра, я ча́сто игра́ю с ________________ в ша́хматы.
Э́та одино́кая стару́шка игра́ет сама́ с ________________ в ша́хматы.

e) Мы не мо́жем ________________ э́того позво́лить.
Мы позвони́ли в дверь. Он позво́лил ________________ войти́.

5. Bilden Sie Sätze mit einem **Possessivpronomen** oder mit dem **reflexiven Possessivpronomen свой**.***

коро́бка – *Schachtel*
напеча́тать – *drucken, veröffentlichen*
отли́чный – *ausgezeichnet*

a) Ле́на забы́ла до́ма ру́чку. я/дать/она́/ру́чка.
Я дала ей свою ручку.

b) Мой муж – худо́жник. мы/подари́ть/друг/карти́на.
____

c) Ю́рий купи́л коро́бку конфе́т. он/дать/конфе́ты/де́ти.
____

d) Мою́ статью́ напеча́тали в газе́те. вы/чита́ть/статья́ (Frage)
____

e) – Она́ пое́дет на мо́ре одна́? – нет/она́/пое́хать/с/друзья́:
____

f) У меня́ отли́чная но́вая маши́на! мы/пое́хать/на/маши́на.
____

Demonstrativpronomen

Die Demonstrativpronomen liefern einen **Hinweis** auf ein Lebewesen, einen Gegenstand oder einen Sachverhalt und heben sie aus einer Reihe gleichartiger Lebewesen bzw. Gegenstände oder Sachverhalte hervor. Die wichtigsten russischen Demonstrativpronomen sind **э́тот** (*dieser*), **тот** (*jener*), **тако́й** (*solcher, so ein*) und **сто́лько** (*so viel*).

Form

Die Demonstrativpronomen **э́тот** und **тот** und такой **richten sich** in Geschlecht, Zahl und Fall **nach dem Substantiv**, auf das sie sich beziehen.

Das Pronomen **тако́й** wird **wie das Adjektiv большо́й dekliniert**.

§ Die Adjektivdeklination, S. 38

У **э́той** де́вочки све́тлые во́лосы, а у **того́** ма́льчика – тёмные.
В **таку́ю** пого́ду лу́чше сиде́ть до́ма.

Die Deklination der Demonstrativpronomen э́тот, тот

	Fall	Maskulinum		Femininum		Neutrum	
Sg.	Nom.	э́тот	тот	э́та	та	э́то	то
	Gen.	э́того	того́	э́той	той	э́того	того́
	Dat.	э́тому	тому́	э́той	той	э́тому	тому́
	Akk.	wie Gen. (bel.) oder Nom. (unbel.)		э́ту	ту	э́то	то
	Instr.	э́тим	тем	э́той	той	э́тим	тем
	Präp.	(об) э́том	(о) том	(об) э́той	(о) той	(об) э́том	(о) том
Pl.	Nom.	э́ти			те		
	Gen.	э́тих			тех		
	Dat.	э́тим			тем		
	Akk.	wie Gen. (belebt) oder Nom. (unbelebt)					
	Instr.	э́тими			те́ми		
	Präp.	(об) э́тих			(о) тех		

Das Pronomen **сто́лько** vertritt ein **Grundzahlwort**. Folgt dem Pronomen im Nominativ oder dem formgleichen Akkusativ ein **Substantiv**, so steht dieses im **Genitiv**. **Dekliniert** wird es wie ein Adjektiv im Plural.

Grundzahlwörter, S. 84
Die Deklination der Adjektive im Plural, S. 40

Мне не ну́жно **сто́лько** я́блок.	Он говори́т на **сто́льких** языка́х.

Die Deklination des Demonstrativpronomens стóлько

Fall	belebt	unbelebt
Nom.	стóлько люд**éй**	стóлько журнáл**ов**
Gen.	стóльк**их** люд**éй**	стóльк**их** журнáл**ов**
Dat.	стóльк**им** люд**ям**	стóльк**им** журнáл**ам**
Akk.	wie Gen.	wie Nom.
Instr.	стóльк**ими** люд**ьми́**	стóльк**ими** журнáл**ами**
Präp.	(о) стóльк**их** люд**ях**	(о) стóльк**их** журнáл**ах**

Gebrauch

Das Demonstrativpronomen **э́тот** weist auf ein Lebewesen oder einen Gegenstand hin, die sich **in der Nähe** befinden oder von denen **gerade gesprochen** wurde.
Dabei kann es als Attribut, also als Beschreibung verwendet werden und wird daher in der Form dem dazugehörigen Substantiv **angeglichen**.

Какáя ýлица? – **Э́та** ýлица. — *Welche Straße? – Diese Straße.*
Какóго учи́теля? – **Э́того** учи́теля. — *Welchen Lehrer? – Diesen Lehrer.*

In den Fragen **кто э́то? что э́то?** und in den Antworten auf diese Fragen wird das Pronomen **э́то** (Neutrum) verwendet. Das Demonstrativpronomen **э́то** wird als Subjekt weder nach dem Geschlecht noch nach der Zahl verändert.

Кто **э́то**? – **Э́то** мой друг.
Что **э́то**? – **Э́то** аптéка.
Что **э́то**? – **Э́то** кинó.
Кто **э́то**? – **Э́то** нáши сосéди.

Das Verb *быть*, S. 120

In dieser Form kann **э́то** auch auf etwas hinweisen, wovon im Satz davor die Rede war. Im Präteritum und Futur wird dabei das Verb **быть** (Präteritum: **был**, **былá**, **бы́ло**, **бы́ли**; Futur: **бýдет**, **бýдут**) gebraucht.

строи́тельство – *Bau (-arbeiten)*
торгóвый центр – *Einkaufszentrum*

Напрóтив ви́дно большóе здáние. **Э́то** моя́ шкóла.
На столé лежáт кни́ги. **Э́то** нóвые словари́.
В кóмнату вошлá краси́вая дéвушка. **Э́то былá** моя́ сестрá.
Вóзле вокзáла идёт строи́тельство. **Э́то бýдет** торгóвый центр.

Das Pronomen **э́то** (Sg. Neutr.) kann sich auf die **ganze vorhergehende Aussage** beziehen und wird als Subjekt oder Objekt gebraucht und dementsprechend dekliniert.

из-за э́того – *deshalb, deswegen*

- Я сдал экзáмен!
- **Э́то** хорошó!

Вчерá шёл дождь. И́з-за **э́того** мы не поéхали в гóры.

Das Demonstrativpronomen **тот** wird verwendet, wenn man über **weiter entfernte** Lebewesen oder Gegenstände spricht. Werden Pronomen **э́тот** und **тот** in einem Satz gebraucht, dient es der Unterscheidung bzw. der **Gegenüberstellung** zweier Personen oder Sachen.

Ви́дишь **того́** ма́льчика? Его зову́т Дени́с.
Э́ти цветы́ краси́вые, но **те** мне бо́льше нра́вятся.

Тот kann auch in einem Satzgefüge vorkommen. Es steht dann im Hauptsatz und der nachfolgende Nebensatz gibt eine **zusätzliche Erklärung oder eine weitere Information**.

Satzgefüge, S. 234

Я расскажу́ вам о **том**, что случи́лось вчера́.

Я расскажу́ вам о **той** неприя́тности, кото́рая случи́лась вчера́.

неприя́тность – *Unannehmlichkeit*

Das Demonstrativpronomen **тако́й** weist auf ein **Merkmal** eines Gegenstandes bzw. eines Lebewesens hin. Es tritt oft im **Hauptsatz** eines **Satzgefüges** auf.

Я хоте́ла купи́ть ро́зовое ле́тнее пла́тье. Но **тако́го** пла́тья я не нашла́ и купи́ла зелёное зи́мнее.
Принеси́те мне, пожа́луйста, **тако́й** торт, как у же́нщины за сосе́дним столо́м.

Das Pronomen **сто́лько** weist auf die **Zahl** oder **Menge** der Gegenstände hin. Diese ist aus dem vorhergehenden Satz bereits **bekannt**.

Там бы́ло 500 челове́к. Пе́ред **сто́лькими** людьми́ он ещё не пел.
– Положи́ть тебе́ ещё кусо́к пирога́?
– Нет, спаси́бо, **сто́лько** я не съем.

In Verbindung mit **же** kann **сто́лько** auch in der Bedeutung *genauso viel* benutzt werden.

На ни́жней по́лке стои́т **сто́лько же** книг, ско́лько и на ве́рхней.
Вчера́ бы́ло де́сять гра́дусов. Сего́дня сто́лько же, но све́тит со́лнце.

Übungen

1. Welche Form von **этот** passt in den Satz? Kreuzen Sie an.*

a) ___ моя ко́мната.

☐ 1) э́та ☐ 2) э́то

распрода́жа – *Ausverkauf*

b) Смотри́, каки́е краси́вые ту́фли. ___ ту́фли я купи́ла на распрода́же.

☐ 1) э́то ☐ 2) э́ти

c) Мой компью́тер опя́ть не рабо́тает. ___ о́чень стра́нно.

☐ 1) э́тот ☐ 2) э́то

d) Посмотри́ на фотогра́фию. С ___ де́вочкой я учи́лась в одно́м кла́ссе.

☐ 1) э́то ☐ 2) э́той

2. Ergänzen Sie die Sätze mit **э́тот** oder **тот** in der richtigen Form.**

a) – Кто здесь? – *Это* я.

b) – Авто́бус пришёл. __________ авто́бус идёт в центр? – Нет, __________ туда́ не идёт. – А __________ ? – __________ идёт.

c) Посмотри́ на __________ дома́ за реко́й!

d) Мне предложи́ли интере́сный прое́кт. На́до об __________ поду́мать.

e) Я уже́ прочита́ла __________ кни́ги, кото́рые ты мне присла́л.

3. Welche Sätze passen zusammen? **Verbinden Sie** die Sätze mit Linien.**

разбира́ться в + Präp. – *sich auskennen mit*

a) Мне подари́ли телефо́н.	g) Сто́лько у меня́ не бы́ло.
b) Для то́рта ну́жно шесть яиц.	h) Я купи́л таку́ю, как он сказа́л.
c) Он разбира́ется в маши́нах.	i) О тако́м я всегда́ мечта́л.
d) Они́ жена́ты 25 лет.	j) Тако́й пого́ды давно́ не бы́ло.
e) Сего́дня +40°C!	k) У моего́ сто́лько же.
f) У моего́ па́пы три вну́чки.	l) Сто́лько лет они́ сча́стливы.

Interrogativpronomen

Interrogativpronomen sind Pronomen, die man benutzt, um **Fragen** zu bilden. Im Russischen gibt es folgende Interrogativpronomen:

Кто?	*Wer?*
Что?	*Was?*
Какóй, какáя, какóе, какúе?	*Was für ein ...? Wie ist? Welch...?*
Котóрый, котóрая, котóрое, котóрые?	*Welch ...?*
Чей, чья, чьё, чьи?	*Wessen?*
Скóлько?	*Wie viel?*

Form

Die Pronomen **кто**? **что**? werden wie folgt **dekliniert**:

Nominativ	кто?	что?
Genitiv	когó?	чегó?
Dativ	комý?	чемý?
Akkusativ	когó?	что?
Instrumental	кем?	чем?
Präpositiv	(о) ком?	(о) чём?

Когó ты вúдишь? – Жирáфа.	**Чем** ты пúшешь? – Карандашóм.

Sie werden aber weder nach dem Geschlecht noch nach der Zahl geändert. Folgt in der **Frage** auf das Pronomen ein **Verb** im **Präteritum**, so steht dieses nach **кто** im **mask**. **Sg**., nach **что** hingegen im **Neutr. Sg**. In der Antwort werden die Verben dem Subjekt des Antwortsatzes angeglichen.

Das Präteritum, S. 131

– **Кто** пришёл к вам в гóсти?	– Пришёл Антóн. Пришлá Тáня. – Пришлú Антóн и Тáня.
– **Что** там упáло?	– Упáли мой очкú.

Die Interrogativpronomen **какóй**? (**какáя**? **какóе**? **какúе**?) und **котóрый**? (**котóрая**? **котóрое**? **котóрые**?) stimmen mit dem dazugehörigen Substantiv in Geschlecht, Zahl und Fall überein und werden **wie Adjektive dekliniert**.

Die Adjektiv-deklination, S. 38

Как**áя** сегóдня погóда? – Хорóшая.	Котóр**ую** кнúгу вам дать? – Вторýю справá.

Das Pronomen **чей**? nimmt im Gegensatz zum deutschen *wessen*? dieselben Formen (Geschlecht, Zahl und Fall) an wie das Substantiv, auf das es sich bezieht.

Fall	Mask. Sg.	Fem. Sg.	Neutr. Sg.	Plural
Nom.	чей?	чья?	чьё?	чьи?
Gen.	чьего́?	чьей?	чьего́?	чьих?
Dat.	чьему́?	чьей?	чьему́?	чьим?
Akk.	wie Gen. (bel.) oder wie Nom. (unbel.)	чью?	чьё?	wie Gen. (bel.) oder wie Nom. (unbel.)
Instr.	чьим?	чьей?	чьим?	чьи́ми?
Präp.	(о) чьём?	(о) чьей?	(о) чьём?	(о) чьих?

Die Deklination des Demonstrativpronomens *сто́лько*, S. 66 

Das Pronomen **ско́лько**? wird wie das Pronomen **сто́лько** dekliniert.

Gebrauch

Wenn man nach einem **Lebewesen** fragt, benutzt man die Frage **кто**?, in Fragen nach **Gegenständen, Sachen und abstrakten Begriffen** wird **что**? verwendet.

катамара́н – *Tretboot*

Кто э́то? – Мой брат.
Кто э́то? – Дельфи́н.
Что э́то? – Катамара́н.
Что тако́е ру́мба? – Та́нец.

Fragt man nach einem **Merkmal** oder einer **Eigenschaft** einer Person oder eines Gegenstandes, benutzt man das Interrogativpronomen **како́й**? Dieses Pronomen kann auch als **Verstärkung in Ausrufesätzen** verwendet werden.

Како́й э́то язы́к**?** – Ру́сский.
Кака́я здесь вода́**?** – Горя́чая.
Кака́я краси́вая карти́на**!**
Како́й чуде́сный день**!**

Wenn man nach einem Gegenstand fragt, der **in einer Reihe ähnlicher Gegenstände** steht, verwendet man das Pronomen **кото́рый**?

кра́йний – *der letzte*

– Да́йте мне кни́гу!
– **Каку́ю**?
– Интере́сную!
– **Кото́рую**?
– Кра́йнюю спра́ва.

Datum und Uhrzeit, S. 100 

Das Pronomen **кото́рый** wird auch in der Frage nach der Uhrzeit **Кото́рый час?** *Wie spät ist es?* benutzt.

– **Кото́рый час**? – Два часа́. *Wie spät ist es? – Zwei Uhr.*

Mit dem Pronomen **чей**? fragt man nach dem **Besitzer.** Im Deutschen verwendet man die Konstruktion *Wem gehört ...?*

Чья э́то ша́пка? - Э́то моя́ ша́пка. *Wem gehört diese Mütze? - Das ist meine Mütze.*

Das Pronomen **ско́лько**? (*wie viel*) benutzt man für die Frage nach der **Anzahl oder Menge**. Nach dem **Nominativ** und dem **Akkusativ** von **ско́лько**? steht das **Substantiv** im **Genitiv**. Bei **zählbaren** Gegenständen benutzt man den **Plural**, bei **nicht zählbaren** oder **abstrakten** Begriffen den **Singular**.
In den anderen Fällen stimmt **ско́лько**? mit dem Substantiv überein.

Ско́лько здесь буты́лок? - Пять. **Ско́лько** здесь воды́? - Пять ли́тров.
Со **ско́льких** лет мо́жно голосова́ть?
Ско́льким лю́дям ты позвони́л?

голосова́ть - *abstimmen, wählen*

Die Frage *Um wie viel Uhr?* wird im Russischen mit **Во ско́лько (часо́в)**? wiedergegeben.

Дава́й встре́тимся за́втра. - **Во ско́лько?** - В двена́дцать часо́в.

Datum und Uhrzeit, S. 100

Relativpronomen

Zu den Relativpronomen zählen im Russischen die Pronomen **кто** (*wer*), **что** (*dass*), **како́й** (*was für ein*), **кото́рый** (*welcher*), **чей** (*dessen*) und **ско́лько** (*wie viel*). In einem **zusammengesetzten Satz** verbinden sie den **Hauptsatz** mit dem **Nebensatz** (Relativsatz).

Satzgefüge, S. 234

Im Hauptsatz können die Demonstrativpronomen **тот**, **тако́й**, **сто́лько** benutzt werden.

Я не по́мню, **кто** был вчера́ на конце́рте.
Сего́дня **тако́й** си́льный дождь, что лу́чше не выходи́ть из до́ма.
Посмотри́, **кака́я** за́втра бу́дет пого́да.
Э́то **та** кни́га, **кото́рую** ты мне сове́товала.
Она́ не зна́ла, **чей** э́то ребёнок.
Они́ проводи́ли вме́сте **столько́** вре́мени, **ско́лько** могли́.

пла́виться - *schmelzen*
проводи́ть вре́мя - *Zeit verbringen*

Auf die Verwendung einzelner Relativpronomen wird im Kapitel **Satzgefüge**, S. 234 detaillierter eingegangen. Dort sind auch Übungen zu dem Thema zu finden.

Übungen

1. Stellen Sie Fragen, benutzen Sie dabei die Interrogativpronomen **кто?** oder **что?** .*

a) *Кто это?* ______ – Э́то студе́нт.

b) ______ – Э́то газе́та.

c) ______ – Э́то молода́я коа́ла.

d) ______ – Э́то моя́ подру́га.

e) ______ – Э́то твоя́ но́вая маши́на.

f) ______ – Э́то её роди́тели.

g) ______ – Э́то его́ докуме́нты.

2. Setzen Sie die **Pronomen in der richtigen Form** ein.**

a) *Какую* ______ (како́й) кни́гу ты сейча́с чита́ешь?

b) ______ (кото́рый) час?

c) ______ (чей) э́то карти́ны?

по́льзоваться + Instr. - *nutzen*

d) ______ (ско́лько) друзья́м ты об э́том рассказа́л?

e) ______ (како́й) програ́ммами Вы по́льзуетесь?

f) ______ (чей) футбо́лку ты наде́л?

g) ______ (ско́лько) пи́ва вы вчера́ вы́пили?

h) ______ (кото́рый) ча́шку ты хо́чешь?

i) О ______ (како́й) го́роде вы говори́те?

3. Suchen Sie das **richtige Fragepronomen** aus und **setzen Sie es richtig ein**.***

вечери́нка – *Party*

(a) ______ был вчера́ на вечери́нке? (b) ______ из свои́х знако́мых ты встре́тила? (c) С ______ ты познако́милась? (d) О ______ вы разгова́ривали? (e) ______ пла́тье ты наде́ла? (f) На ______ маши́не ты е́здила? (g) ______ еду́ вы ели? (h) ______ вы де́лали по́сле у́жина? (i) ______ му́зыку вы слу́шали? (j) В ______ часу́ ты верну́лась домо́й?

Negationspronomen

Die russischen Negationspronomen (verneinende Pronomen) werden mit Hilfe der Partikel **ни**- und **не**- von Interrogativpronomen abgeleitet.

не- ist immer betont, **ни**- ist immer unbetont.

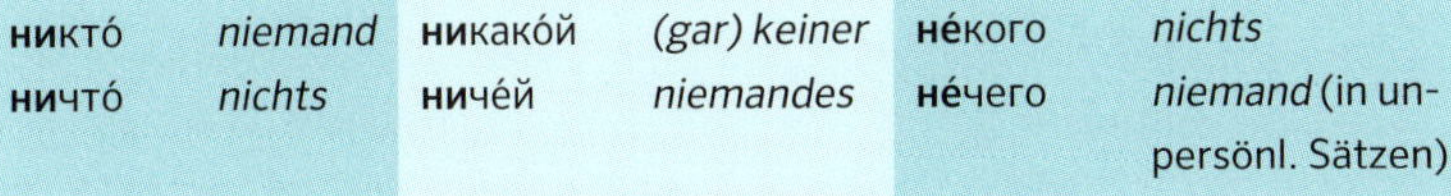

никто́	*niemand*	**ни**како́й	*(gar) keiner*	**не́**кого	*nichts*
ничто́	*nichts*	**ни**че́й	*niemandes*	**не́**чего	*niemand* (in unpersönl. Sätzen)

Form

Die Negationspronomen **никто́**, **ничто́**, **никако́й**, **ниче́й** werden wie die entsprechenden Interrogativpronomen **кто**? **что**? **како́й**? **чей**? dekliniert.

Interrogativpronomen, S. 69

In einem Satz, der ein Negationspronomen **никто́**, **ничто́**, **никако́й** oder **ниче́й** enthält, muss das Verb immer durch **не verneint** werden bzw. ein **нет** vorhanden sein.

Die doppelte Verneinung, die so entsteht, drückt im Gegensatz zum Deutschen eine Verneinung aus. Vergleichen Sie: Я **никого́ не** зна́ю. = *Ich kenne niemanden.* (Verneinung) Nicht: *Ich kenne nicht niemanden.* = *Ich kenne jemanden.* (Bejahung)

Никто́ не мо́жет тебе́ помо́чь.	У них **нет ника́ких** интере́сов.
Меня́ **ничто́ не** остано́вит.	У меня́ нет **ничьи́х** адресо́в.

Verbindet man die Pronomen **никто́**, **ничто́**, **не́кого**, **не́чего** mit einer **Präposition**, so wird diese zwischen die Partikel **ни** oder **не** und **кого́** bzw. **чего́** usw. gesetzt. Die Konstruktion wird dann getrennt geschrieben.

Ни у кого́ не́ было зонта́.	*Niemand hatte einen Regenschirm.*
Нам с ва́ми **не́ о чем** говори́ть.	*Wir haben nichts zu bereden.*

Die Pronomen **не́кого**, **не́чего** werden zwar auch dekliniert, haben aber **keine Nominativform**, da sie nur in Sätzen ohne Subjekt vorkommen können.

Sätze ohne grammatisches Subjekt, S. 216

Ей **не́кому** позвони́ть.	*Sie hat niemanden, den sie anrufen könnte.*
Мне **не́чего** с ней обсужда́ть.	*Es gibt nichts, worüber ich mit ihr diskutieren müsste.*

обсужда́ть – *besprechen*

Gebrauch

Die Pronomen **никто́**, **ничто́** werden in Sätzen mit einem grammatischen Subjekt gebraucht. Sie können sowohl als **Subjekt** einer Handlung als auch in der Rolle des **Objekts** einer Handlung auftreten.

Das Subjekt, S. 206

Subjekt	Objekt
Никто́ не пришёл на наш конце́рт	Я **никому́** об э́том не скажу́.
Ничто́ не мо́жет меня́ пора́довать.	Мы не мо́жем **ничего́** найти́.

пора́довать – *freuen*

Negationspronomen

Die Pronomen **никто́**, **ничто́**, **никако́й**, **ниче́й** werden meistens als Verstärkung einer Verneinung gebraucht.

Мне **не** звони́ли. (*Man hat mich nicht angerufen.*)	Мне **никто́ не** звони́л. (*Mich hat keiner angerufen.*)
Я сего́дня ещё **не** ел. (*Ich habe heute noch nicht gegessen.*)	Я сего́дня ещё **ничего́ не** ел. (*Ich habe heute noch nichts gegessen.*)
У него́ **нет** недоста́тков. (*Er hat keine Macken.*)	У него́ **нет никаки́х** недоста́тков. (*Er hat keinerlei Macken.*)
На шко́льном пра́зднике **не** бу́дет роди́телей. (*Auf dem Schulfest wird es keine Eltern geben.*)	На шко́льном пра́зднике **не** бу́дет **ничьи́х** роди́телей. (*Auf dem Schulfest wird es niemandes/überhaupt keine Eltern geben.*)

Sätze ohne grammatisches Subjekt, S. 216

Die Negationspronomen **не́кто** und **не́что** verwendet man in Sätzen **ohne grammatisches Subjekt**, sie werden ausschließlich als Objekt mit einem Verb im Infinitiv verwendet. Das logische Objekt (die handelnde Person) steht dabei im Dativ.

Нам **не́кого** боя́ться.	*Es gibt niemanden, vor dem wir Angst haben müssten.*
Ему́ бы́ло **не́ о чем** рассказа́ть.	*Er hatte nichts zu erzählen.*

Die Pronomen **не́кого**, **не́чего** weisen darauf hin, dass die **Handlung unmöglich** ist, weil die für sie benötigten Personen oder Gegenstände fehlen. Dadurch ergibt sich ein klarer Unterschied zu den Pronomen **никого́** und **ничего́**. Vergleichen Sie:

не-	**ни-**
Не́кому мне помо́чь*. (Es ist niemand da, der mir helfen könnte.)	**Никто́** не помога́ет мне. (Man könnte mir helfen, tut das aber nicht.)
Мне **не́кого** позва́ть. (Es ist niemand da, den ich rufen könnte).	Я **никого́** не зову́. (Es sind Leute in der Nähe, aber ich rufe niemanden.)
Ему́ **не́чего** есть. (Es ist nichts da, was er essen könnte.)	Он **ничего́** не ест. (Es ist etwas zu essen da, aber er hat keinen Hunger/Appetit.)

*In diesem Satz gibt es zwei Pronomen im Dativ (**не́кому** und **мне**), die verschiedene Funktionen haben.

Übungen

1. **Ничегó** oder **нéчего**? **Никогó** oder **нéкого**? Streichen Sie das falsche Pronomen durch.*

a) Мы ничегó/нéчего об э́том не знáли.

b) У меня́ есть тóлько пи́во. Бóльше пить ничегó/нéчего.

c) Здесь так мнóго людéй, а я никогó/нéкого не знáю.

d) Никогó/нéкого пригласи́ть в гóсти, все уéхали в óтпуск.

e) Ничегó/Нéчего не трóгай, э́то музéй!

трóгать – *anfassen*

f) Мне ничегó/нéчего сказáть, я самá ничегó/нéчего не понимáю.

g) Я не хочу́ ни с кéм/нé с кем разговáривать, у меня́ боли́т головá.

h) Здесь все таки́е ску́чные, ни с кéм/нé с кем поговори́ть.

2. Ersetzen Sie die **Demonstrativ**- bzw. **Possessivpronomen** durch **Negationspronomen**.**

a) Э́того я не знáю.

Я ничего не знаю.

b) Э́тих цветóв у неё нет.

____

c) Он не отвечáет на мои́ звонки́.

____

d) Они́ не знáют об э́том.

____

e) Я не пóльзуюсь э́тими духáми.

____

f) Он не лю́бит меня́.

____

g) Ты не расскáзывала мне о свáдьбе.

____

Indefinitpronomen

*Zur Bedeutung der Pronomen: **Gebrauch**, S. 77

Die meisten Indefinitpronomen werden von Interrogativpronomen mit Hilfe der Partikeln -**то**, -**либо**, -**нибудь**, **кое-** gebildet.*

-то	кто́-то	что́-то
	чей-то	како́й-то
-либо	кто́-либо	что́-либо
	че́й-либо	како́й-либо
-нибудь	кто́-нибудь	что́-нибудь
	че́й-нибудь	како́й-нибудь
кое-	кое-кто́	кое-что́
	кое-че́й	кое-како́й

Die zweite Gruppe der Indefinitpronomen bilden die Substantive **не́кто** *(ein gewisser, jemand)*, **не́что** *(etwas)*, **не́кий** *(ein gewisser, irgendein)*, **не́который** *(gewiss, einige)* und **не́сколько** *(einige)*.

Form

Interrogativpronomen, S. 69

Die **Deklination** der Pronomen mit den Partikeln -**то**, -**либо**, -**нибудь**, **кое**- werden entspricht der **Deklination** von **Interrogativpronomen** ohne Partikeln. Die Partikeln sind immer mit **Bindestrich** angefügt.

вы́тереть – *abwischen*

Я **кого́-то** ви́жу.	Мне не нужна́ **чья́-ли**бо по́мощь.
Вы́три э́то **че́м-нибудь**.	У меня́ есть **кое-кака́я** информа́ция.

In Verbindung mit einer **Präposition** werden die Pronomen mit **кое**- getrennt. Die Präposition wird zwischen die zwei Teile gesetzt: **кое с ке́м**, **кое о** чём*.

*Die Bindestriche entfallen dabei.

Verbindet man die Pronomen mit -**то**, -**либо**, -**нибудь** mit einer **Präposition**, so steht diese vor dem Pronomen: **о** ко́м-нибудь, **на** чём-либо, **с** ке́м-то.

Сего́дня ве́чером у меня́ встре́ча **кое с ке́м**.
Вчера́ я чита́л статью́ **о чём-то** интере́сном.

дви́жущийся – *sich bewegend*

Das Partizip, S. 153

Die Pronomen **не́кто** und **не́что** werden nur im **Nominativ** und im formgleichen **Akkusativ** gebraucht. **Не́что** ist sächlich. Es wird immer mit einem **Attribut** (Adjektiv oder Partizip) verbunden.

Произошло́ **не́что** стра́нное.	Бы́ло ви́дно **не́что** дви́жущееся.

Не́кто wird nur im **Nominativ**, oft in **Verbindung** mit männlichen und weiblichen **Namen** verwendet.

Пришёл **не́кто** Петро́в.	Пришла́ **не́кто** Еле́на Да́риевна.

Das Pronomen **не́кий** richtet sich in **Geschlecht**, **Zahl** und **Fall** nach dem dazugehörigen **Substantiv** und wird wie ein **Adjektiv dekliniert**. Seine Deklinationsformen werden aber selten gebraucht.

Мне звони́л не́**кий** студе́нт. Не́к**ая** де́вушка звони́т мне ка́ждый день.	Неда́вно я получи́л письмо́ от не́к**их** знако́мых. Ему́ вы́платили не́к**ую** су́мму де́нег.

вы́платить – *auszahlen*
су́мма – *Betrag*

Fall	Mask.	Fem.	Neutr.	Plural
Nom.	не́**кий**	не́к**ая**	не́к**ое**	не́к**ие**
Gen.	не́к**оего**	не́к**ой**	не́к**оего**	не́к**их**
Dat.	не́к**оему**	не́к**ой**	не́к**оему**	не́к**им**
Akk.	wie Gen. (bel) oder Akk. (unbel.)	не́к**ую**	не́к**ое**	wie Gen. (bel) oder Akk. (unbel.)
Instr.	не́к**им**	не́к**ой**	не́к**им**	не́к**ими**
Präp.	(о) не́к**оем**	(о) не́к**ой**	(о) не́к**оем**	(о) не́к**их**

Die Adjektivdeklination, S. 38

Не́который wird wie ein **Adjektiv dekliniert** und tritt im Satz als **Attribut** auf.

Не́котор**ое** вре́мя наза́д я купи́л э́тот учёбник.	Не́котор**ым** лю́дям легко́ учи́ть иностра́нные языки́.

Не́сколько wird wie ein **Adjektiv** im **Plural** dekliniert. Im **Nominativ** und **Akkusativ** steht das Substantiv im **Genitiv Plural**. In **allen anderen Fällen** stimmen stehen Substantiv und Pronomen im **selben Fall.**

Не́сколько челове́к вы́шли/вы́шло* из ко́мнаты. Я уви́дел не́сколько маши́н.	Он говори́л с не́скольк**ими** врач**а́ми**. Она́ ду́мала о не́скольк**их** вещ**а́х** одновре́менно.

*Wenn das dazugehörige **Substantiv** das **Subjekt** des Satzes ist, kann das **Verb** im **Plural** oder im **Singular** (im **Präteritum** – im **Neutrum Plural**) stehen.
Не́сколько челове́к **стоя́т/стои́т** в коридо́ре.

Gebrauch

Die Pronomen mit **-то** werden verwendet:
a) wenn es im Satz um eine Person oder Sache geht, die **dem Sprecher unbekannt** ist;

Кто́-то звони́т.	*Es ruft jemand an.*
Я ви́жу **что́-то** кра́сное.	*Ich sehe etwas Rotes.*

b) wenn es im Satz um eine Person oder Sache geht, die **dem Sprecher früher bekannt** war, die er **aber zum Sprechzeitpunkt vergessen** hat.

Я **что́-то** чита́ла о Вас. (aber ich weiß nicht mehr was)	**Кого́-то** он мне напомина́ет. (aber ich weiß nicht mehr an wen)

напомина́ть – *erinnern*

Indefinitpronomen

Die Pronomen mit -**либо** sowie **не́кто**, **не́что**, **не́кий** werden hauptsächlich in der Schriftsprache gebraucht.

Die Pronomen mit -**нибу́дь** oder -**ли́бо** werden gebraucht, wenn im Satz von einer Person oder Sache die Rede ist, die **völlig unbestimmt** und **beliebig** ist. Dabei geht es meist um die Zukunft.

За́втра мы поéдем в **како́й-нибудь** парк.	*Morgen fahren wir in irgendeinen Park.*
Возьми́ с собо́й **каку́ю-нибудь** еду́.	*Nimm irgendetwas zu essen mit.*

Die Pronomen mit der Partikel **кое**- verwendet man, wenn es im Satz um eine Person, einen Gegenstand oder ein Merkmal geht, die **dem Sprecher bekannt, dem Gesprächspartner aber unbekannt** sind.

К тебе́ **кое-кто́** пришёл!	*Da ist Besuch für dich gekommen!* (ich weiß, wer es ist, du aber nicht)

Außerdem können diese Pronomen in derselben Bedeutung wie **не́которые** gebraucht werden.

Я вчера́ был в гостя́х, встре́тил там **кое-каки́х** друзе́й.

Das Pronomen **не́что** hat eine ähnliche Bedeutung wie **что́-то** und bezeichnet einen (evtl. nur dem Gesprächspartner) unbekannten Gegenstand oder Sachverhalt.

Я слы́шала **что́-то** интере́сное.	Я слы́шала **не́что** интере́сное.

Die Pronomen **не́кий** und **не́кто** können eine **unbekannte Person** bezeichnen. **Не́кий** tritt als Attribut eines Substantivs auf, **не́кто** steht als selbständiges Subjekt.

проникнуть – *eindringen*
укра́сть – *stehlen*

Не́кто прони́к в кварти́ру и укра́л аква́риум.	**Не́кий** преступник прони́к в кварти́ру и укра́л аква́риум.

возни́кнуть – *auftreten*
тру́дность – *Schwierigkeit*
подпры́гнуть – *hüpfen*

Не́кий und **не́кто** benutzt man auch in **Verbindung** mit einem **Personennamen**, wenn es um eine Person geht, die **kaum bekannt** ist.

Вдруг появи́лся **не́кто/не́кий** Алекса́ндров и всех спас.

Das Pronomen **не́которые** kann bedeuten:
a) dass es sich um einen **Teil des Ganzen** handelt (mit **из** + Gen.);

Не́которые из нас о́чень уста́ли. (nicht alle)
Не́которые студе́нты уже́ ушли́ домо́й.

b) eine **Sache unbekannter Größe**;

Не́которое вре́мя наза́д я написа́л им письмо́. (*vor einiger Zeit*)
У меня́ возни́кли **не́которые** тру́дности. (*gewisse Schwierigkeiten*)

Das Pronomen **не́сколько** bezeichnet eine **unbestimmte Anzahl.**

Он зна́ет не́сколько иностра́нных языко́в.	*Er kann mehrere Fremdsprachen.*
В ко́мнате бы́ло не́сколько челове́к.	*Im Zimmer waren einige Leute.*

Definitpronomen

Zu den Definitpronomen zählen **весь** (*ganz, all*), **сам** (*selbst*), **са́мый***, **ка́ждый** (*jeder, alle*), **любо́й** (*ein beliebiger*), **вся́кий** (*jeder*).

*Da das Pronomen **са́мый** je nach Kontext verschiedene Bedeutungen haben kann (s. **Gebrauch**, S. 80), wird hier keine Übersetzung angegeben.

Form

Alle Definitpronomen **stimmen mit** den dazugehörigen **Substantiven** in Geschlecht, Zahl und Fall **überein**.

Die Deklination von весь

Fall	Mask. und Neutr.	Fem.	Plural
Nom.	весь, всё	вся	все
Gen.	всего́	всей	всех
Dat.	всему́	всей	всем
Akk.	wie Gen. (bel.) oder Nom. (unbel.)	всю	wie Gen. (bel.) oder Nom. (unbel.)
Instr.	всем	всей	все́ми
Präp.	(обо) всём	(обо) всей	(обо) всех

Wie bei anderen Adjektiven wird **г** in Genitivendungen wie **в** ausgesprochen.

Die Adjektivdeklination, S. 38

Die Pronomen **са́мый**, **ка́ждый**, **любо́й** und **вся́кий** werden wie Adjektive dekliniert.

Die Deklination von сам

Fall	Mask. und Neutr.	Fem.	Plural
Nom.	сам, само́	сама́	са́ми
Gen.	самого́	само́й	сами́х
Dat.	самому́	само́й	сами́м
Akk.	wie G. (bel.) oder N. (unbel.)	саму́	wie G. (bel.) oder N. (unbel.)
Instr.	сами́м	само́й	сами́ми
Präp.	(о) само́м	(о) само́й	(о) сами́х

Im Singular stimmen die Deklinationsformen von **са́мый** mit denen von **сам** überein (Ausnahme: Nominativ). Die Betonung fällt aber bei **са́мый** immer auf **са́м-**.

Definitpronomen

Gebrauch

Das Pronomen сам weist **nach** einem **Substantiv** oder **Personalpronomen** darauf hin, dass die Person eine Handlung **allein, ohne Hilfe** durchführt.

покра́сить – *streichen*

Я **сам** покра́сил сте́ну.
Ребёнок уме́ет **сам** одева́ться.

Das Pronomen **са́мый** hebt **vor** einer **Personenbezeichnung** eine **konkrete Person** hervor, betont ihre **Wichtigkeit**.

Я не бу́ду говори́ть с секретарём. Мне ну́жно ви́деть **самого́** дире́ктора и поговори́ть с ним **сами́м**. То́лько он **сам** мо́жет приня́ть реше́ние.

Der Superlativ, S. 51

Steht **са́мый** vor einem **Adjektiv,** so bildet es **Superlativformen.**

Э́тот компью́тер – **са́мый** дешёвый, а э́тот – **са́мый** дорого́й.

Vor einem **Substantiv** betont **са́мый** die **äußerste Grenze** bei Orts- und Zeitangaben.

Они́ гуля́ли до **са́мого** утра́. (... *die ganze Nacht hindurch bis zum Morgengrauen*)
Мы подняли́сь на **са́мую** верши́ну горы. (... *auf die äußerste Bergesspitze*)

Mit den Pronomen **тот**, **та**, **то**, **те** und **э́тот**, **э́та**, **э́то**, **э́ти** bedeutet **са́мый** *derselbe, dieselbe, dasselbe, dieselben.*

На ней то же **са́мое** пла́тье, что и вчера́.
Мы уже́ разгова́ривали на э́ту же **са́мую** те́му.

Das Definitpronomen **весь** hat die Bedeutung *all, ganz.*
Весь kann als **Attribut** vor einem Substantiv gebraucht werden.

Он съел **весь** хлеб.
Но́чью **все** ко́шки се́ры.

Die Pronomen **всё** oder **все** können auch **ohne Substantiv** als **Subjekt** oder **Objekt** des Satzes auftreten:

Все уже́ спят.
Спаси́бо вам за **всё**.

Die Pronomen **ка́ждый, любо́й, вся́кий** bezeichnen ein **einzelnes Wesen** oder **Ding** aus einer **Anzahl gleichartiger** Wesen oder Dinge.

Э́то зна́ет **ка́ждый** (**любо́й, вся́кий**) шко́льник.

Das Pronomen **ка́ждый** kann außerdem ähnlich wie **все** eine **Gesamtheit** ausdrücken.

Ка́ждый гото́в к экза́мену. **Все** гото́вы к экза́мену.

Es kann auch für **sich wiederholende Handlungen** verwendet werden.

Я **ка́ждый** день звоню́ роди́телям. *(jeden Tag)*
Лека́рство на́до пить **ка́ждые** три часа́. *(alle drei Stunden)*

Mit **любо́й** kann man einen **Gegenstand** aus einer **Reihe gleichartiger Gegenstände** hervorheben.

Выбира́йте **любы́е** часы́, они́ все ка́чественные.

ка́чественный – *hochwertig*

Das Pronomen **вся́кий** kann zusätzlich die Bedeutung *verschieden, allerlei* haben.

Он расска́зывал **вся́кие** исто́рии из жи́зни.

Übungen

1. Setzen Sie die **Pronomen** in die **richtige Form**.*

a) Мы живём в *самом* ________ (са́мый) дорого́м го́роде Евро́пы.

b) ________ (ка́ждый) неде́лю Дми́трий хо́дит на футбо́л.

c) В ________ (не́сколько) дома́х не́ было электри́чества.

d) ________ (весь) кани́кулы Ва́ля провела в селе́ у ба́бушки.

e) Он не лю́бит знако́миться с ________ (кто́-то) но́вым.

f) Э́ти носки́ мо́жно носи́ть с ________ (любо́й) о́бувью.

g) Не во ________ (вся́кий) го́роде есть теа́тр.

h) Мне ________ (что-то) здесь не хвата́ет.

i) Мы бы́ли в Ро́тенбурге и купи́ли мно́го ________ (вся́кий) ёлочных игру́шек.

электри́чество – *Strom*
не хвата́ть + Gen. – *fehlen*
ёлочные игру́шки – *Christbaumschmuck*

2. Kreuzen Sie an, ob die **Pronomen richtig** (R) oder **falsch** (F) gebraucht werden. **

	R	F
a) У меня́ есть не́которые друзья́.	☐	☐
b) Не́которые слова́ в те́ксте я не могу́ перевести́.	☐	☐
c) Она́ наде́ла те́ же са́мые бу́сы, что и вчера́.	☐	☐
d) Твой велосипе́д са́мый быстре́е моего́.	☐	☐
e) Они́ бы́ли здесь сам ме́сяц.	☐	☐
f) Ты сам не спишь и мне не даёшь.	☐	☐
g) Я хочу́ вам кое-что́ сказа́ть.	☐	☐
h) Ты идёшь гуля́ть кое с ке́м и́ли оди́н?	☐	☐
i) Всё, что ей ну́жно, лежи́т в шкафу́.	☐	☐
j) Всё уже́ ушли́.	☐	☐

бу́сы – *Perlenkette*

3. Setzen Sie die Pronomen mit -**то**, -**нибудь** oder **кое**- in der richtigen Form ein.**

кое-что́ • что́-нибудь • како́й-то • что́-то • ~~кое-кто́~~ •
че́й-то • кто́-нибудь • како́й-нибудь • че́й-то • кое-кто́

сюрпри́з – *Überraschung*
заброни́рованный – *reserviert*

a) Сейча́с *кое-кто* ________ придёт. Э́то тебе́ сюрпри́з!
b) Он сказа́л мне ______________ ва́жное, но я уже́ забы́ла.
c) Закро́й глаза́, я принёс ______________ интере́сное.
d) Возьми́ ______________ кни́гу и откро́й её на второ́й страни́це.
e) Я слы́шу ______________ го́лос, но не понима́ю, кто э́то говори́т.
f) Е́сли ______________ случи́тся, позвони́те нам.
g) ______________ мо́жет мне сказа́ть, что случи́лось?
h) Тут лежи́т ______________ полоте́нце, э́то не твоё?
i) Здесь ______________ оши́бка, э́то ме́сто заброни́ровано.
j) Подожди́ мину́ту, мне на́до ______________ позвони́ть.

4. **Übersetzen** Sie ins Deutsche.***

a) Не́которых люде́й я не понима́ю.

____

b) Я ви́жу не́скольких лошаде́й, а ты?

____

c) Бери́ любо́й журна́л, у меня́ их не́сколько.

____

d) Ка́ждое у́тро он сам гото́вит за́втрак для всей семьи́.

____

e) Всю зи́му она хо́дит в той же са́мой ша́пке, что и о́сенью.

____

f) Принима́йте э́ти табле́тки ка́ждые два часа́.

____

g) Он сам написа́л э́ту му́зыку.

____

h) А́нна понима́ет все славя́нские языки́.

____

i) В э́той шкату́лке лежа́т вся́кие пу́говицы.

____

j) С э́тим зада́нием спра́вится не вся́кий!

____

k) Ка́ждое ле́то мы е́здим на Чёрное мо́ре.

____

l) У меня́ есть тако́й же шарф, как у тебя́.

____

m) Они рабо́тали до са́мой но́чи.

____

славя́нский – *slawisch*
шкату́лка – *Schatulle*
спра́виться + Dat. – *etwas schaffen, fertig werden mit*

7 И́МЯ ЧИСЛИ́ТЕЛЬНОЕ – DAS ZAHLWORT

Im Russischen gibt es **Grund-**, **Ordnungs-** und, im Unterschied zum Deutschen, auch **Sammelzahlwörter**.

Grundzahlwörter

Die Grundzahlwörter bezeichnen eine **Zahl** von Gegenständen oder Lebewesen und beantworten die Frage **ско́лько?** (*wie viel/wie viele?*).

игро́к – *Spieler*
кома́нда – *Team, Mannschaft*

– Ско́лько игроко́в в футбо́льной кома́нде?	– Оди́ннадцать.

Nach ihrer Struktur werden die Zahlwörter in **drei Gruppen** eingeteilt:

– **einfache** Zahlwörter:	оди́н, два, де́сять, со́рок, сто, ты́сяча
– **zusammengesetzte** Zahlwörter:	оди́ннадцать, два́дцать, пятьсо́т
– **mehrgliedrige** Zahlwörter:	три́дцать оди́н, четы́реста шестна́дцать

1 *Entschuldigen Sie, könnten Sie eintausend Rubel wechseln?*
2 *Ja, ich kann Ihnen einen Fünfhunderter und fünf Hundert-Rubel-Scheine geben.*
3 *Haben Sie keine Fünfzig-Rubel-Scheine?*
4 *Leider habe ich keine Fünfziger.*
5 *Auch gut, vielen Dank!*

1 - 9		11 - 19		Zehner		Hunderter	
1	оди́н*	11	оди́ннадцать	10	де́сять	100	сто
2	два	12	двена́дцать	20	два́дцать	200	две́сти
3	три	13	трина́дцать	30	три́дцать	300	три́ста
4	четы́ре	14	четы́рнадцать	40	со́рок	400	четы́реста
5	пять	15	пятна́дцать	50	пятьдеся́т	500	пятьсо́т
6	шесть	16	шестна́дцать	60	шестьдеся́т	600	шестьсо́т
7	семь	17	семна́дцать	70	се́мьдесят	700	семьсо́т
8	во́семь	18	восемна́дцать	80	во́семьдесят	800	восемьсо́т
9	де́вять	19	девятна́дцать	90	девяно́сто	900	девятьсо́т

*In der Umgangssprache benutzt man beim Zählen oft **раз** statt **оди́н**.

0	ноль (нуль)**	1.000.000	миллио́н
1.000	ты́сяча	2.000.000	два миллио́на
2.000	две ты́сячи	5.000.000	пять миллио́нов
5.000	пять ты́сяч	1.000.000.000	миллиа́рд

****Ноль** und **нуль** sind – außer in Redewendungen – frei austauschbar.

Die russische **триллио́н** hat nur zwölf Nullen (und nicht achtzehn wie die deutsche Trillion).

Bei den Zahlen 15-19, 20 und 30 steht das **-ь** am Ende des Wortes. Die Zahlen 50-80 und 500-900 haben hingegen ein **Weichheitszeichen** in der Mitte.

Alle großen Zahlen werden aus den Zahlwörtern aus der obigen Tabelle aneinandergereiht. Dabei ist die **Reihenfolge** beim Lesen bzw. Sprechen wie folgt: **Tausender – Hunderter – Zehner – Einer**:

1981 – ты́сяча девятьсо́т во́семьдесят оди́н

Die Verbindung aus Grundzahlwort und Substantiv

Die **Grundzahlen** werden in der Verbindung mit Substantiven **nicht** nach dem **Geschlecht unterschieden**. Ausnahmen bilden das Zahlwort **оди́н** und **два**, die drei bzw. zwei Geschlechtsformen haben.

Maskulinum	Femininum	Neutrum
оди́н матра́с	**одна́** поду́шка	**одно́** одея́ло

Maskulinum und Neutrum	Femininum
два матра́са **два** одея́ла	**две** поду́шки

Ebenso werden **mehrgliedrige Zahlwörter** verändert, die als **letztes** Wort eine **1** oder eine **2** enthalten.

два́дцать одна́ кварти́ра, **три́дцать два** стола́, **со́рок две** копе́йки

Im **Nominativ** und im formgleichen **Akkusativ** verändert sich die Form der gezählten Substantive in Abhängigkeit von der vorhergehenden Zahl. Die Substantive stehen:

Deklinationsmodelle, S. 21 §

nach 1, 21, 31 usw.	nach 2, 3, 4, 22, 23, 24 usw.	nach allen übrigen Zahlwörtern
im **Nominativ Singular**: оди́н дом, два́дцать одна́ дверь, три́дцать одно́ окно́	im **Genitiv Singular**: два до́ма, два́дцать три две́ри, три́дцать четы́ре окна́	im **Genitiv Plural**: пять домо́в, оди́ннадцать двере́й, два́дцать о́кон

Die Deklination der Grundzahlwörter, S. 87 §

In allen **anderen Fällen** stehen die **Zahlwörter** mit dem gezählten **Substantiv** im **gleichen Fall**, die **Substantive** stehen dabei im **Plural** (außer nach **оди́н**, **одна́**, **одно́**):

В **двух о́кнах** гори́т свет. Из **одно́го окна́** ви́дно мо́ре.	Под **пятью́ о́кнами** расту́т кусты́.

Die Verbindung aus Grundzahlwort, Substantiv und Adjektiv

Wenn das Zahlwort im **Nominativ** oder im formgleichen **Akkusativ** steht, gelten folgende Regeln:

nach 1, 21, 31 usw.	nach 2, 3, 4, 22, 23, 24 usw.	nach allen übrigen Zahlwörtern
Das Adjektiv steht im **Nominativ Sg.** und **stimmt** im **Geschlecht** mit dem **Substantiv überein**: оди́н большо́й дом три́дцать одна́ широ́кая дверь два́дцать одно́ у́зкое окно́	Das Adjektiv steht im **Plural**. 1. Bezieht es sich auf ein **männliches** oder **sächliches Substantiv**, so steht es im **Genitiv Pl.**: два больши́х до́ма три у́зких окна́. 2. Bezieht es sich auf ein **weibliches Substantiv**, so steht es im **Nominativ Pl.** oder **Genitiv Pl.**: две широ́кие две́ри/ две широ́ких две́ри	Das Adjektiv steht **unabhängig** vom **Geschlecht** des **Substantivs** im **Genitiv Pl.**: пять больши́х домо́в шесть широ́ких двере́й два́дцать у́зких о́кон

In den **anderen Fällen stimmen** Zahlwort und Adjektiv mit dem **Substantiv überein**.

В **двух у́зких о́кнах** гори́т свет. Из **одного́ у́зкого окна́** ви́дно мо́ре.	Под **пятью́ у́зкими о́кнами** расту́т кусты́.

Die Deklination der Grundzahlwörter

Im Unterschied zum Deutschen werden die **Grundzahlwörter** im Russischen **dekliniert**.
Steht die Grundzahl im Nominativ oder im formgleichen Akkusativ, so gelten gesonderte Regeln. In allen anderen Fällen stimmt sie mit dem folgenden Substantiv in Geschlecht, Zahl und Fall überein.

Я не могу́ ждать ни **одно́й мину́ты**. (Gen. Sg.)	В **трёх коро́бках** ничего́ не́ было. (Präp. Pl.)

Zur Verwendung von Zahlwörtern mit Substantiven im Nom. und formgleichen Akk. ▶ **Die Verbindung aus Grundzahlwort und Substantiv**, S. 85

Deklination von оди́н

Fall	Mask.	Fem.	Neutr.	Plural
Nom.	оди́н	одн**а́**	одн**о́**	одн**и́**
Gen.	одн**ого́**	одн**о́й**	одн**ого́**	одн**и́х**
Dat.	одн**ому́**	одн**о́й**	одн**ому́**	одн**и́м**
Akk.	wie Gen. (bel.) oder Nom. (unbel.)	одн**у́**	wie Gen. (bel.) oder Nom. (unbel.)	wie Gen. (bel.) oder Nom. (unbel.)
Instr.	одн**и́м**	одн**о́й**	одн**и́м**	одн**и́ми**
Präp.	(об) одн**о́м**	(об) одн**о́й**	(об) одн**о́м**	(об) одн**и́х**

Die Pluralform **одни́** wird wie folgt verwendet:
- mit Substantiven, die nur im Plural gebraucht werden (одни́ но́жницы),
- in der Bedeutung *lauter, nur* (В э́той шко́ле у́чатся **одни́** де́вочки.)
- im Sinne von *die einen* (als Gegensatz zu *die anderen*): **Одни́** студе́нты сда́ли экза́мен, други́е не сда́ли.

Deklination von два, три, четы́ре

Fall	Mask., Neutr.	Fem.	Mask., Fem., Neutr.	Mask., Fem., Neutr.
Nom.	два	две	три	четы́ре
Gen.	дв**ух**		тр**ёх**	четыр**ёх**
Dat.	дв**ум**		тр**ём**	четыр**ём**
Akk.	wie Genitiv (bel.) oder Nominativ (unbel.)			
Instr.	дв**умя́**		тр**емя́**	четырь**мя́**
Präp.	(о) дв**ух**		(о) тр**ёх**	(о) четыр**ёх**

Belebte und unbelebte Substantive, S. 22

Die Zahlwörter **со́рок** (*vierzig*), **девяно́сто** (*neunzig*) und **сто** (*hundert*) haben im Genitiv, Dativ, Instrumental und Präpositiv die Endung **-а** (**сорока́**, **девяно́ста**, **ста**). Der Akkusativ gleicht dem Nominativ.

Он занима́лся бо́ксом до **сорока́** лет. У меня́ с собо́й был кошелёк со **ста** рубля́ми.	Э́то ваго́н на **девяно́сто** пассажи́ров.

кошелёк – *Geldbeutel, Portemonnaie*

Die Zahlwörter **пять**, **шесть**, **семь** ... **де́сять**, **оди́ннадцать**, **двена́дцать** ... **два́дцать**, **три́дцать**, die auf **-ь** enden, werden wie die Substantive der 3. Deklination dekliniert.
In den zusammengesetzten Zahlwörtern **пятьдеся́т**, **шестьдеся́т**, **се́мьдесят**, **во́семьдесят** sowie in den Zahlwörtern, die Hunderter bezeichnen (**две́сти**, **три́ста** ... **девятьсо́т**), werden beide Teile dekliniert.

Die dritte Deklination, S. 25

Grundzahlwörter

Ob das Substantiv belebt oder unbelebt ist, spielt nur bei **оди́н**, **два**, **три**, **четы́ре** eine Rolle. Bei allen anderen Zahlwörtern gleicht der Akk. dem Nom., ganz unabhängig davon, ob es sich um Lebewesen handelt oder nicht. (Я ви́жу шесть шкафо́в/ти́гров).

Deklination von 5 – 30, 50 – 80, 500 – 900

Fall	5 – 30	50 – 80	500 – 900
Nom.	пять	пятьдеся́т	пятьсо́т
Gen.	пят**и́**	пят**и́**десят**и**	пят**исо́т**
Dat.	пят**и́**	пят**и́**десят**и**	пят**иста́м**
Akk.	wie Nom.	wie Nom.	wie Nom.
Instr.	пять**ю́**	пять**ю́**десять**ю**	пять**юста́ми**
Präp.	(о) пят**и́**	(о) пят**и́**десят**и**	(о) пят**иста́х**

Deklination von 200, 300, 400

Nom.	две́сти	три́ста	четы́реста
Gen.	дв**ухсо́т**	тр**ёхсо́т**	четыр**ёхсо́т**
Dat.	дв**умста́м**	тр**ёмста́м**	четыр**ёмста́м**
Akk.	wie Nom.	wie Nom.	wie Nom.
Instr.	дв**умяста́ми**	тр**емяста́ми**	четыр**ьмяста́ми**
Präp.	(о) дв**ухста́х**	(о) тр**ёхста́х**	(о) четыр**ёхста́х**

Die Deklination der Substantive im Singular, S. 22

Die Zahlwörter **ты́сяча**, **миллио́н**, **миллиа́рд** werden wie Substantive dekliniert.

Он заплати́л ты́сячу рубле́й.

Bei den mehrgliedrigen Zahlwörtern wird jedes Wort dekliniert:

При́был по́езд с четыр**ьмяста́ми** восемь**ю́**десять**ю** семь**ю́** пассажи́рами.

Rechnen

*__бу́дет__ kann, vor allem bei einfachen Berechnungen, auch weggelassen werden: Два плюс два – четы́ре.

$2 + 2 = 4$	два **плюс** два бу́дет* четы́ре/два плюс два равня́ется четырём
$4 - 2 = 2$	четы́ре **ми́нус** два бу́дет два/равня́ется двум
$2 \times 3 = 6$	два **умно́жить на** три бу́дет шесть/равня́ется шести́
$6 : 2 = 3$	ше́сть **раздели́ть на** два бу́дет три/равня́ется трём
$3^2 = 9$	три **в квадра́те** бу́дет де́вять / равня́ется девяти́
$2^3 = 8$	два **в тре́тьей сте́пени** бу́дет во́семь/равня́ется восьми́
$\sqrt{9} = 3$	**(квадра́тный) ко́рень из** девяти́ бу́дет три/равня́ется трём

Ordnungszahlwörter, S. 95

равня́ться + Dat. – *entsprechen, gleichkommen*

Beim **Multiplizieren** der Zahlen von 2 bis 10 werden außerdem die Sonderformen **два́жды**, **три́жды** ... **де́сятью** verwendet. Dabei wird **умно́жить на** weggelassen:

$2 \times 3 = 6$	два́жды три – шесть
$3 \times 3 = 9$	три́жды три – де́вять
$4 \times 3 = 12$	четы́режды три – двена́дцать
$5 \times 3 = 15$	пя́тью три – пятна́дцать
$6 \times 3 = 18$	ше́стью три – восемна́дцать
$7 \times 3 = 21$	се́мью три – два́дцать оди́н

Die Wörter **пя́тью** ... **де́сятью** sehen wie der Instrumental der Zahlwörter **пять** ... **де́сять** aus, aber die Betonung liegt auf der ersten Silbe.

8 × 3 = 24	во́семью три - два́дцать четы́ре
9 × 3 = 27	де́вятью три - два́дцать семь
10 × 3 = 30	де́сятью три - три́дцать

§ Die Deklination der Grundzahlwörter, S. 87

Fragen nach Rechenergebnissen werden mit **ско́лько бу́дет** ...? *wie viel ergibt ...?* eingeleitet.

Ско́лько бу́дет три́дцать плюс три?	**Ско́лько бу́дет** пя́тью шесть?

Übungen

1. Ersetzen Sie die **Zahlen** durch die **Zahlwörter**.*

окружа́ть - *umgeben*

a) В Кита́е, Коре́е и Япо́нии число́ (4) *четыре* ____________ - несчастли́вое.

b) Росси́ю окружа́ют (12) ____________________ море́й.

c) В Росси́и (62) ____________________ морски́х по́рта.

d) Пульс слона́ - (20) ____________________ уда́ров в мину́ту.

e) Ка́ждую мину́ту в Росси́и рожда́ется* (3) ____________________ челове́ка и умира́ет* (5) ____________________.

f) Су́мма всех чи́сел на руле́тке в казино́ - (666) ____________________ ____________________.

g) В Герма́нии (5.000) ____________________ сорто́в пи́ва.

*Wenn das **Satzsubjekt** ein Substantiv mit einem **Zahlwort** ist, kann das **Verb** sowohl im **Singular**, als auch im **Plural** stehen: По у́лице **идёт/иду́т** три това́рища.

2. Beantworten Sie die folgenden Fragen, benutzen Sie dabei die **Zahlwörter**.*

a) Ско́лько дней в неде́ле? *Семь дней.* ____________

b) Ско́лько мину́т в одно́м ча́се? ____________________

c) Ско́лько ме́сяцев в году́? ____________________

d) Ско́лько дней в году́? ____________________

3. Setzen Sie die Wörter in Klammern in die **richtige Form**.**

a) Я зна́ю *два иностранных языка* ____________ (2/иностра́нный язы́к).

b) На по́лке лежа́т ____________________ (2/то́лстая кни́га) .

c) В ва́нной виси́т ____________________ (1/ста́рое зе́ркало).

d) На пло́щади стоя́ли ____________________ (4/но́вая скаме́йка).

жи́ли-бы́ли... – *es waren einmal ...*
поросёнок – *Ferkel*

e) Жи́ли-бы́ли ________________ (3/весёлый поросёнок).

f) В ваго́не было ________________ (6/свобо́дное ме́сто).

g) В клётке сиде́л ________________ (31/зелёный попуга́й).

h) В кла́ссе не хвата́ло ________________ (9/больно́й учени́к).

i) Наш банк вхо́дит в ________________ (100/крупне́йший банк Росси́и).

4. Schreiben Sie **in Worten**.**

a) 2 + 3 = 5 *Два плюс три равняется пяти.*

b) 8 – 1 = 7 ________________

c) 3 × 12 = 36 ________________

d) 56 : 7 = 8 ________________

e) $6^2 = 36$ ________________

f) √49 = 7 ________________

5. **Ergänzen** Sie die Tabelle.**

гусь – *Gans*

Nom.	два весёлых гуся́	________________
Gen.	________________	трёх прекра́сных принце́сс
Dat.	двум весёлым гуся́м	________________
Akk.	________________	трёх прекра́сных принце́сс
Instr.	двумя́ весёлыми гуся́ми	________________
Präp.	________________	(о) трёх прекра́сных принце́ссах

Nom.	________________	ты́сяча одна́ ночь
Gen.	сорока́ одного́ го́да	________________
Dat.	________________	ты́сячи одно́й но́чи
Akk.	со́рок оди́н год	________________
Instr.	________________	ты́сячью одно́й но́чью
Präp.	(о) сорока́ одно́м го́де	________________

6. In jedem Satz haben sich **Fehler** versteckt. Finden Sie sie und schreiben Sie die Sätze **richtig** auf.***

a) У касси́ра оста́лся то́лько два́дцать оди́н входны́х биле́тов.

У кассира остался только двадцать один входной билет.

b) Я учи́лась в кла́ссе с два́дцать пяти́ ученика́ми.

______

c) У нас нет пятна́дцати чёрные карандаше́й.

______

d) Мы смотре́ли фильм о Белосне́жке и семью́ гно́мами.

______

e) Он ви́дел пятьсо́т девяно́сто одна́ ба́бочку.

______

входно́й биле́т - *Eintrittskarte*
Белосне́жка - *Schneewittchen*
гном - *Zwerg*
ба́бочка - *Schmetterling*

Sammelzahlwörter

Neben den üblichen Grundzahlwörter gibt es im Russischen für die Zahlen 2-7 **Sammelzahlwörter**: **о́ба**, **о́бе** (*beide*), **дво́е**, **тро́е**, **че́тверо**, **пя́теро**, **ше́стеро**, **се́меро***.

*Die Sammelzahlwörter **во́сьмеро**, **де́вятеро**, **де́сятеро** werden äußerst selten benutzt.

Die Sammelzahlwörter bezeichnen eine **Gesamtheit gleichartiger oder zusammen gehörender Personen oder Gegenstände** und antworten wie die Grundzahlwörter auf die Frage **ско́лько**? (*wie viel?*).

В ко́мнате бы́ло **тро́е** го́стей.	Из Москвы́ во Владивосто́к по́езд е́дет **ше́стеро** су́ток.

Form

Mit **о́ба** werden **männliche** oder **sächliche** Substantive verbunden, mit **о́бе** - **weibliche**.

Stehen die Sammelzahlwörter im Nominativ oder im formgleichen Akkusativ, so folgt das **Substantiv** nach **дво́е** - ... - **семеро** im **Genitiv Plural**, nach den Sammelzahlwörtern **о́ба/о́бе** hingegen im **Genitiv Singular**. In den **anderen Fällen** stehen die Sammelzahlwörter und die folgenden Substantive **im gleichen Fall**.

Nom., Akk. (unbel.)	**óба/óбе** (+ Gen. Sg.) **двóе – … – сéмеро** (+ Gen. Pl.)	Óба **брáта** рабóтают врачáми. Он забы́л в гости́нице óба **чемодáна.** Óбе **сестры́** изучáют хи́мию. На столé лежáт двóе **нóжниц**. Я ви́жу трóе **очкóв**.
Gen., Dat., Akk. (bel.), Instr., Präp.	**óба/óбе, двóе – … – сéмеро** (+ entspr. Fall)	Они́ встрéтились с обéими **учи́тельницами**. (Instr. Pl.) Мы встрéтили шестеры́х **студéнтов**. (Akk. Pl.) Он вспóмнил о пятеры́х **студéнтах**. (Präp. Pl.)

Die Adjektivdeklination, S. 38
Belebte und unbelebte Substantive, S. 22

Die Sammelzahlwörter werden **wie Adjektive im Plural dekliniert**.

Nom.	двóе	трóе	чéтверо
Gen.	дво**и́х**	тро**и́х**	четвер**ы́х**
Dat.	дво**и́м**	тро**и́м**	четвер**ы́м**
Akk.	wie Genitiv (belebt) oder Nominativ (unbelebt)		
Instr.	дво**и́ми**	тро**и́ми**	четвер**ы́ми**
Präp.	(о) дво**и́х**	(о) тро**и́х**	(о) четвер**ы́х**

Die Sammelzahlwörter **пя́теро**, **шéстеро**, **сéмеро** werden wie **чéтверо** dekliniert.

Die Deklination der Zahlwörter óба, óбе

Fall	**Maskulinum und Neutrum**	**Femininum**
Nom.	óба	óб**е**
Gen.	об**óих**	об**éих**
Dat.	об**óим**	об**éим**
Akk.	wie Genitiv (bel.) oder Nominativ (unbel.)	
Instr.	об**óими**	об**éими**
Präp.	(об) об**óих**	(об) об**éих**

Belebte und unbelebte Substantive, S. 22

Gebrauch

Die Sammelzahlwörter sind **seltener** anzutreffen als die Grundzahlwörter. Sie werden folgendermaßen verwendet:
1. mit Substantiven, die **männliche Personen** bezeichnen:

приятель – *Kumpel*

двóе мáльчиков, трóе сыновéй, чéтверо программи́стов, пя́теро ученикóв, сéмеро прия́телей

2. mit Substantiven, die eine **Personengruppe** bezeichnen, in der es sowohl **männliche** als auch **weibliche** Personen gibt:

У меня́ **трóе** друзéй: Поли́на, Вади́м и Ви́ка.
У них **пя́теро** детéй: Макси́м, Тим, Сáша, Лéна и Вéра.

3. mit **Pronomen** (hauptsächlich, wenn es sich dabei um männliche Personen handelt):

Пришли́ все **тро́е**.
Не́ было* нас **двои́х**.

Das Pronomen steht immer **vor** dem Sammelzahlwort.

4. mit Substantiven, die **Tierjunge** bezeichnen:

се́меро козля́т, **дво́е** котя́т, **тро́е** щенко́в

козлёнок – *Geißlein*
котёнок – *Kätzchen*
щено́к – *Hundewelpe*

5. mit Substantiven, die **nur im Plural** gebraucht werden (meistens nur im Nominativ bzw. Akkusativ):

дво́е очко́в, **тро́е** но́жниц, **че́тверо** брюк

Substantive, die **nur im Plural** benutzt werden, können **nur mit Sammelzahlwörtern** verwendet werden.

6. **ohne** Pronomen oder Substantive

Дво́е стоя́ли в коридо́ре, **тро́е** сиде́ли в ко́мнате.

Die Sammelzahlwörter **о́ба/о́бе** werden meistens verwendet, wenn im Satz davor die Zahlwörter **два, две, дво́е** oder zwei Substantive benutzt wurden.

У меня́ **дво́е** сынове́й и **две** до́чери.
О́ба сы́на игра́ют в те́ннис.
О́бе до́чери танцу́ют та́нго.

Я была́ в Ки́еве и Москве́.
О́ба го́рода – столи́цы госуда́рств.

* Bei **не́ было** fällt die Betonung auf **не**, während **было** unbetont bleibt.

столи́ца – *Hauptstadt*
госуда́рство – *Staat*

Übungen

1. Ergänzen Sie die Formen der **Sammelzahlwörter**.*

Nom.	о́ба	______	тро́е	______
Gen.	______	обе́их	______	пятеры́х
Dat.	обо́им	______	трои́м	______
Akk.	______	обе́их/о́бе	______	пятеры́х/пя́теро
Instr.	обо́ими	______	трои́ми	______
Präp.	______	(об) обе́их	______	(о) пятеры́х

2. Welche Substantive kann man mit **Sammelzahlwörtern**, welche mit **Grundzahlwörtern** und welche mit **beiden** verwenden?**

телёнок – *Kalb*

друг • но́жницы • окно́ • студе́нт • студе́нтка • сын • су́тки • дочь • телёнок • шкаф • брат • сестра́ • ребёнок • часы́ • маши́на • учи́тель

Besondere Fälle der Pluralbildung, S. 31

a) дво́е, тро́е: *друзей, ножниц,* ______

______

b) два/две, три: *друга, окна,* ______

______

3. Kreuzen Sie an, ob die **Sammelzahlwörter** in den Sätzen **richtig** (R) oder **falsch** (F) gebraucht sind.

		R	F
a)	Все тро́е сынове́й бы́ли похо́жи на ма́му.	☐	☐
b)	Мы услы́шали дво́е гита́р.	☐	☐
c)	Она́ купи́ла четверы́х джи́нсов.	☐	☐
d)	Я разгова́ривала с обо́ими тре́нерами.	☐	☐
e)	У обо́их де́вочек голубы́е глаза́.	☐	☐
f)	Пя́теро корабле́й плы́ли в порт.	☐	☐
g)	Ше́стеро сотру́дников – на больни́чном.	☐	☐
h)	В ко́мнату вошли́ се́меро ма́льчиков.	☐	☐

на больни́чном – *krank geschrieben*

4. Suchen Sie das **richtige Zahlwort** aus und setzen Sie ggf. das **Substantiv**, das **Adjektiv** oder das **Pronomen** in die richtige Form.***

a) Весь день я не могу́ дозвони́ться до *троих знакомых* ______ (трои́х/три/тро́е знако́мый).

красáвица – *schöne Frau, Schönheit*

декре́т (декре́тный о́тпуск) – *Mutterschutzurlaub*

b) Он жил в Ха́рькове, а пото́м в О́мске. В ______ (двои́х/двум/обо́их го́род) у него́ мно́го друзе́й.

c) В о́фисе ______ (четы́ре/че́тверо/четырёх мы).

d) Нас бы́ло ______ (пя́теро/пяти́/пять подру́га).

e) У неё ______ (дво́е/две/о́бе сестра́). ______ (дво́е/о́бе/два) – краса́вицы.

f) Э́та маши́на – для ______ (семь/семи́/семеры́х).

g) Он взял с собóй ________________ (три/трóе/троúх сóлнечные очкú).

h) Все (чéтверо/четверы́х/четы́ре продавщúца) ________________ ________________ ушлú в декрéт.

i) Кóшка родилá ________________ (чéтыре/чéтверо/четверы́х котёнок).

Ordnungszahlwörter

Die **Ordnungszahlwörter** bezeichnen den Platz eines Lebewesens oder eines Gegenstandes in einer **Reihe ähnlicher** oder **gleicher Gegenstände** und antworten auf die Fragen **котóрый**? **котóрая**? **котóрое**? **котóрые**? (*der/die das wievielte? die wievielten?*).

Form

Die Ordnungszahlwörter werden vom **Stamm** der **Grundzahlwörte**r gebildet, indem man anstelle der **Genitivendung** -**а** bzw. -**и** am Wortende die **Adjektivendungen** anfügt.

Grundzahlwörter, S. 84

Grundzahlwort Nominativ	Grundzahlwort Genitiv	Ordnungszahlwort (Mask., Fem., Neutr., Pl.)
пять	пят**и́**	пя́т**ый**, -**ая**, -**ое**, -**ые**
вóсемьдесят	восьмúдесят**и**	восьмидеся́т**ый**, -**ая**, -**ое**, -**ые**
девянóсто	девянóст**а**	девянóст**ый**, -**ая**, -**ое**, -**ые**

Bei **вторóй**, **шестóй**, **седьмóй**, **восьмóй**, **сороковóй** fällt die Betonung auf die Endung, der Rest ist stammbetont (**пéрвый**, **деся́тый**...). Dabei kann die Betonung auf eine andere Silbe fallen als in den entsprechenden Grundzahlwörtern (s. Tabelle).

Abweichend werden gebildet:

Grundzahlwort	Ordnungszahlwort
одúн	пéрв**ый**, -**ая**, -**ое**, -**ые**
два	втор**óй**, -**ая**, -**ое**, -**ые**
три	трéт**ий**, -**ья**, -**ье**, -**ьи**
четы́ре	четвёрт**ый**, -**ая**, -**ое**, -**ые**
семь	седьм**óй**, -**ая**, -**ое**, -**ые**
сóрок	сороков**óй**, -**ая**, -**ое**, -**ые**
сто	сóт**ый**, -**ая**, -**ое**, -**ые**
ты́сяча	ты́сячн**ый**, -**ая**, -**ое**, -**ые**
миллиóн	миллиóнн**ый**, -**ая**, -**ое**, -**ые**

Das Zahlwort **трéтий**, **трéтья**, **трéтье** weist in allen Fällen ein -**ь**- vor der Endung auf.

7 Ordnungszahlwörter

Die Adjektivdeklination, S. 38

Ordnungszahlwörter werden **wie Adjektive dekliniert**. Sie **stimmen** mit den dazu gehörenden **Substantiven** in Zahl, Geschlecht und Fall **überein**.

Я купи́л втор**у́ю** маши́н**у**.	Заче́м ты купи́ла шест**ы́е** сапог**и́**?
Мы живём в оди́ннадцат**ом** до́м**е**.	На́до помы́ть втор**о́е** окн**о́**.

Anders als im Deutschen werden mehrgliedrige Zahlwörter getrennt geschrieben: **шестьдеся́т пя́тый**, **две ты́сячи девяно́сто седьмо́й**.

Bei **mehrgliedrigen** Zahlwörtern erhält nur das **letzte Wort** die Form des **Ordnungszahlwortes**: со́рок **тре́тий**, две́сти пятьдеся́т **седьмо́й**.

Folglich wird auch nur das letzte Zahlwort **dekliniert**:

Я чита́ю три́ста девяно́сто **втору́ю** страни́цу.

*Im russischsprachigen Raum ist es üblich, dass jede Wohnung ihre Nummer hat, die in der Adresse angegeben wird. Auch Schulen haben meist eine Nummer.

Gebrauch

Die Zahlwörter **von 1 bis 10** werden in der schriftlichen Sprache meist **mit Worten** geschrieben.

Мой сын зако́нчил **шесто́й** класс.	aber: Он у́чится в **99-й** шко́ле.*
Туда́ идёт **деся́тый** трамва́й.	Они́ живу́т в **55-й** кварти́ре.*

Wenn der vorletzte Buchstabe ein Vokal ist, schreibt man nur einen (den letzten) Buchstaben der Fallendung: **17-е** (семна́дцатое) февраля́. Ist der vorletzte Buchstabe ein Konsonant, schreibt man zwei letzte Buchstaben: **17-го** (семна́дцатого) февраля́.

Schreibt man die Ordnungszahlwörter in Ziffern, so wird danach – im Gegensatz zum Deutschen – **kein Punkt** gesetzt. Gewöhnlich werden aber die **Fallendungen** angedeutet:

Он за́нял **12-е** ме́сто.	С **14-го** этажа́ ви́дно весь го́род.

Für die Ordnungszahlen werden im Russischen gern **römische Ziffern** benutzt. Nach den römischen Ziffern werden **keine Fallendungen** angehängt: **XVI** Олимпи́йские и́гры, **IX** век.

век – *Jahrhundert*

Die **Pluralform** der Ordnungszahlwörter wird benutzt:

mit **Substantiven** im **Plural**	пе́рв**ые дни** ле́та (*die ersten Sommertage*)
mit **Substantiven**, die **nur im Plural** gebraucht werden	втор**ы́е брю́ки**, тре́ть**и су́тки**

Die Zahl, S. 18
Datum und Uhrzeit, S. 100

Bei der Datumsangabe benutzt man, genau wie im Deutschen, Ordnungszahlen für den **Tag des Monats**. Im Gegensatz zum Deutschen werden im Russischen die **Jahreszahlen** auch mit Ordnungszahlen angegeben.

Сего́дня **пя́тое** апре́ля.	*Heute ist der 5. April.*
Он роди́лся в 1980 (**ты́сяча девятьсо́т восьмидеся́том**) году́.	*Er ist 1980 geboren.*

Bruch- und Dezimalzahlen

Wie im Deutschen gibt es im Russischen Bruchzahlen, die einen **Teil eines Ganzen** bezeichnen.

Bruchzahlen werden durch die Verbindung von **Grundzahlen** mit **Ordnungszahlen** gebildet. Der **Zähler** wird durch die **Grundzahl** im Nominativ, der **Nenner** durch die **Ordnungszahl** im Genitiv Plural bezeichnet.

3/5 – три пя́тых	7/8 – семь восьмы́х

Ist der **Zähler** eine **Eins** oder eine **Zwei**, so wird er durch die **feminine Form одна́** bzw. **две** bezeichnet. Die Ordnungszahl im **Nenner** steht im Nom. Sg. (wenn der Zähler eine Eins ist) oder im Gen. Pl. (wenn der Zähler eine Zwei ist).

1/3 одна́ тре́тья (до́ля)	2/5 две пя́тых (до́ли)

до́ля – *Teil, Anteil*
це́лый – *ganz*

Bei **gemischten** Zahlen wird in der Regel hinter der ganzen Zahl das Adjektiv **це́лый** eingefügt. Das Wort **и** kann dabei auch weggelassen werden.

1 3/7 одна́ **це́лая** (и) три седьмы́х	3 5/6 три **це́лых** (и) пять шесты́х

Nach einer Bruchzahl steht das von ihr abhängige **Substantiv** stets im **Genitiv Singular**: три пя́тых земно́й пове́рхност**и**. Bei Bruchzahlen werden **beide Teile dekliniert**, das folgende **Substantiv** bleibt im **Gen. Sg.**

земно́й – *Erd-*
пове́рхность – *Oberfläche*
су́ша – *Festland*

Nom.	одн**а́** шест**а́я** су́ши	три восьм**ы́х** я́блока
Gen.	одн**о́й** шест**о́й** су́ши	тр**ёх** восьм**ы́х** я́блока
Dat.	одн**о́й** шест**о́й** су́ши	тр**ём** восьм**ы́м** я́блока
Akk.	одн**у́** шест**у́ю** су́ши	три восьм**ы́х** я́блока
Instr.	одн**о́й** шест**о́й** су́ши	тр**емя́** восьм**ы́ми** я́блока
Präp.	(об) одн**о́й** шест**о́й** су́ши	(о) тр**ёх** восьм**ы́х** я́блока

Die **Dezimalzahlen** werden wie einfache Brüche gelesen.*

0,6 ноль це́лых (и) шесть **деся́тых**
21,48 два́дцать одна́ це́лая (и) со́рок во́семь **со́тых**
39,275 три́дцать де́вять це́лых (и) две́сти се́мьдесят пять **ты́сячных**

*Mathematisch gesehen sind Dezimalzahlen Brüche, in deren Nenner eine **10, 100, 1000**, usw. steht. Folglich liest man 0,2 (2/10) als ноль целых (и) две **деся́тых** usw.

Für 1½ (**одна́ це́лая и одна́ втора́я**) steht das Substantiv **полтора́**. Mit männlichen und sächlichen Substantiven benutzt man die Form **полтора́**, mit weiblichen – die Form **полторы́**. Das Zahlwort **полтора́** wird dekliniert.

столе́тие – *Jahrhundert*

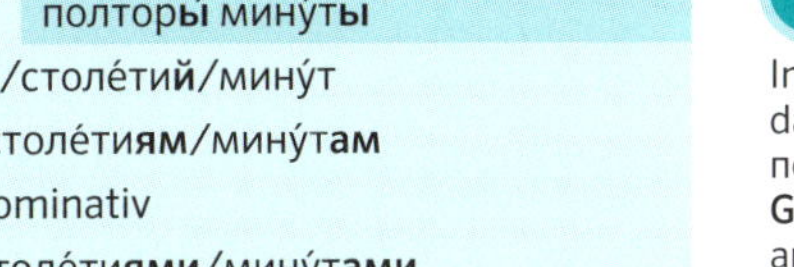

Nom.	полтора́ час**а́**/столе́ти**я**	полторы́ мину́т**ы**
Gen.	полу́тора час**о́в**/столе́т**ий**/мину́т	
Dat.	полу́тора час**а́м**/столе́ти**ям**/мину́т**ам**	
Akk.	wie Nominativ	
Instr.	полу́тора час**а́ми**/столе́ти**ями**/мину́т**ами**	
Präp.	(о) полу́тора час**а́х**/столе́ти**ях**/мину́т**ах**	

!

Im Nom. und Akk. steht das **Substantiv** nach полтора́/полторы́ im **Gen. Singular**, in allen anderen Fällen hingegen im **entsprechenden Fall im Plural**.

*Die Instrumentalform **с полови́ной** wird sehr oft gebraucht.

Anstelle der Bruchzahlen 1/2 (**одна́ втора́я**), 1/3 (**одна́ тре́тья**) und 1/4 (**одна́ четвёртая**) werden meist die Substantive **полови́на** (*die Hälfte*), **треть** (*ein Drittel*) und **че́тверть** (*ein Viertel*) verwendet:

экра́н – *Bildschirm*

Я ви́жу то́лько **треть** экра́на.	Фильм идёт два **с полови́ной** часа́.*

Die Partikel **пол** schreibt man **ohne Bindestrich**, wenn danach ein **Konsonant** folgt und **mit Bindestrich**, wenn danach ein **Vokal** oder ein **л** steht.

In der gesprochenen Sprache wird anstelle von **полови́на** die Partikel **пол** verwendet: **пол**ме́тра, **пол**го́да, **пол**-у́лицы, **пол**-ле́кции.

Übungen

1. Ordnen Sie die Zahlwörter den **drei Typen** zu.*

два • пе́рвый • че́тверо • пятна́дцатый • сто • пятиты́сячный • дво́е • девяно́сто де́вять • пятьдеся́т шесто́й • второ́й • девятна́дцать • ше́стеро • во́семь • ты́сяча девя́тый • семна́дцать

Grundzahlwörter	Sammelzahlwörter	Ordnungszahlwörter

2. Schreiben Sie die **Ordnungszahlen** in Klammern in Worten und evtl. als Abkürzungen.**

a)	(5) день	*пятый день*	*–*
b)	(23) раз	*двадцать третий раз*	*23-й раз*
c)	(7) ры́ба		
d)	(30) ла́мпа		
e)	(1) сло́во		
f)	(2) тайм		
g)	(100) клие́нт		
h)	(3) но́жницы		
i)	(58) страни́ца		

тайм – *Spielhälfte*

3. Suchen Sie die zu den Zahlen passenden **Zahlwörter**. **

a) 4/6 ___1. три чéтверти

b) 2,81 ___2. полторá

c) 1/17 ___3. однá семнáдцатая

d) 100,201 ___4. дéвять двáдцать пя́тых

e) 3,4 ___5. однá цéлая и четы́ре пя́тых

f) 6 7/8 ___6. сто цéлых и двéсти однá ты́сячная

g) 3/4 ___7. три цéлых и четы́ре деся́тых

h) 9/25 ___8. две цéлых и вóсемьдесят однá сóтая

i) 1 4/5 ___9. четы́ре шесты́х

j) 1,5 ___10. шесть цéлых и семь восьмы́х

4. Geben Sie die **Ordnungszahlen** in **Worten** wieder.**

a) Онá ýчится в (3) *третьем* ________ клáссе.

b) Мы живём на (4) ________ этажé.

c) (2) ________ лéкция бýдет в (705) ________ аудитóрии.

d) Мне нýжно подня́ться с (6) ________ на (10) ________ этáж.

e) Не хватáет (11) ________ игрокá.

f) Мы заброни́ровали (36) ________ и (37) ________ местá.*

g) Тудá мóжно доéхать на (48) ________ автóбусе и́ли на (9) ________ трамвáе.

h) Онá сиди́т в (1) ________ рядý на (10) ________ мéсте.

i) Они́ прáзднуют (20) ________ годовщи́ну свáдьбы.

j) У негó укрáли ужé (5) ________ велосипéд!

аудитóрия – *Hörsaal*
заброни́ровать – *reservieren, buchen*
годовщи́на – *Jahrestag*
игрóк – *Spieler*
свáдьба – *Hochzeit*

*Das Substantiv, auf das sich mehrere Zahlwörter beziehen, muss nur einmal erwähnt werden und zwar in seiner Pluralform.

Datum und Uhrzeit

Datum

Ordnungszahlwörter, S. 95

Im Russischen sieht die Datumsangabe wie im Deutschen aus: **Tag – Monat – Jahr**.

Сего́дня тре́тье а́вгуста две ты́сячи два́дцать четвёртого го́да.

Form

	geschrieben	gesprochen
Tag & Monat	17.02	семна́дцатое второ́е
	17 февраля́	семна́дцатое февра́ля
Jahr	1978 г.*	ты́сяча девятьсо́т се́мьдесят восьмо́й год
	2009 г.*	две ты́сячи девя́тый год
	320 г. до н.э.	три́ста двадца́тый год до на́шей э́ры
	95 г. н. э.	девяно́сто пя́тый год на́шей э́ры
Jahrzehnt	90-е гг.*	девяно́стые го́ды
Jahrhundert	XIX в.*	девятна́дцатый век

до на́шей эры – *v. Chr.*
на́шей эры – *n. Chr.*

* **гг**. steht für **го́ды** (*Jahre*), während die Singularform von **год** (*Jahr*) als **г.** abgekürzt wird. **в.** steht für **век** (*Jahrhundert*).

Wird ein Datum mit Zahlen angegeben, so steht zwischen dem Tag und dem Monat bzw. zwischen dem Monat und dem Jahr ein Punkt, während am Ende kein Punkt steht.

9.11.1989 была́ разру́шена Берли́нская стена́.

Gebrauch

Wenn man die Frage **Како́е сего́дня число́**? (*Der Wievielte ist heute?*) beantworten möchte, benutzt man für den **Tag** den **Nominativ** und für den **Monat** und ggf. das **Jahr den Genitiv**.

- Сего́дня три́дцать пе́рв**ое** ию́л**я** две ты́сячи два́дцать четвёртого го́д**а**.

Spricht man vom **Datum** eines **Ereignisses** (**когда́**? **како́го числа́**? – *wann*? am *wievielten*?), steht sowohl der **Tag** als auch der **Monat** und das **Jahr** im **Genitiv**.

- А́нна родила́сь девя́т**ого** октябр**я́** се́мьдесят втор**о́го** го́д**а**.

високо́сный год – *Schaltjahr*

In einer **Jahresangabe** steht die **Ordnungszahl** im **Nominativ** (wenn die Jahreszahl als Subjekt benutzt wird) oder im **Präpositiv** (wenn die Jahreszahl auf die Frage **когда́**? *wann*? antwortet).

- Двухты́сячн**ый**** год был високо́сным.
- Лев Толсто́й у́мер **в** ты́сяча девятьсо́т деся́т**ом** год**у́**.

Beachten Sie die unterschiedlichen Formen: **двухты́сячный год (*Jahr 2000*), aber: **две ты́сячи четы́рнадцатый год** (*Jahr 2014*).

Uhrzeit

Es gibt eine **umgangssprachliche** und eine **offizielle** Form der Zeitangabe. Letztere wird im Fernsehen, im Radio sowie in Durchsagen verwendet.

Form

	offiziell	umgangssprachlich
6:00	шесть часо́в ро́вно	шесть часо́в (утра́)
6:10	шесть часо́в де́сять мину́т	де́сять мину́т седьмо́го
6:15	шесть часо́в пятна́дцать мину́т	че́тверть седьмо́го
6:30	шесть часо́в три́дцать мину́т	полседьмо́го полови́на седьмо́го
6:40	шесть часо́в со́рок мину́т	без двадцати́ семь
6:45	шесть часо́в со́рок пять мину́т	без че́тверти во́семь
12:00	двена́дцать часо́в ро́вно	двена́дцать часо́в/по́лдень
13:00	трина́дцать часо́в ро́вно	час (дня)
20:00	два́дцать часо́в	во́семь часо́в (ве́чера)
0:00	ноль часо́в ро́вно	двена́дцать часо́в/по́лночь
2:00	два часа́ ро́вно	два часа́ (но́чи)

Bei der Minutenangabe geht man in der offiziellen Sprache von der vorhergehenden Stunde aus, in der Umgangssprache von der nachfolgenden Stunde.

Die bei einer Uhrzeit stehenden Angaben **утра́** (*morgens*), **дня** (*nachmittags*), **ве́чера** (*abends*), **но́чи** (*nachts*) werden meist mit vollen und halben Stunden gebraucht.

Gebrauch

Nach der Zeit fragt man mit **Кото́рый час**? oder **Ско́лько вре́мени**?

Für die Zeitangabe **kurz nach** (einer vollen Stunde, z. B. 10.07 oder 11.11 Uhr) verwendet man das Wort **нача́ло**. Genau wie nach den Substantiven **че́тверть, полови́на** oder der Partikel **пол** steht das **Ordnungszahlwort** danach im **Genitiv Singular**.

10:03 – нача́ло оди́ннадцатого
11:10 – нача́ло двена́дцатого

Auf die Frage **во ско́лько?** (*um wie viel Uhr?*) steht bei Zeitangaben bis zur halben Stunde die Präposition **в**. Wenn man die Zeiten in der **zweiten Hälfte** der **Stunde** mit der Präposition **без** angibt, entfällt **в.** Nach der Präposition **в** bleiben die **Zahlwörter unverändert**, die Substantive **полови́на, нача́ло** stehen im **Präpositiv, че́тверть** im **Akkusativ**. Nach der Präposition **без** stehen die Zahlwörter bzw. die Substantive im **Genitiv**.

Мы встре́тились **в** полвторо́го (**в** полови́н**е** второ́го).
Я усну́л **в** три часа́ но́чи.
Она́ просыпа́ется **в** че́тверть седьмо́го.
Го́сти пришли́ **в** нача́л**е** пя́того.
Он пришёл **без** десят**и́** три.
Заня́тия зака́нчиваются **без** че́тверт**и** пять.

In der gesprochenen Sprache kann man für die Zeit kurz vor einer vollen Stunde die Konstruktion **без па́ры мину́т** benutzen: **без па́ры мину́т де́сять**.

Übungen

1. Schreiben Sie die **Daten** in **Ziffern** bzw. in **Worten** auf.*

a) 28.11.1457 ____________________

b) ________ шестна́дцатое ма́я ты́сяча семьсо́т трина́дцатого го́да

c) 03.03.1980 ____________________

d) ________ четвёртое ию́ля ты́сяча пятьсо́т девяно́сто девя́того го́да

e) 11.02.2004 ____________________

f) ________ пе́рвое января́ двухты́сячного го́да

2. Schreiben Sie die **Uhrzeiten** mit Zahlen.*

a) полпе́рвого но́чи *0:30*

b) два́дцать мину́т деся́того ________

c) без че́тверти во́семь ________

d) пять мину́т шесто́го ________

e) че́тверть двена́дцатого ________

f) по́лдень ________

g) без трина́дцати шесть ________

h) четы́ре часа́ но́чи ________

i) полови́на девя́того утра́ ________

j) де́сять мину́т седьмо́го ________

3. Schreiben Sie die **Zeitangaben** in der **offiziellen** und **umgangssprachlichen Form**.*

		offiziell	**umgangssprachlich**
a)	8:00	*восемь часов ровно*	*восемь часов утра*
b)	9:20		
c)	10:15		

d) 11:30 ______ ______

e) 12:40 ______ ______

f) 13:45 ______ ______

g) 16:00 ______ ______

h) 23:40 ______ ______

i) 0:05 ______ ______

j) 2:00 ______ ______

4. Beantworten Sie die Fragen. Gebrauchen Sie dabei die in Klammern stehenden **Daten**.**

основанный – *gegründet*
образованный – *gebildet*

a) Когда был основан Киев? (482 г. н. э.)

В четыреста восемьдесят втором году нашей эры.

b) Когда было образовано герцогство Бавария? (VI век)

______

c) Когда Санкт-Петербург стал столицей России? (1712 г.)

______

d) Когда родилась Екатерина II Великая? (21.04.1729 г.)

______

______

e) Когда братья Люмьер показали первое в мире кино? (28.12.1895 г.)

______

______

f) Когда была построена Берлинская стена? (13.08.1961 г.)

______

______

g) Когда в Москве были Олимпийские игры? (1980 г.)

______

h) Когда начался Мировой экономический кризис? (2008 г.)

______

5. Kreuzen Sie die **richtige Zeitangabe** an.**

ле́кция – Vorlesung
Зо́лушка – Aschenputtel

a) Она́ просыпа́ется ______________.

☐ 1. в семи́ утра́ ☐ 2. в семь утра́

b) По́езд прихо́дит ______________.

☐ 1. без че́тверти пять ☐ 2. в без че́тверти пять

c) Ле́кция начина́ется ______________.

☐ 1. в полови́не восьмо́го ☐ 2. в полови́ну восьми́

d) Мы вы́шли ______________.

☐ 1. в двадцати́ мину́тах пе́рвого ☐ 2. в два́дцать мину́т пе́рвого

e) Магази́н открыва́ется ______________.

☐ 1. полдеся́того ☐ 2. в полдеся́того

f) Дава́й встре́тимся ______________.

☐ 1. в нача́ло шесто́го ☐ 2. в нача́ле шесто́го

g) Я выхожу́ ______________.

☐ 1. по́лдне ☐ 2. в по́лдень

h) ______________ Зо́лушка убежа́ла с ба́ла.

☐ 1. В по́лночь ☐ 2. В по́лночи

i) Обе́д бу́дет гото́в ______________.

☐ 1. в без че́тверть три ☐ 2. без че́тверти три

j) Я иду́ на йо́гу ______________.

☐ 1. в четы́ре часа́ ☐ 2. без четырёх часо́в

8 ГЛАГО́Л – DAS VERB

Das Verb bezeichnet eine **Handlung** oder einen **Zustand**.

Антон **идёт** по улице.	Анна **живёт** в Волгограде.

Die Handlung kann zu unterschiedlichen Zeitpunkten erfolgen. Daher haben die Verben **drei Zeitformen**: die Vergangenheit (**Präteritum**), die Gegenwart (**Präsens**) und die Zukunft (**Futur**).

Die Zeiten, S. 131
Das Präteritum, S. 131
Das Präsens, S. 135
Das Futur, S. 140

Präteritum	Präsens	Futur
Мы **писа́ли** пи́сьма.	Мы **пи́шем** пи́сьма.	Мы **бу́дем писа́ть** пи́сьма.

Vgl. mit dem Dialog oben auf der Seite.
Саме́ц (m.) **побежа́л**. – Са́мка (f.) **побежа́ла.**

Es können eine oder mehrere handelnde Personen auftreten. Demnach können die Verben nach **Zahl** und **Person** geändert werden. Im **Präteritum** werden die Verben nach **Geschlecht** und **Zahl** konjugiert.

Я **чита́ю** журна́л. Ты **чита́ешь** газе́ту. Они́ **чита́ют** ко́миксы.	Я **чита́ла** журна́л. Ты **чита́л** газе́ту. Они́ **чита́ли** ко́миксы.

Es existieren drei **Verbmodi***: **Indikativ**, **Konjunktiv** und **Imperativ**.

Indikativ	Он **зарабо́тал** миллио́н и **купи́л** себе́ я́хту.
Konjunktiv	Е́сли **бы** он **зарабо́тал** миллио́н, он **купи́л бы** себе́ я́хту.
Imperativ	**Зарабо́тай** миллио́н и **купи́** себе́ я́хту!

* Der **Verbmodus** bezeichnet die Relation zwischen der Aussage und der Realität.

Der Konjunktiv, S. 148
Der Imperativ, S. 144

1 *Wie bestimmt man das Geschlecht von einem Kaninchen?*
2 *Sehr einfach! Nehmen Sie das Kaninchen an den Ohren und lassen Sie es los. Rennt sie los, dann ist es ein Weibchen, rennt er los, dann ist es ein Männchen!*

Der Infinitiv

Der Infinitiv ist die **Grundform** des Verbs, die die Handlung oder den Zustand benennt, ohne die Zeit, die Person oder die Zahl zu bestimmen.

Form

Kennzeichen des Infinitivs sind die Suffixe -**ть**, -**ти** und -**чь**.

лезть – *klettern*
ползти́ – *kriechen*
бере́чь – *schonen*
стере́чь – *hüten, bewachen*
трясти́сь – *sich schütteln*
вести́сь – *durchgeführt werden*

Das Suffix -**ть** kommt **nach Vokalen** sowie **nach с, з** vor:
говори́**ть**, лета́**ть**, се**сть**, ле**зть**

Das Suffix -**ти** steht nach **Konsonanten** und **й:**
ид**ти́**, полз**ти́**, рас**ти́**, прой**ти́**

Das Suffix -**чь** folgt auf **Vokale**:
бере́**чь**, ле**чь**, пе**чь**, стере́**чь**

Verben mit der Partikel *-ся*, S. 125

Reflexive Verben enthalten die **Reflexivpartikel** -**ся** (nach Konsonanten) oder -**сь** (nach Vokalen):
называ́ть**ся,** улыба́ть**ся**, трясти́**сь**, вести́**сь.**

Der Infinitivstamm

Um einige **Verbformen** zu bilden, braucht man den **Infinitivstamm**. Man erhält ihn, wenn man von der Infinitivform das Suffix -**ть** oder -**ти** streicht:

Infinitiv	Infinitivstamm
чита́~~ть~~	чита́-
нес~~ти́~~	нес-
слу́ша~~ть~~	слу́ша-

Vom **Infinitivstamm** werden gebildet: das **Präteritum**, der **Konjunktiv**, das **Partizip** des **Präteritums** und das **Adverbialpartizip** der **Vorzeitigkeit**.

Wenn die Verben auf -**чь** enden, werden alle Verbformen von dem auf **г** oder **к** auslautenden Stamm gebildet:

Das Präteritum, S. 131
Der Konjunktiv, S. 148
Das Partizip, S. 153
Das Adverbialpartizip, S. 167

Infinitiv	Infinitivstamm
мо~~чь~~	мог-
пе~~чь~~	пек-
бере́~~чь~~	берег-

Gebrauch

Der **Infinitiv** wird verwendet:

- mit Verben, die das **Können** oder **Wollen**, eine **Absicht**, eine **Erlaubnis**, einen **Befehl**, einen **Ratschlag**, eine **Bitte**, eine **Vorliebe** oder eine (Un-) **Möglichkeit** ausdrücken:

Я **умéю** рисовáть.
Ты (не) **мóжешь** подождáть.
Ты мóжешь не ждать.
Я (не) **хочý** спать.
Я **собирáюсь** рабóтать.
Прошý Вас позвонúть.
Ты **лю́бишь** игрáть.
Вам **стóит** отдохнýть.
Ты **дóлжен** уйтú!

- mit Verben, die den **Beginn**, die **Fortdauer** oder das **Ende** einer Handlung bezeichnen:

Он **нáчал** (стал) петь.
Онá **продолжáет** учúться.
Онú **закóнчили** рабóтать.

- mit **Verben** der **Fortbewegung**, um das **Ziel** zu bezeichnen:

Я **идý** зáвтракать.
Ты **éдешь** учúться.
Мы **летúм** отдыхáть.

- mit **Adverbien**, die das **Können**, das **Müssen** oder ein **Verbot** ausdrücken:

Емý **нáдо** поéсть.
Мне **нýжно** уйтú.
Тебé **мóжно** остáться.
Вам **нельзя́** курúть.

- zur Bezeichnung des **physischen** oder **psychischen Zustands** eines Menschen mit Adverbien auf **-o**:

Нам **прия́тно** гуля́ть.
Вам **полéзно** бéгать.
Емý **врéдно** волновáться.

- mit **Pronomen** und den **Adverbien нéкуда**, **нéкогда**, **нéкого** usw.:

Мне **нéкого** спросúть.
Нам **нéкуда** идтú.

Merken Sie sich folgende **Verben**, die einen **Infinitiv** nach sich verlangen:
мочь, хотéть, собирáться, разрешáть, прикáзывать, совéтовать, просúть, любúть.

Das Verb **мочь** bedeutet das **physische Können**:
Я могý читáть. – *Ich kann lesen.* (Ich bin in der Lage dazu, bin z. B. noch nicht müde.)
Das Verb **умéть** bezeichnet dagegen die **Fähigkeiten** und **Fertigkeiten**:
Я умéю читáть. - *Ich kann lesen.* (Ich habe es erlernt.)

Das Adverb, S. 181

Negationspronomen, S. 73

Die Lang- und die Kurzform der Adjektive, S. 44

рад – Kurzform von рáдостный – *froh*

- mit einigen **Adjektiven** in der **Kurzform**, die eine **Absicht**, **Pflicht**, **Bereitschaft** usw. bezeichnen:

Он **дóлжен**	написáть.
Онá **готóва**	рабóтать.
Я **рад**	помóчь.
Вы **обя́заны**	извини́ться.

Die Aspekte des Verbs

In der Fachliteratur werden auch die Begriffe **perfektiv** (vollendet) und **imperfektiv** (unvollendet) verwendet.

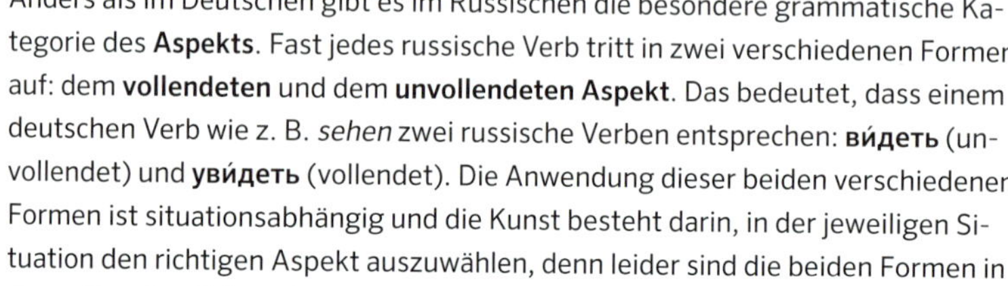

Anders als im Deutschen gibt es im Russischen die besondere grammatische Kategorie des **Aspekts**. Fast jedes russische Verb tritt in zwei verschiedenen Formen auf: dem **vollendeten** und dem **unvollendeten Aspekt**. Das bedeutet, dass einem deutschen Verb wie z. B. *sehen* zwei russische Verben entsprechen: **ви́деть** (unvollendet) und **уви́деть** (vollendet). Die Anwendung dieser beiden verschiedenen Formen ist situationsabhängig und die Kunst besteht darin, in der jeweiligen Situation den richtigen Aspekt auszuwählen, denn leider sind die beiden Formen in den seltensten Fällen gleichermaßen verwendbar.

In Wörterbüchern wird der Aspekt der Verben immer angegeben (meist mit *uv* für „unvollendet" und *v* für „vollendet").

Beim **unvollendeten** Aspekt steht der **eigentliche Vorgang** im Vordergrund, beim **vollendeten** hingegen das **Ergebnis** des beschriebenen Vorgangs.

Form

Es gibt einige **vollendete Verben ohne Präfix**: сесть, дать, лечь, стать, кóнчить, реши́ть, брóсить.

Um den Aspekt bestimmen zu können, muss man auf gewisse Aspektmerkmale achten. So können folgende **Unterschiede** im Verbpaar „unvollendet – vollendet" (**Aspektpaar**) auftreten:

Formenlehre, S. 12

- Die **unvollendeten Verben** haben oft **kein Präfix** (дéлать, стрóить, писáть), die **vollendeten** enthalten ein **Präfix** (**с**дéлать, **по**стрóить, **на**писáть). Die Verben **mit Präfix** lassen sich in zwei Gruppen einteilen:
  1. Verben, deren Präfix **nur** die **Aspektbedeutung** trägt (die Grundbedeutung des Wortes bleibt unverändert): писáть – **на**писáть*
  2. Verben, deren Präfix die **Grundbedeutung ändert**: писáть – **под**писáть (*schreiben – unterschreiben*)

*Hier und im Folgenden steht das **unvollendete** Verb an **erster** und das **vollendete** an **zweiter Stelle**.

- Weisen die **unvollendeten** Verben ein **Präfix** auf, verfügen sie oft zusätzlich über das **Suffix** -**ыва**- (-**ива**-) oder -**ва**-:

подпи́с**ыва**ть – подписáть	да**вá**ть – дать
вып**ивá**ть – вы́пить	вста**вá**ть – встать

- Die **unvollendeten Verben** haben das Suffix **-а-,** die **vollendeten** das Suffix **-и-**: изуч**á**ть – изуч**и́**ть, объясн**я́**ть – объясн**и́**ть.
- Die **unvollendeten Verben** weisen das Suffix **-а-**, die **vollendeten** das Suffix **-ну-** auf: пры́г**а**ть – пры́г**ну**ть, кив**á**ть – кив**ну́**ть.
- Einige **unvollendete Verben mit Präfix** enden im Infinitiv auf **-ать**, die **vollendeten** enden auf **-сти**, **-чь**:
выраст**áть** – вы́ра**сти**, спас**áть** – спа**сти́**, помог**áть** – помó**чь**

Der Vokalwechsel **а-о** bzw. **и-е** ist meistens nur aus dem **Schriftbild** zu erkennen, da das unbetonte **о** und **а** bzw. **и** und **е** gleich ausgesprochen werden.

Manchmal findet bei der Bildung von Aspektpaaren im **Verbstamm** ein **Vokal-** oder **Konsonantenwechsel** statt:

	unvollendet	vollendet		unvollendet	vollendet
а – о	к**а**сáться	к**о**сну́ться	**жд – д**	убе**жд**áть	убе**д**и́ть
	предл**а**гáть	предл**о**жи́ть		побе**жд**áть	побе**д**и́ть
и – е (_)*	ум**и**рáть	ум**е**рéть	**ч – т**	отве**ч**áть	отвé**т**ить
	соб**и**рáть	со<u>б</u>рать			
ы – о (_)*	взд**ы**хáть	взд**о**хну́ть	**щ – ст**	про**щ**áть	про**ст**и́ть
	сс**ы**лáть	со<u>сл</u>áть			
им – а (я)	пон**им**áть	пон**я́**ть	**ж – з**	сни**ж**áть	сни́**з**ить
	наж**им**áть	наж**á**ть			
ин – а	нач**ин**áть	нач**á**ть	**пл – п**	укре**пл**я́ть	укре**п**и́ть

* Manchmal kann ein Vokal auch entfallen. Diese Stellen sind in der Tabelle mit einem Unterstrich markiert.

Der Lautwechsel im Wortstamm, S. 14

Bei den **unvollendeten** Verben ist das **Suffix -а-** stets **betont**.

Einige Aspektpaare bestehen aus **Verben** mit **verschiedenen Wurzeln**. Diese Paare sollte man lernen:

говори́ть – сказáть	**класть – положи́ть**
брать – взять	**лови́ть – поймáть** (oder **слови́ть**)

Das Wort und seine Bestandteile, S. 13

Folgende Verben bilden Aspektpaare, wobei nur die unvollendeten die Partikel **-ся** erhalten:

ложи́ть**ся** – лечь	сади́ть**ся** – сесть
	станови́ть**ся** – стать

Einem vollendeten Verb mit der Wurzel **-лож-** entspricht nicht immer ein unvollendetes Verb mit **-лаг-**, sondern manchmal ein unvollendetes Verb mit der Wurzel **-клад-** (*v* предпо**лож**и́ть/ *uv* предпо**лаг**áть – *vermuten*, aber *v* до**лож**и́ть/ *uv* до**клá**дывать – *berichten*).

Einige vollendete und unvollendete Verben unterscheiden sich voneinander allein durch die **Betonung**:

рассып**á**ть – рассы́пать	отрез**á**ть — отр**é**зать

Es gibt eine kleine Gruppe von Verben, die je nach Kontext als **vollendete oder als unvollendete Verben** gebraucht werden, z. B.:

обещáть, жени́ться, рáнить, испóльзовать, организовáть, ликвиди́ровать

Eine Reihe von Verben haben **keine Aspektpartner** und treten nur im vollendeten oder nur im unvollendeten Aspekt auf.

Bei den „alleinstehenden" unvollendeten Verben handelt es sich um Verben, die einen dauerhaften Zustand oder einen langen Prozess bezeichnen, der grundsätzlich auf kein bestimmtes Resultat abzielt.

nur unvollendet		**nur vollendet**	
сто́ить	*kosten*	ру́хнуть	*einstürzen*
жить	*leben*	очути́ться	*geraten*
знать	*kennen, wissen*	пона́добиться	*nötig werden*
зна́чить	*bedeuten*	состоя́ться	*stattfinden*
име́ть	*haben*	заблуди́ться	*sich verlaufen*
принадлежа́ть	*gehören*		
наблюда́ть	*beobachten*		
отсу́тствовать	*abwesend sein*		
прису́тствовать	*anwesend sein*		
разгова́ривать	*sich unterhalten*		
уча́ствовать	*teilnehmen*		

Gebrauch

Die **unvollendeten** Verben können die **Handlung als Prozess** bezeichnen, der in der **Vergangenheit** ablief, in der **Gegenwart** abläuft oder in der **Zukunft** ablaufen wird, also können die Verben in allen drei Formen gebraucht werden.

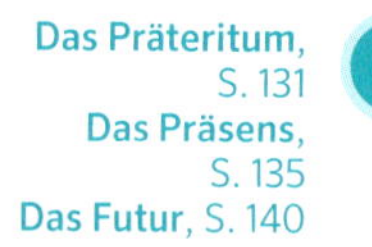
Das Präteritum, S. 131
Das Präsens, S. 135
Das Futur, S. 140

Он **писа́л** письмо́. Он **пи́шет** письмо́. Он **бу́дет писа́ть** письмо́.

Die **vollendeten** Verben bezeichnen meistens das **Resultat einer Handlung.** Da der Prozess an sich hier keine Bedeutung hat, können die Verben nicht im Präsens verwendet werden. Es gibt nur die **Präteritum**- und die **Futurform**.

Он **написа́л** письмо́. Он **напи́шет** письмо́.

Gebrauch der Aspekte im Präteritum

Die **unvollendeten** Verben benennen nur die **Handlung**, ihr Ergebnis ist unwichtig.

У́тром я чита́л кни́гу. (Es ist egal, ob das Buch zu Ende gelesen wurde.)

Die **vollendeten** Verben dagegen bezeichnen eine **abgeschlossene Handlung**.

Я прочита́л кни́гу. У неё о́чень гру́стный коне́ц.

Der **unvollendete** Aspekt kann auch die **Dauer einer Handlung** betonen.

Я чита́л кни́гу <u>це́лый ве́чер</u>.

Eine sich **wiederholende** Handlung wird mit **unvollendeten** Verben ausgedrückt.

- Э́ту кни́гу я чита́л <u>ка́ждый ве́чер</u> пе́ред сном.

Die **vollendeten** Verben bezeichnen hingegen eine **einmalige** Handlung.

- Э́ту кни́гу я прочита́л в про́шлом году́.

Zur Bezeichnung von **gleichzeitigen Handlungen** benutzt man den **unvollendeten** Aspekt.

- Я **лежа́л** на пля́же и **чита́л** кни́гу.

Den **vollendeten** Aspekt benutzt man dagegen, wenn **zwei abgeschlossene Handlungen** nacheinander folgen.

- Я **прочита́л** кни́гу и **сдал** её в библиоте́ку.

Einige Verben, die konkrete **zielgerichtete Handlungen** bezeichnen, können im Präteritum **einmalige Handlungen** in **zwei Richtungen** benennen. In solchen Fällen werden **unvollendete** Verben gebraucht.

- Я открыва́л окно́. — *Ich habe das Fenster auf-* (und wieder zu)*gemacht.*
- Она́ брала́ Ва́шу су́мку. — *Sie nahm Ihre Tasche* (und brachte sie dann zurück).

Zu diesen Verben zählen z. B.: открыва́ть, закрыва́ть, брать, дава́ть, встава́ть, ложи́ться, поднима́ться, приходи́ть, входи́ть, выходи́ть u. a.

Die entsprechenden **vollendeten** Verben weisen darauf hin, dass das **Resultat** der Handlung **zum Zeitpunkt der Rede vorliegt**.

- Я откры́л окно́. — *Ich habe das Fenster geöffnet* (es ist immer noch auf).
- Она́ взяла́ Ва́шу су́мку. — *Sie nahm Ihre Tasche* (sie hat die Tasche immer noch).

Bezeichnung des Beginns und des Endes einer Handlung

Sehr wichtig ist die richtige Aspektwahl bei der Bezeichnung des Beginns, des Verlaufs und des Endes einer Handlung.
Der **Beginn** einer **Handlung** wird mit **vollendeten** Verben mit den Präfixen **за**- oder **по**- oder mit Hilfe der Verben **начина́ть/нача́ть** oder **стать** + Infinitiv (**unvollendet**) ausgedrückt.

- Он запе́л. — Мы на́чали смея́ться.
- Они́ полюби́ли друг дру́га. — Я ста́ла ду́мать.

друг дру́га – *einander*

Der **Verlauf** einer Handlung wird mit **unvollendeten** Verben bezeichnet (meist **ohne Präfix**).

Он поёт.	Мы смеёмся.

Die **Schlussgrenze** wird entweder mit **vollendeten** Verben mit unterschiedlichen **Präfixen** oder mit den **Verben конча́ть/ко́нчить** oder **переста́ть** + Infinitiv (unvollendet) benannt.

Он спел.	Он ко́нчил петь.

Die **unvollendeten** Verben bilden nur die Form des **zusammengesetzten Futurs**, die **vollendeten** Verben bilden nur die Form des **einfachen Futurs**.

Gebrauch der Aspekte im Futur

Auch im Futur werden verschiedene Verbalaspekte gebraucht, um den **Verlauf** einer **Handlung** (**unvollendet**) bzw. eine in der Zukunft **abgeschlossene Handlung** (**vollendet**) zu bezeichnen.

За́втра я бу́ду рисова́ть карти́ну. (Es ist nicht bekannt, ob das Bild fertig wird.)	За́втра я нарису́ю карти́ну. (Dann ist das Bild fertig.)

Das Futur, S. 140

Eine **sich wiederholende Handlung** wird im Futur durch ein **unvollendetes** Verb ausgedrückt, eine **einmalige** Handlung durch ein **vollendetes**.

Он бу́дет звони́ть тебе́ раз в неде́лю.	Он позвони́т тебе́, когда́ вернётся.

Manchmal werden Futurformen der **vollendeten** Verben gebraucht, um die **Möglichkeit** der Ausführung einer Handlung in der Gegenwart oder in der Zukunft auszudrücken.

кита́йский – *chinesisch*

То́лько э́то лека́рство помо́жет мне. (= То́лько э́то лека́рство мо́жет мне помо́чь.)	Она́ вы́учит кита́йский язы́к за два го́да. (= Она́ мо́жет вы́учить кита́йский язы́к за два го́да.)

Oft wird in diesem Kontext die verstärkende Partikel **ника́к** verwendet.

Ein **verneintes vollendetes** Verb im Futur drückt dementsprechend die **Unmöglichkeit** aus, ein Resultat in der Gegenwart oder der Zukunft zu erreichen.

Он не поймёт твое́й шу́тки. (= Он не смо́жет поня́ть твое́й шу́тки.)	Я ника́к не откро́ю дверь. (= Я ника́к не могу́ откры́ть дверь.)

Die Partikel, S. 189

Gebrauch der Aspekte im Infinitiv

Der Infinitiv, S. 106

Der **Aspekt** des Verbs im Infinitiv hängt oft von der **Bedeutung** des Wortes ab, auf das es sich bezieht. Der **Infinitiv** der **unvollendeten** Verben wird nach folgenden Verben gebraucht, bei denen bestimmte Aspekte der Handlung im Vordergrund stehen:

1. der **Beginn**, die **Fortdauer** oder das **Ende** einer Handlung:

начинáть – начáть	Онá началá плáкать.
стать	Мы стáли рабóтать.
продолжáть	Они́ продолжáют танцевáть.
кончáть – кóнчить	Он кóнчил крáсить забóр.

2. das **Erlernen**, eine **Gewohnheit** oder eine **Vorliebe**:

учи́ться – научи́ться	Он ýчится танцевáть.
привыкáть – привы́кнуть	Ты привы́к рáно вставáть.
люби́ть – полюби́ть	Мы лю́бим игрáть в шáхматы.

3. das **Verlernen**, das **Aufhören** einer **Gewohnheit** oder einer **Vorliebe:**

разучи́ться	Онá разучи́лась говори́ть по-англи́йски.
отвы́кнуть	Они́ отвы́кли ти́хо разговáривать.
разлюби́ть	Вы разлюби́ли путешéствовать.

разучи́ться – *verlernen*
разлюби́ть – *aufhören zu mögen*
надоедáть – *langweilen*

4. Einige andere Verben:

уставáть – устáть	Я устáл повторя́ть.
надоедáть – надоéсть	Мне надоéло учи́ться.
запрещáться	Здесь запрещáется кури́ть.

Wenn die Wörter **нáдо**, **нýжно**, **мóжно** in der Bedeutung **порá** (*es ist Zeit*) verwendet werden, benutzt man danach die **unvollendeten** Verben:
Мы готóвы, мóжно начинáть.
Ужé ýтро, нáдо вставáть.

Der **Infinitiv** der **vollendeten** Verben kommt besonders oft in Verbindung mit den Wörtern **нáдо, нýжно, дóлжен** und den Verben **хотéть, мочь, проси́ть, совéтовать** usw. vor. Dabei geht es um eine **einmalige Handlung**.

Мне нáдо купи́ть мы́ло.	Он хóчет нарисовáть портрéт.

Nach den Wörtern **не нáдо, не нýжно, не слéдует, не при́нято, не полагáется, не совéтую, не хóчется, довóльно, достáточно, хвáтит, врéдно** verwendet man den **Infinitiv** der **unvollendeten** Verben.

Емý не нýжно ходи́ть на рабóту.	Тебé врéдно есть слáдкое.

слáдкое – *Süßigkeiten*

In einem Satz mit **нельзя́** benutzt man den **vollendeten** Aspekt, wenn die **Handlung physisch unmöglich** ist und den **unvollendeten** Aspekt, wenn im Satz ein **Verbot** ausgesprochen wird.

операция – *Operation*
за́пертый – *gesperrt*

Нельзя́ входи́ть. Идёт опера́ция. | Нельзя́ войти́. Дверь заперта́.

Der Imperativ, S. 144 

Gebrauch der Aspekte im Imperativ

Wie auch bei anderen Verbformen, gilt im Imperativ folgende Grundregel: Wenn sich eine **Handlung mehrmals wiederholt** oder **lange dauert**, benutzt man das **unvollendete** Verb. Zur Bezeichnung von **einmaligen abgeschlossenen Handlungen** werden **vollendete** Verben verwendet.

Всегда́ мо́йте ру́ки пе́ред едо́й! | Помо́й ру́ки! Они́ у тебя́ о́чень гря́зные!

Eine **Einladung** drückt man meistens mit **unvollendeten** Verben aus, ein **Befehl** wird dagegen mit **vollendeten** Verben ausgedrückt.

проходи́те – *Kommen Sie herein!*
раздева́йтесь – *Legen Sie die Jacke/den Mantel ab!*
угоща́ться – *sich bedienen, zugreifen*
неме́дленно – *sofort*

Проходи́те, раздева́йтесь, угоща́йтесь... | Вы́йди неме́дленно из кла́сса!

Wird das Verb im **Imperativ verneint**, entscheidet man sich meist für den **unvollendeten** Aspekt. Eine **Ausnahme** bilden die Situationen, in denen der Sprecher etwas **Unerwünschtes befürchtet**.

Ти́ше, де́ти, не шуми́те! | Осторо́жно, не упади́!

Übungen

1. Finden Sie alle 18 **Infinitive**, die hier versteckt sind.*

Infinitive enden auf -**ть**, -**ти** oder -**чь**.

П	О	Б	Е	Ж	А	Т	Ь	Е	П	Д	Б
О	Д	Е	Т	Ь	К	Р	К	И	О	Э	Ы
Л	Е	Ж	А	Т	Ь	Я	П	Л	Л	Е	Т
З	Л	И	Т	Ь	Л	С	Л	Е	З	Т	Ь
Т	У	Т	И	К	О	Т	Б	Р	А	Т	Ь
И	С	К	А	Л	М	И	Г	А	Т	Ь	Й
У	К	У	С	И	Т	Ь	М	Ж	Ь	С	В
З	А	К	Р	Ы	Т	Ь	О	К	Я	Е	Н
Э	З	О	В	У	Т	Д	Ч	И	Т	А	Л
Ц	А	Р	А	П	А	Т	Ь	С	В	П	У
Ю	Т	О	Т	Р	Ы	В	А	Т	Ь	К	Щ
Х	Ь	У	Ь	Ю	Ъ	Ж	У	Ь	У	Ш	А

2. Bestimmen Sie den **Infinitivstamm**.*

a) ду́мать – *дума-* ______
b) лета́ть – ______
c) трясти́ – ______
d) слови́ть – ______
e) висе́ть – ______
f) отвезти́ – ______
g) гуля́ть – ______
h) идти́ – ______
i) смея́ться – ______
j) одева́ться – ______

3. Bestimmen Sie den **Aspekt** der Verben und tragen Sie sie in die Tabelle ein. Insgesamt ergeben sich 12 Aspektpaare.**

	unvollendete Verben	vollendete Verben
a)		
b)		
c)		
d)		
e)		
f)		
g)		
h)		
i)		
j)		
k)		
l)		

отре́зать • брать • отреза́ть • нырять • бро́сить • в зять • тро́гать • ви́деть • уви́деть • засмея́ться • постро́ить • класть • написа́ть • сесть • открыва́ть • стро́ить • нырну́ть • откры́ть • писа́ть • положи́ть • броса́ть • сади́ться • смея́ться • тро́нуть •

4. Richtig oder falsch? Entscheiden Sie, ob der **richtige Aspekt** gebraucht wird und kreuzen Sie an.***

		R	F
a)	Просыпа́йся, уже́ де́сять часо́в!	☐	☐
b)	Встань сейча́с же!	☐	☐
c)	Почему́ ты так до́лго умы́лся?	☐	☐
d)	Ты уже́ зако́нчил почи́стить зу́бы?	☐	☐
e)	На́до закры́ть кран.	☐	☐

f) Ты вчера́ приготовил свои́ ве́щи? ☐ ☐

со́лнечные очки́ – *Sonnenbrille*

g) Не забыва́й взять со́лнечные очки́! ☐ ☐

h) Мо́жешь оста́вить зонт до́ма. ☐ ☐

i) Все, кро́ме тебя́, уже́ одева́лись! ☐ ☐

5. Ergänzen Sie die Sätze mit dem Verb im richtigen **Aspekt.****

a) В про́шлом году́ я ча́сто *боле́л* ___ (боле́л/заболе́л).

b) Я ___ (боле́л/заболе́л) гри́ппом и не могу́ рабо́тать.

долг – *Schulden*
десе́рт – *Dessert, Nachtisch*
мейл – *E-Mail*
осьмино́г – *Krake*
бара́шек – *Lämmchen*

c) Она́ ___ (отдава́ла/отдала́) тебе́ долг?

d) Она́ всегда́ ___ (отдава́ла/отдала́) десе́рт сестре́.

e) Ты уже́ ___ (дописывал/дописа́л) мейл?

f) Пока́ ты ___ (дописывал/дописа́л) мейл, я оде́лась.

g) Ему́ на́до ___ (отреза́ть/отре́зать*) кусок хлеба.

h) Не на́до ___ (отреза́ть/отре́зать*) тако́й большо́й кусо́к.

* Vergessen Sie nicht, das **Betonungszeichen** zu setzen, hier ist es wichtig!

i) В лесу́ ___ (растёт/вы́растет) мно́го грибо́в, но мы их не собира́ем.

Nicht vergessen: Mit **мно́го** wird die Singularform des Verbs gebraucht.

j) Ва́ши де́ти так ___ (росли́/вы́росли)! Они́ уже́ совсе́м взро́слые!

k) Что вы ___ (рисова́ли/нарисова́ли)? Э́то осьмино́г?

l) Ты уме́ешь ___ (рисова́ть/нарисова́ть) бара́шка?

6. Ergänzen Sie die Sätze mit den passenden **Verben** in der **richtigen Form**.***

расска́зывать – рассказа́ть • брать – взять • меша́ть – помеша́ть • покупа́ть – купи́ть • волнова́ться – взволнова́ться • налива́ть – нали́ть • есть – съесть

a) Хва́тит *есть* ___ чи́псы, ты же на дие́те!

b) Э́тот диск нигде нельзя́ ___ , он о́чень ре́дкий.

c) Ю́ля, ___ мне, пожа́луйста, воды́.

d) Ю́лия Ю́рьевна, ___ варе́нье, оно́ о́чень вку́сное.

e) Я начина́ю ___ . Почему́ он ещё не пришёл?

f) Ей нельзя́ ___ , она́ рабо́тает.

g) Мне не хо́чется об э́том ___ .

Verben der Fortbewegung

Das Russische unterscheidet im Gegensatz zum Deutschen bei Verben der **Fortbewegung** wie z. B. *gehen, fahren, schwimmen,* zwischen einer **zielgerichteten** und einer **nicht zielgerichteten** Bewegung. Da diese Unterscheidung im Deutschen nicht getroffen wird, entspricht einem deutschen Verb ein russisches **Verbpaar**, deren Glieder **beide unvollendet** sind. Es handelt sich um folgende vierzehn Verbpaare:

Die Aspekte des Verbs, S. 108

zielgerichtet	nicht zielgerichtet	
идти́	ходи́ть	*gehen*
е́хать	е́здить	*fahren*
бежа́ть	бе́гать	*laufen, rennen*
лете́ть	лета́ть	*fliegen*
плыть	пла́вать	*schwimmen*
брести́	броди́ть	*schlendern*
ползти́	по́лзать	*kriechen*
лезть	ла́зить	*klettern*
нести́	носи́ть	*tragen*
везти́	вози́ть	*(jemanden) fahren, befördern*
вести́	води́ть	*führen*
тащи́ть	таска́ть	*schleppen*
кати́ть	ката́ть	*wälzen, rollen*
гнать	гоня́ть	*jagen, treiben*

Form

Wird an ein **unvollendetes zielgerichtetes** Verb ein **Präfix** angehängt, das dem Verb die **Bedeutung** einer **Richtung** bzw. einer **Bewegung** von **irgendwoher irgendwohin** verleiht, so wird dieses Verb **vollendet**:

unvollendet	vollendet
идти́	**вой**ти́, **вы́**йти, **при**йти́, **у**йти́, **подо**йти́
е́хать	**у**е́хать, **при**е́хать, **за**е́хать, **пере**е́хать, **подъ**е́хать

Die **nicht zielgerichteten** Verben bleiben auch mit **Präfixen unvollendet***:

unvollendet	vollendet
ходи́ть	**в**ходи́ть, **вы**ходи́ть, **при**ходи́ть, **у**ходи́ть, **под**ходи́ть
е́здить	**у**езжа́ть, **при**езжа́ть, **за**езжа́ть, **пере**езжа́ть, **подъ**езжа́ть

*Von **е́здить** können keine unvollendeten Verben mit Präfix gebildet werden, dazu muss man auf den Stamm **езжа-** zurückgreifen. Die wenigen präfigierten Verben mit dem Stamm **езди**- sind vollendet: съ**е́зди**ть, объ**е́зди**ть, по**е́зди**ть.

Das Verb **пла́вать**, bildet seine unvollendeten Formen vom Stamm **плы**- mit dem Suffix -**ва**- und einem Präfix: вы**плыва́**ть, **уплыва́**ть.

8 Verben der Fortbewegung

Das Präteritum, S. 131
Das Präsens, S. 135
Das Futur, S. 140

Wie alle anderen vollendeten Verben haben die **präfigierten zielgerichteten** Verben zwei Zeitformen: das **Präteritum** und das einfache **Futur**:

Вчерá он вы́шел из дóма в 7 часóв.	Зáвтра он вы́йдет из дóма в 8 часóв.

Die **nicht zielgerichteten** Verben mit **Präfixen** haben drei Zeitformen: das **Präteritum**, das **Präsens** und das **Futur**.

Он всегдá выходи́л из дóма в 7 часóв.	На слéдующей недéле он бýдет выходи́ть из дóма в 9 часóв.
Обы́чно он выхóдит из дóма в 8 часóв.	

Gebrauch

Die zielgerichteten und nicht zielgerichteten Verben kennzeichnen die Art der Bewegung in unterschiedlicher Weise.
Die **zielgerichteten** Verben verwendet man:

- wenn die **Bewegung** in einer **bestimmten Richtung** verläuft:

По ýлице идёт человéк, он ведёт зá руку ребёнка и несёт сýмку.

- wenn man eine **Frage** nach der **Bewegung** in dem **Moment** stellt, in dem sie **abläuft**:

– Ваш билéт, пожáлуйста. Кудá вы éдете?

- wenn es sich um eine sich **regelmäßig wiederholende Bewegung** in **eine Richtung** handelt:

метрó – *U-Bahn*
медýза – *Qualle*

Кáждый день я идý на рабóту пешкóм, а обрáтно éду на метрó.

Die **nichtzielgerichteten** Verben bezeichnen:

- eine **Bewegung** in **verschiedene Richtungen**:

В мóре плáвают медýзы.

- eine **Bewegung allgemein**, als etwas **Regelmäßiges** (vor allem in **Fragen**):

– Кудá вы обы́чно éздите в отпýск?

- eine sich **wiederholende** oder **einmalige Bewegung hin** und **zurück**:

На выходны́х мы чáсто éздим на óзеро.
Вчерá я ходи́л в кинó.

- das **Können**, die **Fähigkeit**, die **übliche Fortbewegungsweise**:

Пингви́ны не летáют, но они́ хорошó плáвают.

Im **übertragenen Sinne** werden zielgerichtete und (seltener) nichtzielgerichtete Verben gebraucht:

zielgerichtet	**nicht zielgerichtet**
Вре́мя идёт.	Он но́сит усы́ и бо́роду.
Го́ды летя́т.	Я ношу́ очки́.
По́езд идёт в Но́вгород.	
Идёт дождь.	
Ма́льчик пло́хо себя́ ведёт.	
Э́тот цвет ей не идёт.	
Мы ведём перепи́ску.	

вести́ себя́ – *sich benehmen*
перепи́ска – *Briefwechsel*
усы́ – *Schnurrbart*

Die **Präfixe** verleihen den Verben **Zusatzbedeutungen** und weisen z.B. auf die **Richtung** hin:

Он залеза́ет на го́ру. Он слеза́ет с горы́.

Ein **nicht zielgerichtetes** Verb mit einem **Präfix** kann außerdem folgendes bezeichnen:

- eine **zielgerichtete**, aber **nicht abgeschlossene Bewegung**:

Когда́ я проходи́л ми́мо ба́нка, я уви́дел двух челове́к в чёрных ма́сках.

- eine **regelmäßige Bewegung** in **ein-** und **dieselbe Richtung**:

Ка́ждое у́тро они́ прихо́дят на рабо́ту в во́семь часо́в.
Ка́ждый день они́ ухо́дят с рабо́ты в пять часо́в.

- eine **einmalige Bewegung hin** und **zurück** (nur im **Präteritum**):

Когда́ ты был в магази́не, приходи́л почтальо́н.

Die Verben der Fortbewegung können mit den Präfixen **по-**, **про-** und **с-** den **Beginn**, den **Abschluss** oder die **zeitliche Begrenzung** einer Handlung bezeichnen.

по-	a)	verwandelt einige **unvollendete** Verben in **vollendete** und bezeichnet den **Beginn** einer Handlung	Ма́льчик **по**за́втракал и **по**шёл в шко́лу.
	b)	drückt eine **Absicht** aus	Ско́ро о́тпуск. Мы **по**лети́м в Гре́цию.
по-	c)	mit nicht zielgerichteten Verben: **zeitliche Begrenzung** einer Fortbewegung	Мы немно́го **по**броди́ли по го́роду и верну́лись домо́й.

Гре́ция – *Griechenland*

бу́лочная – *Bäckerei*

про-	mit nichtzielgerichteten Verben: **Fortbewegung innerhalb** eines **bestimmten Zeitabschnitts**	Она́ о́чень уста́ла, потому́ что три часа́ **про**ходи́ла по магази́нам.
с-	mit nichtzielgerichteten Verben: **einmalige kurzfristige** Bewegung hin und zurück	– **С**бе́гай, пожа́луйста, в бу́лочную за хле́бом.

Das Verb *быть*

Form

Das **unvollendete** Verb **быть** (*sein*) hat drei Zeitformen:

Das Präteritum, S. 131

- **Präteritum**

Singular männlich	weiblich	sächlich	**Plural**
был	был**а́**	бы́л**о**	бы́л**и**

Das Präsens, S. 135

- **Präsens**: **есть**

Das Futur, S. 140

- **Futur**:

Singular		**Plural**	
я	бу́д**у**	мы	бу́д**ем**
ты	бу́д**ешь**	вы/Вы	бу́д**ете**
он, она́, оно́	бу́д**ет**	они	бу́д**ут**

Gebrauch

Wenn man einen **Gegenstand** oder eine **Person** klassifiziert und seine bzw. ihre **Zugehörigkeit** zu einer **Gruppe** oder **Kategorie** benennt, sagt man:

А́нна Андре́евна	~~есть~~	поэ́т.
Берли́н	–	столи́ца Герма́нии.

In der heutigen russischen Sprache wird das Verb **есть** im **Präsens nicht gebraucht**, vor allem in der gesprochenen Sprache. In der schriftlichen Sprache wird manchmal das Verb **явля́ться** benutzt:

Дми́трий Бы́ков **–** лауреа́т литерату́рных пре́мий.
Дми́трий Бы́ков **явля́ется** лауреа́том литерату́рных пре́мий.

Im **Präteritum** und **Futur** werden die entsprechenden **Zeitformen** des **Verbs быть** verwendet.
Steht sowohl vor als auch nach dem Verb **есть** (*sein*) ein Wort oder eine Wortgruppe im Nominativ, so entfällt das Verb. An seine Stelle tritt in geschriebenen Texten ein Gedankenstrich.

Präteritum	Präsens	Futur
Ю́ра **был** студе́нтом.	Ю́ра – студе́нт.	Ю́ра **бу́дет** студе́нтом.

Im **Präteritum** und im **Futur** steht das **Substantiv**, das die Gruppe oder Kategorie bezeichnet, zu der das Subjekt gehört, im **Instrumental**.

Das Subjekt, S. 206
Das Prädikat, S. 211

Das Verb **быть** in der entsprechenden Zeitform wird außerdem im **Präteritum** und im **Futur** in den Sätzen gebraucht, deren **Prädikat** ein **Adjektiv**, ein **Partizip** oder ein **Adverb** beinhaltet.

Präteritum	Präsens	Futur
Ноя́брь **был** тёплый.	Ноя́брь тёплый.	ноя́брь **был** тёплый.
Я **была́** взволно́вана.	Я взволно́вана.	Я **бу́ду** взволно́вана.
Мы **бы́ли** до́ма.	Мы до́ма.	Мы **бу́дем** до́ма.

лауреа́т – *Preisträger*
пре́мия – *Preis*

взволно́ванный – *aufgeregt, besorgt*
за́мужем – *verheiratet* (auf eine Frau bezogen)

In Sätzen mit **Verneinung** fehlt das grammatische **Subjekt**. Die betreffende **Person** oder der betreffende **Gegenstand** steht dann im **Genitiv**. Das Verb **быть** steht im **Prät. Sg. Neutrum** bzw. in der Form der **3. Pers. Sg Fut**.

Его́ **не́ было** до́ма.*	Его́ **нет** до́ма.	Его́ **не бу́дет** до́ма.

* Bei **не́ было** fällt die Betonung auf **не**, während **было** unbetont bleibt.

Das Verb **быть** benutzt man auch für **Altersangaben**. Das Substantiv oder das Pronomen, das die **Person** bezeichnet, steht dabei im **Dativ**.

Ей **бы́ло** 29 лет.	Ей 30 лет.	Ей **бу́дет** 31 год.

Den **Besitz** bezeichnet man im Russischen mit einer besonderen Konstruktion mit **есть**, die der deutschen Konstruktion mit *haben* entspricht.

У меня́ **была** но́вая газе́та.	*Ich hatte eine neue Zeitung.*
У меня́ **есть** но́вая газе́та.	*Ich habe eine neue Zeitung.*
У меня́ **бу́дет** но́вая газе́та.	*Ich werde eine neue Zeitung haben.*

Das Verb **име́ть** (*haben*) kommt hauptsächlich in Redewendungen vor: име́ть в виду́ (*meinen*), иметь пра́во (*das Recht haben*), име́ть основа́ние (*einen Grund haben*) usw.

Auch in Sätzen, die den **Nichtbesitz** ausdrücken, gibt es **kein grammatisches Subjekt**, im **Präsens** wird **быть** durch **нет** ersetzt. Der nicht vorhandene **Gegenstand** bzw. die **Person** wird durch ein Substantiv oder Pronomen im **Genitiv** bezeichnet.

Präteritum	Präsens	Futur
У нас **не́ было** сне́га.	У нас **нет** сне́га.	У нас **не бу́дет** сне́га.

Die Negation, S. 224

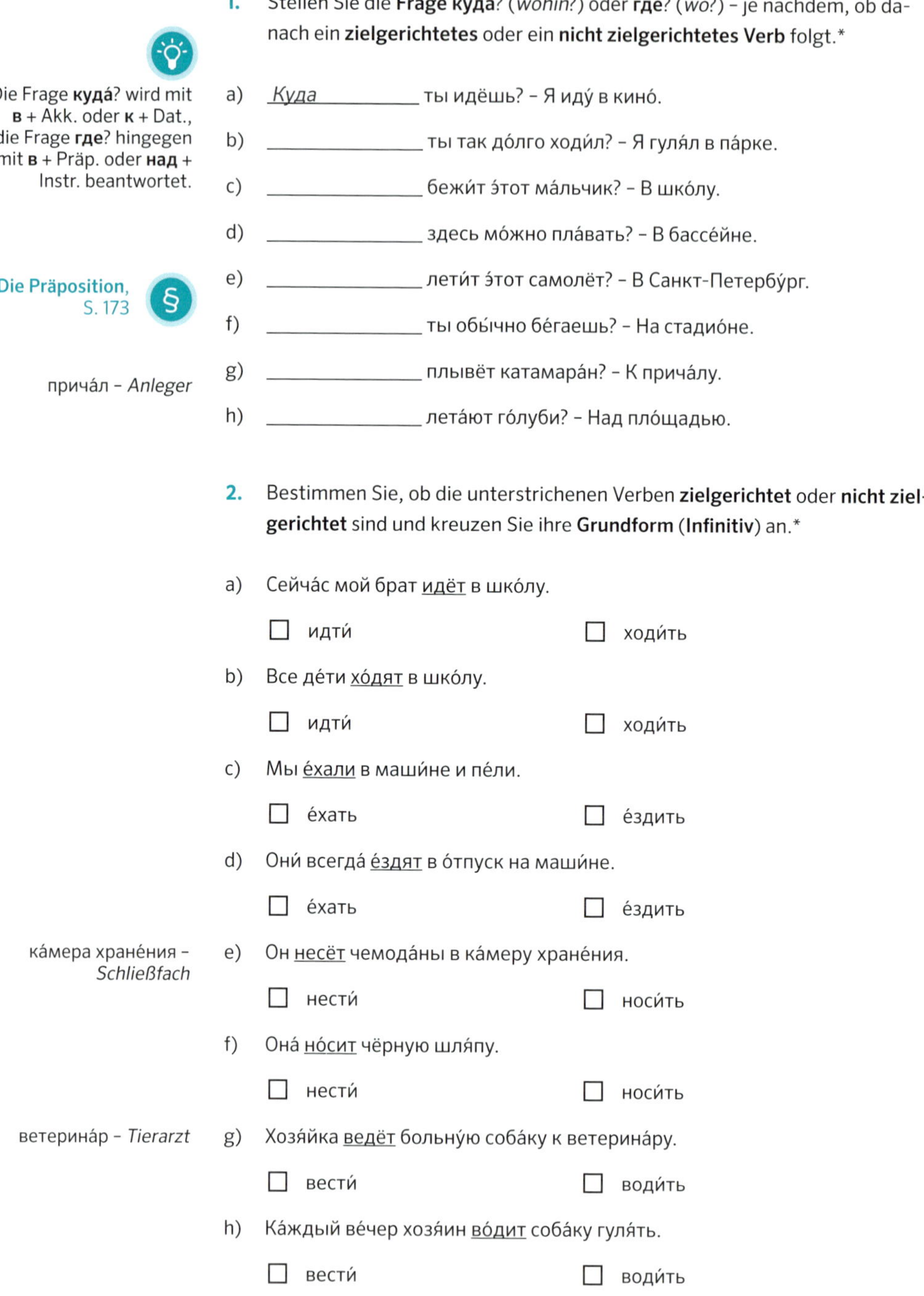

Übungen

1. Stellen Sie die **Frage кудá**? (*wohin?*) oder **где**? (*wo?*) – je nachdem, ob danach ein **zielgerichtetes** oder ein **nicht zielgerichtetes Verb** folgt.*

Die Frage **кудá**? wird mit **в** + Akk. oder **к** + Dat., die Frage **где**? hingegen mit **в** + Präp. oder **над** + Instr. beantwortet.

a) *Куда* ________ ты идёшь? – Я иду́ в кино́.

b) ________ ты так до́лго ходи́л? – Я гуля́л в па́рке.

c) ________ бежи́т э́тот ма́льчик? – В шко́лу.

d) ________ здесь мо́жно пла́вать? – В бассе́йне.

Die Präposition, S. 173

e) ________ лети́т э́тот самолёт? – В Санкт-Петербу́рг.

f) ________ ты обы́чно бе́гаешь? – На стадио́не.

прича́л – *Anleger*

g) ________ плывёт катамара́н? – К прича́лу.

h) ________ лета́ют го́луби? – Над пло́щадью.

2. Bestimmen Sie, ob die unterstrichenen Verben **zielgerichtet** oder **nicht zielgerichtet** sind und kreuzen Sie ihre **Grundform** (**Infinitiv**) an.*

a) Сейча́с мой брат идёт в шко́лу.

☐ идти́ ☐ ходи́ть

b) Все де́ти хо́дят в шко́лу.

☐ идти́ ☐ ходи́ть

c) Мы е́хали в маши́не и пе́ли.

☐ е́хать ☐ е́здить

d) Они́ всегда́ е́здят в о́тпуск на маши́не.

☐ е́хать ☐ е́здить

ка́мера хране́ния – *Schließfach*

e) Он несёт чемода́ны в ка́меру хране́ния.

☐ нести́ ☐ носи́ть

f) Она́ но́сит чёрную шля́пу.

☐ нести́ ☐ носи́ть

ветерина́р – *Tierarzt*

g) Хозя́йка ведёт больну́ю соба́ку к ветерина́ру.

☐ вести́ ☐ води́ть

h) Ка́ждый ве́чер хозя́ин во́дит соба́ку гуля́ть.

☐ вести́ ☐ води́ть

i) Маши́на <u>везёт</u> груз в друго́й го́род.

☐ везти́ ☐ вози́ть

j) Авто́бус <u>во́зит</u> пассажи́ров.

☐ везти́ ☐ вози́ть

k) Ребёнок о́чень бы́стро <u>по́лзает</u>.

☐ ползти́ ☐ по́лзать

l) По ве́тке <u>ползёт</u> ули́тка.

☐ ползти́ ☐ по́лзать

груз – *Last, Ladung*
ве́тка – *Ast*
ули́тка – Schnecke

3. Schreiben Sie möglichst viele **präfigierte Verben** der **Fortbewegung**.**

a) в-/во-: *вбежать, войти, влететь...* ____

b) за-: ____

c) от-: ____

d) пере-: ____

e) по-: ____

f) под-/подо-: ____

g) про-: ____

i) с-/со-: ____

j) у-: ____

Die Präfixe **во**-, **со**-, **подо**- ersetzen die Präfixe **в**-, **с**-, **под**-, wenn danach zwei **Konsonanten** folgen.

4. Setzen Sie, wenn nötig, das Verb **быть** in der richtigen Form ein.**

са́нки – *Schlitten*
жена́тый – *verheiratet (auf einen Mann bezogen)*
о́фис – *Büro*

a) Вчера́ я _была_ в казино́.

b) Э́то Андре́й Андре́евич Андре́ев. Он ______________ наш ме́неджер.

c) В де́тстве у меня́ ______________ са́нки.

d) Че́рез два го́да она́ ______________ шко́льницей.

e) За́втра они́ ______________ до́ма.

f) Ра́ньше он ______________ жена́т на Ма́рте, а тепе́рь он жена́т ______________ на Мари́и.

g) Че́рез ме́сяц ли́стья ______________ жёлтыми.

h) На сле́дующих выходны́х у нас ______________ го́сти.

i) Наде́нь ша́пку, на у́лице ______________ хо́лодно.

j) Вы ______________ в о́фисе че́рез два часа́?

5. **Zielgerichtet** oder **nicht zielgerichtet**? Entscheiden Sie, welches Verb passt und setzen Sie es in die richtige Form.***

верши́на – *Spitze*
склон – *Hang*
фуникулёр – *Seilbahn*
бюро́ нахо́док – *Fundbüro*

Steht im Satz sowohl eine Richtungsangabe als auch eine Angabe der Regelmäßigkeit, so wird ein zielgerichtetes Verb gebraucht!

Ле́том мы с друзья́ми ча́сто (a) _ходим_ (ходи́ть/идти́) в го́ры. Туда́ на́до (b) ______________ (е́здить/е́хать) снача́ла на по́езде, а пото́м на авто́бусе. От остано́вки мы до́лго (c) ______________ (ходи́ть/идти́) вверх на го́ру, а пото́м (d) ______________ (ла́зить/лезть) на са́мую верши́ну. На верши́не мы немно́го отдыха́ем, а пото́м (e) ______________ (сла́зить/слеза́ть) отту́да и (f) ______________ (бро́дить/брести́) по скло́ну горы́. Вниз мы всегда́ (g) ______________ (ездить/ехать) на фуникулёре. На про́шлой неде́ле мы (h) ______________ (е́здить/е́хать) в го́ры на маши́нах, потому́ что поезда́ не (i) ______________ (ходи́ть/идти́). Когда́ мы (j) ______________ (е́здить/е́хать) в го́ры, маши́ну (k) ______________ (води́ть/вести́) Бори́с. Но он не (l) ______________ (пое́здить/пое́хать) с на́ми обра́тно, поэ́тому на обра́тном пути́ маши́ну (m) ______________ (води́ть/вести́) Мари́на.

Verben mit der Partikel *-ся*

Im Russischen gibt es sehr viele Verben mit der **Partikel -ся** am **Wortende**. Diese Partikel entstand aus dem **Reflexivpronomen себя́** und verschmolz mit dem Verb zu einem Wort. Sie entspricht also oft dem deutschen *sich*.

§ Das Reflexivpronomen *себя́*, S. 59

умыва́ться	*sich waschen*
встреча́ться	*sich treffen*
ложи́ться	*sich hinlegen*

Nicht immer entspricht einem russischen Verb mit -**ся** eine deutsche Übersetzung mit *sich* (und umgekehrt).

улыба́ть***ся*** – *lächeln*	***sich*** *erholen* – отдыха́ть,
надéять***ся*** – *hoffen*	***sich*** *unterhalten* – разгова́ривать.

Form

Die Verben mit -**ся** werden wie die entsprechenden Verben ohne -**ся** **konjugiert**, die Partikel -**ся** bleibt immer am Wortende. Dabei steht nach Konsonanten -**ся**, nach Vokalen hingegen -**сь**. z. B. im **Präsens**:

мы́ть**ся**	
я мо́ю**сь**	мы мо́ем**ся**
ты мо́ешь**ся**	вы/Вы мо́ете**сь**
он, она́, оно́ мо́ет**ся**	они́ мо́ют**ся**

§ Die Zeiten, S. 131

Gebrauch

Manche Verben mit der Partikel -**ся** sind **reflexiv**, d. h. die Handlung ist auf die handelnde Person gerichtet. Vgl.:

Ма́ма одева́ет ма́льчика.	Ма́льчик одева́ет**ся** (одева́ет себя́).
Па́па умыва́ет де́вочку.	Де́вочка умыва́ет**ся** (умыва́ет себя́).
Парикма́хер причёсывает де́вушку.	Де́вушка причёсывает**ся** (причёсывает себя́).

Einige Verben bilden **keine reflexiven** Formen mit -**ся**, diese Bedeutung kann durch das nachgestellte Reflexivpronomen **себя́** ausgedrückt werden:
знать **себя́**, уважа́ть **себя́**, руга́ть **себя́** usw.

Die Partikel -**ся** kann einem Verb **reziproke** Bedeutung (= Wechselseitigkeit) verleihen: Die durch diese Verben bezeichnete **Handlung** geht zwischen **zwei** oder **mehreren Personen** vor sich, wobei **jede Person** gleichzeitig als **Subjekt** und **Objekt** der Handlung auftritt. Vgl.:

Я встре́тил бра́та.	Мы с бра́том встре́тили**сь**.
Ю́ноша о́бнял де́вушку.	Ю́ноша и де́вушка обняли́**сь**.
Неве́ста поцелова́ла жениха́.	Неве́ста и жени́х поцелова́ли**сь**.

обня́ть – *umarmen*
неве́ста – *Braut*
жени́х – *Bräutigam*

Verben mit der Partikel -ся

Nicht alle Verben, die auf eine **wechselseitige Beziehung** hinweisen, haben die **Partikel -ся**. Um diese Beziehung auszudrücken, verwendet man bei einigen Verben die Wortverbindung **друг дрýга** (*einander*).
Der erste Teil von **друг дрýга** bleibt in allen Fällen unverändert, der zweite Teil wird dekliniert. Präpositionen stehen zwischen den beiden Teilen.

люби́ть друг дрýга	помогáть друг дрýгу
уважáть друг дрýга	спóрить друг с дрýгом

Auch Verben mit -**ся** kann man mit **друг с дрýгом** gebrauchen. Мы рéдко ссóримся друг с дрýгом.

Transitiv heißen Verben, die ein **Akkusativobjekt ohne Präposition** brauchen (z. B.: ви́деть гóру, слýшать мýзыку, шить ю́бку).

Die Partikel -**ся** kann **transitiven unvollendeten** Verben **Passivbedeutung** verleihen. Die Verben mit **Passivbedeutung** können durch ein **Objekt** im **Instrumental ohne Präposition** ergänzt oder **ohne Instrumentalobjekt** gebraucht werden.

Aktiv	**Passiv**
Лунá освещáет стáрый зáмок.	Стáрый зáмок освещáет**ся** лунóй.
Банк финанси́рует проéкт.	Проéкт финанси́рует**ся** бáнком.
Ктó-то стрóит дéтские сады́.	Дéтские сады́ стрóят**ся**.
Ктó-то не выполня́ет договóр.	Договóр не выполня́ет**ся**.

Die Aspekte des Verbs, S. 108
Das Passiv, S. 151

Je nach Kontext kann das Verb mit -**ся** auch eine zusätzliche Modalbedeutung haben und die **Möglichkeit** oder die **Unmöglichkeit** einer Handlung ausdrücken.

Э́та ткань легкó глáдится.	*Dieser Stoff lässt sich leicht bügeln.*
Э́та проблéма не решáется.	*Dieses Problem lässt sich nicht lösen.*

In einigen Fällen wird die Partikel -**ся** an ein **transitives** Verb angehängt und macht daraus ein **intransitives** (ohne Akkusativobjekt), **ohne seine Grundbedeutung zu verändern**. Diese Gruppe umfasst verschiedene Verben:

- Verben, die diverse **Bewegungs**-, **Lage**- und **Zustandsänderungen** bezeichnen:

спускáться, поднимáться, возвращáться, дви́гаться, уменьшáться, увели́чиваться, огля́дываться, поворáчиваться, останáвливаться

- Verben der **Gemütsbewegung** (mit belebten Substantiven):

удивля́ться, тревóжиться, беспокóиться, волновáться, рáдоваться, огорчáться, интересовáться, серди́ться, зли́ться, весели́ться

- Verben, die den **Anfang**, die **Fortdauer** und das **Ende** einer Handlung oder eines Geschehens bezeichnen:

начинáться, продолжáться, кончáться, прекращáться, завершáться

освещáть – *beleuchten*
зáмок – *Schloß*
финанси́ровать – *finanzieren*
договóр – *Vertrag*
выполня́ть – *ausführen*
уменьшáться – *sich verkleinern*
увели́чиваться – *sich vergrößern*
огля́дываться – *sich umschauen*

- Verben, die ein **beständiges Merkmal** eines Gegenstandes oder eines Lebewesens bezeichnen:

Кáктус кóлется. Собáка кусáется.

кáктус – *Kaktus*
колóться – *stechen*
кусáться – *beißen*

Manche Verben kommen **nur mit -ся** vor:

смея́ться, улыбáться, station становиться, надéяться, боя́ться, горди́ться, труди́ться, оставáться, старáться, стреми́ться, ложи́ться, появля́ться

Die unpersönlichen Verben, die einen **Zustand ohne Bezug auf das Subjekt** bezeichnen, können ebenfalls mit der Partikel **-ся** gebildet werden. Dazu zählen vor allem **ду́маться** und **хотéться**. Diese Verben bezeichnen im Vergleich zu den entsprechenden Verben ohne **-ся** einen **weniger nachdrücklich** formulierten **Gedanken** bzw. **Wunsch**.

Das Subjekt, S. 206
Unpersönliche Verben, S. 127

Я **хочу́** на мóре.	Мне **хóчется** на мóре.
Ich will ans Meer.	*Ich möchte ans Meer.*
Я **ду́маю**, что ты неправ.	Мне **ду́мается**, что ты неправ.
Ich denke, dass du Unrecht hast.	*Mir scheint, dass du Unrecht hast.*

Des Weiteren gibt es Verben, die **mit** der Partikel **-ся** und **ohne** sie **unterschiedliche Bedeutungen** haben. Teilweise sind die Bedeutungen so weit voneinander entfernt, dass keinerlei Wortverwandtschaft mehr festzustellen ist.

Собáки нахóдят людéй по слéду.	Кавкáз нахóдит**ся** на ю́ге Росси́и.
Подожди́, я ещё не договори́ла.	Мы договори́ли**сь** встрéтиться зáвтра.
Концéрт состои́т из двух частéй.	Концéрт состоя́л**ся** вчерá.
Прости́ меня́, я виновáт!	Они́ прости́ли**сь** и поéхали домóй.

след – *Spur, Fährte*
состоя́ться – *stattfinden*
прости́ться – *sich verabschieden*

Das Subjekt, S. 206
Das Prädikat, S. 211
unpersönliche Sätze, S. 218
Die Zeiten, S. 131

Unpersönliche Verben

Es gibt im Russischen besondere **Sätze**, die **kein Subjekt** haben. Man kann also nicht fragen, wer oder was die Handlung ausführt. Diese Sätze sind **unpersönlich**.

Form

Die **unpersönlichen** Verben, die das **Prädikat** von **unpersönlichen Sätzen** bilden, werden in allen Zeitformen nur in der **3. Person Singular**, im **Präteritum** nur in der **sächlichen** Form gebraucht.

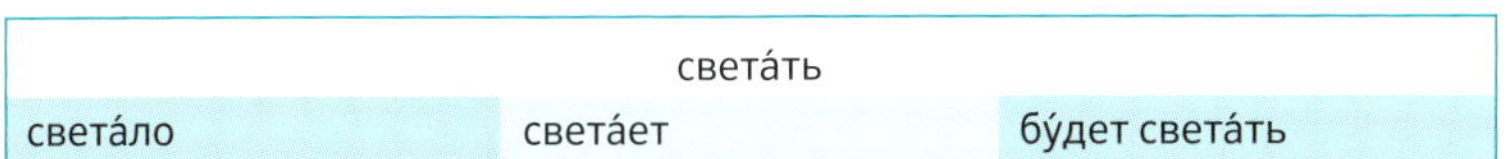

	светáть	
светáло	светáет	бу́дет светáть

Nicht selten bestehen unpersönliche Sätze aus einem **einzigen Wort**:
Смеркáлось.
Светáло.
Вечерéло.

Gebrauch

Ihrer Bedeutung nach werden unpersönliche Verben in drei Gruppen eingeteilt.

- Unpersönliche Verben, die **Naturzustände** bezeichnen:

смерка́ться – *dämmern*
света́ть – *tagen*
вечере́ть – *dämmern, Abend werden*

Холода́ет.	*Es wird kalt.*
Стемне́ло.	*Es ist dunkel geworden.*

- Unpersönliche Verben, die den **Zustand** eines **Menschen** bezeichnen. Das **Substantiv** oder das **Pronomen**, das die Person bezeichnet, steht dabei im **Dativ** oder im **Akkusativ**.

mit Dativ		**mit Akkusativ**	
Мне не спи́тся.	*Ich kann nicht schlafen*	Его́ знобит.	*Ihn fröstelt.*
Ребёнку не сиди́тся на ме́сте.	*Das Kind kann nicht sitzen bleiben.*	Её тошни́т.	*Ihr ist übel.*

- Verben, die ein **Sollen** oder **Müssen** ausdrücken.

расста́ться – *sich trennen*

Вам сле́дует занима́ться спо́ртом. Мне прихо́дится ра́но встава́ть.
Тебе́ сто́ит посмотре́ть э́тот фильм. Нам придётся расста́ться.

Übungen

1. Lesen Sie die Sätze und schreiben Sie, ob das Verb mit -**ся reflexive** (1), **reziproke** (2) oder **Passivbedeutung** (3) hat.*

позапро́шлый – *vorvorig*
помири́ться – *sich versöhnen*

a) Де́вочка не уме́ет причёсываться. (_1_)

b) Мне на́до переоде́ться. (__)

c) Пе́сня поётся а́втором. (__)

d) Мы познако́мились с тобо́й позапро́шлой весно́й. (__)

e) Мы с А́нной поссо́рились. (__)

f) Наве́рное, нам лу́чше помири́ться. (__)

g) Э́та зада́ча не реша́ется. (__)

h) Ты опя́ть забы́л побри́ться! (__)

i) Сча́стье не покупа́ется. (__)

j) Я вытира́юсь полоте́нцем. (__)

2. Schreiben Sie, wenn möglich, welches **Ausgangsverb** den jeweiligen Verben zugrundeliegt.*

a) удивля́ться – *удивлять*
b) обнима́ться – ____
c) ката́ться – ____
d) остава́ться – ____
e) дви́гаться – ____
f) хоте́ться – ____
g) наде́яться – ____
h) опуска́ться – ____
i) расстава́ться – ____
j) печа́литься – ____
k) крути́ться – ____
l) раздева́ться – ____
m) лени́ться – ____
n) начина́ться – ____
o) смея́ться – ____
p) нра́виться – ____
q) открыва́ться – ____
r) горди́ться – ____

печа́литься – *trauern*
крути́ться – *sich drehen*
лени́ться – *faul sein*

3. Entscheiden Sie, ob das **Verb unpersönlich** sein kann (+) oder nicht (-).**

a) каза́ться (*+*)
b) сле́довать (___)
c) нездоро́виться (___)
d) жа́ловаться (___)
e) холода́ть (___)
f) подходи́ть (___)
g) шата́ть (___)
h) расстра́ивать (___)
i) темне́ть (___)
j) света́ть (___)
k) приходи́ться (___)
l) хоте́ться (___)
m) собира́ться (___)
n) тепле́ть (___)
o) станови́ться (___)

жа́ловаться – *sich beschweren*
шата́ть – *wackeln, rütteln, schwanken*

4. Suchen Sie die passenden **Verben** aus und ergänzen Sie die **Wortverbindungen**.**

опуска́ться • наде́яться • ра́доваться • горди́ться • серди́ться • стара́ться • проща́ться • дви́гаться • ложи́ться • остава́ться • возвраща́ться • поднима́ться

a) ____ вверх
b) ____ до́ма
c) ____ под му́зыку
d) ____ на себя́
e) ____ на чу́до
f) ____ вниз
g) ____ успе́ху
h) ____ с друзья́ми
i) ____ спать
j) ____ домо́й
k) ____ детьми́
l) ____ успе́ть

5. **Dativ** oder **Akkusativ**? Kreuzen Sie die richtige Form an.**

a) ... хо́чется на мо́ре.

☐ 1. Мне ☐ 2. Меня́

b) ... тя́нет в да́льние стра́ны.

☐ 1. Ири́не ☐ 2. Ири́ну

c) ... шата́ло от уста́лости.

☐ 1. Нас ☐ 2. Нам

d) ... ка́жется, что э́то не так.

☐ 1. Им ☐ 2. Их

e) ... надое́ло сиде́ть до́ма.

☐ 1. Ба́бушке ☐ 2. Ба́бушку

трясти́ – *schütteln*
злость – *Ärger*

f) ... трясло́ от зло́сти.

☐ 1. Ви́ктора ☐ 2. Ви́ктору

6. Gebrauchen Sie das **Verb mit** oder **ohne** -**ся** in der richtigen Form.***

a) Я *кончил* рабо́тать и пошёл домо́й. — ко́нчить –
У меня́ *кончилась* бума́га. — ко́нчиться

b) Он ____________ дверь и вы́шел. — откры́ть –
Дверь ме́дленно ____________ и скрипи́т. — открыва́ться

скрипе́ть – *knarren*

c) Тебе́ на́до ____________! — помы́ть –
Врач ____________ ру́ки и взял стетоско́п. — помы́ться

d) Такси́ ____________ на стоя́нке, и води́тель закури́л. — останови́ть – останови́ться
Я уви́дела знако́мого и ____________ его́.

e) Учи́тель ____________ учени́цу, а она́ молчи́т. — руга́ть –
Мои́ сосе́ди ча́сто ____________ друг с дру́гом. — руга́ться

f) На́до ____________, я весь мо́крый. — вы́тереть –
Я хочу́ ____________ ру́ки. — вы́тереться

g) Мы с Поли́ной ____________ во́зле фонта́на. — встре́тить –
Мы с Поли́ной ____________ на́ших знако́мых. — встре́титься

Die Zeiten

Im Russischen gibt es **drei Zeitformen**:

- das **Präteritum** für Ereignisse in der **Vergangenheit**
- das **Präsens** für Ereignisse in der **Gegenwart**
- das **Futur** für Ereignisse in der **Zukunft**

Präteritum	Präsens	Futur
Вчерá я **игрáл** в футбóл.	Сейчáс я **игрáю** в футбóл.	Зáвтра я **бýду игрáть** в футбóл.

§ Die Aspekte des Verbs, S. 108

Unvollendete Verben können alle **drei Formen** bilden, **vollendete** Verben können nur im **Präteritum** und im **Futur** gebraucht werden.

	Präteritum	Präsens	Futur
unvollendet	Он пел.	Он поёт.	Он бýдет петь.
vollendet	Он спел.	–	Он споёт.

Das Präteritum

Form

Der Infinitiv, S. 106

Die Verben, die auf -**ть** enden, bilden das Präteritum durch das Anfügen des Suffixes -**л** an den **Infinitivstamm**.

бра~~ть~~ ловú~~ть~~ уснý~~ть~~	бра- ловú- уснý-	бра**л** ловú**л** уснý**л**

Hat das Verb die Partikel -**ся**, wird diese auch im Präteritum ganz hinten angehängt. Endet der Stamm auf einen Vokal, so wird -**ся** zu -**сь**.

умывáть**ся** – умы́л**ся**	боя́ть**ся** – боя́ли**сь**

Die Verben im Präteritum werden nicht nach der Person, sondern nur nach der **Zahl** und dem **Geschlecht** verändert.

Geschlecht / Zahl	maskulin	feminin	neutral
Singular	ловú**л**	ловú**ла**	ловú**ло**
Plural	ловú**ли**		

Максúм, ты не бра**л** мой журнáл? Мúша ужé уснý**л**.	Дáша, ты не бра**лá** мой журнáл? Дáша ужé уснý**ла**.

*Den **Präsensstamm** erhält man, indem man von der **3. Pers. Pl.** des **Präsens** (bei unvollendeten Verben) bzw. des einfachen **Futurs** (bei vollendeten Verben) die Personalendung **-ут/-ют** bzw. **-ат/-ят** streicht.

Das Präsens, S. 135

U. U. endet deren Präsensstamm auf **-ст (расти́ – **раст**у́т).

грести́ – грё**б**, гре**б**ла́, гре**б**ло́, гре**б**ли́
жечь – жёг, **жгла**, **жгло**, **жгли**

цвести́ – *blühen*
дости́гнуть – *erreichen*
мёрзнуть – *frieren*
тере́ть – *reiben*

Die **Vor**- bzw. **Gleichzeitigkeit** kann auch mit Hilfe von **Adverbialpartizipien** im entsprechenden Aspekt ausgedrückt werden: **Сде́лав** уро́ки, ма́льчик пошёл гуля́ть. **Де́лая** уро́ки, ма́льчик о́чень уста́л.

Die Aspekte des Verbs, S. 108
Das Adverbialpartizip, S. 167

Einige Verben weisen **Unregelmäßigkeiten** bei der Präteritumbildung auf.

	Infinitiv	**Präteritum**			
		m.	**f.**	**n.**	**Pl.**
Verben, die im Infinitiv auf **-сти** (**-сть**), **-зти** auslauten und deren Präsensstamm* nicht auf **-д**, **-т** endet.**	не**сти́** ве**зти́** ра**сти́**	нёс вёз рос	нес**ла́** вез**ла́** рос**ла́**	нес**ло́** вез**ло́** рос**ло́**	нес**ли́** вез**ли́** рос**ли́**
Verben, die im Infinitiv auf **-сти** (**-сть**), **-зти** auslauten, mit Präsensstamm auf **-д**,**- т**.	ве**сти́** цве**сти́**	вё**л** цвё**л**	ве**ла́** цве**ла́**	ве**ло́** цве**ло́**	ве**ли́** цве**ли́**
Verben auf **-чь**	мо**чь** ле**чь**	мо**г** лё**г**	мо**гла́** ле**гла́**	мо**гло́** ле**гло́**	мо**гли́** ле**гли́**
einige vollendete Verben mit dem Suffix **-ну-**	дости́г**нуть** мёрз**нуть**	**дости́г** **мёрз**	дости́г**ла** мёрз**ла**	дости́г**ло** мёрз**ло**	дости́г**ли** мёрз**ли**
Verben, deren Infinitivstamm auf **-ере** auslautet	ум**ере́**ть т**ере́**ть	**у́мер** **тёр**	умер**ла́** тёр**ла**	у́мер**ло** тёр**ло**	у́мер**ли** тёр**ли**
einige weitere Verben	есть сесть идти́	**ел** **сел** **шёл**	е́**ла** се́**ла** **шла**	е́**ло** **се́ло** **шло**	е́**ли** се́**ли** **шли**

Gebrauch

Das Russische kennt **nur eine Zeit** zum Ausdruck der **Vergangenheit**: für alle vergangenen Handlungen wird das **Präteritum** benutzt. Die deutschen Perfekt-, Präteritum- und Plusquamperfektformen werden ins Russische mit dem Präteritum übersetzt.

Ма́льчик **де́лал** уро́ки.	*Der Junge machte (hat) seine Hausaufgaben (gemacht).*
По́сле того́, как ма́льчик **сде́лал** уро́ки, он **пошёл** гуля́ть.	*Nachdem der Junge seine Hausaufgaben gemacht hatte, ging er spazieren.*

Übungen

1. Ergänzen Sie die fehlenden **Infinitiv**- und **Präteritumformen**.*

Infinitiv	Präteritum			
	maskulin	feminin	neutral	Plural
чи́стить	*чистил*	чи́стила	______	чи́стили
______	куса́л	______	куса́ло	______
трясти́	______	трясла́	______	трясли́
______	был	______	бы́ло	______
течь	______	текла́	______	текли́
______	пры́гнул	______	пры́гнуло	______
привы́кнуть	______	привы́кла	______	привы́кли
______	клал	______	кла́ло	______
ошиби́ться	______	оши́блась	______	оши́блись
______	за́пер	______	за́перло	______

трясти́ – *schütteln*
течь – *fließen*
запере́ть – *(zu)schließen*

2. Ersetzen Sie die hervorgehobenen **Substantive** durch die Substantive in Klammern. Achten Sie auf die **Verb**-, **Pronomen**- und **Adjektivformen**.**

a) Моя́ мла́дшая сестра́ е́здила в Москву́. (брат)

Мой младший брат ездил в Москву.

b) Его́ оте́ц рабо́тал бухга́лтером. (мать)

______

c) С на́ми произошла́ весёлая исто́рия. (приключе́ние)

______

d) Во́зле до́ма росла́ ста́рая и́ва. (клён)

______

e) Ко мне приходи́л друг. (знако́мые)

______

f) Дми́трий шёл домо́й. (Ната́лья)

______

g) Наш сосе́д до́лго лежа́л в больни́це. (соседка)

______

бухга́лтер – *Buchhalter*
приключе́ние – *Abenteuer*
и́ва – *Weide*
клён – *Ahorn*

Possessivpronomen, S. 60
Die Adjektivdeklination, S. 38

3. Ersetzen Sie die **Präsens**- bzw. **Futurformen** durch das **Präteritum**.**

a) Преподава́тель говори́т гро́мко. *говорил*

b) А́лла хо́дит в теа́тр. ______

c) Марк ся́дет в кре́сло. ______

d) Учи́тельница ведёт дете́й в кино́. ______

e) Сире́нь цветёт в ма́е. ______

f) Кино́ идёт два часа́. ______

g) Анто́н привы́кнет ра́но встава́ть. ______

h) Маши́на е́дет ме́дленно. ______

i) Что э́то мо́жет быть? ______

j) Самолёт прибу́дет в Москву́. ______

сире́нь (f.) – *Flieder*

Э́то erfordert die sächliche Form des Verbs.

Demonstrativpronomen, S. 65

4. Hier haben sich neun **unregelmäßige Präteritumformen** versteckt. Finden Sie sie und notieren Sie unten die entsprechenden Infinitivformen.**

в	ё	л	л	у	с	ц	ж	у	х	и	л	у
ё	о	к	щ	ъ	е	э	с	м	з	ч	а	ш
з	а	н	е	с	л	о	л	е	и	р	я	л
м	о	г	л	и	з	б	а	р	о	к	х	а
к	п	р	и	в	ы	к	л	а	к	е	д	е

______ ______

______ ______

______ ______

______ ______

______

5. Setzen Sie das **Verb** im **Präteritum** ein.***

ко́нчиться • пойти́ • собира́ть • появи́ться • гуля́ть • нача́ться • спря́таться

Одна́жды мы с подру́гой ______ (a) в лес. Мы до́лго ______ (b) и ______ (c) грибы́ и мали́ну. Вдруг ______ (d) дождь. Мы ______ (e) под дуб. Ско́ро дождь ______ (f) , и на не́бе ______ (g) ра́дуга.

дуб – *Eiche*
ра́дуга – *Regenbogen*

Das Präsens

Form

Im **Präsens** werden **nur unvollendete Verbe**n verwendet. Werden die Präsensendungen an ein **vollendetes** Verb angehängt, wird damit **das einfache Futur** gebildet.

Сейча́с он **смо́трит** фильм.	За́втра он **посмо́трит** фильм.

Um Präsensformen zu bilden, braucht man den **Präsensstamm**. Diesen erhält man, indem man von der **3. Pers. Pl. des Präsens** (bei unvollendeten Verben) bzw. der **3. Pers. Pl. des Futurs** (bei vollendeten Verben) die Endung **-ут/-ют/-ат/-ят** streicht.

Infinitiv	3. Pers. Pl. Präsens	Präsensstamm
чита́ть	чита́~~ют~~	чита-
вари́ть	ва́р~~ят~~	вар-
петь	по~~ю́т~~	по-

An den Präsensstamm werden **Personalendungen** angehängt. Wie im Deutschen wird im russischen Präsens nach **Person** und **Zahl** unterschieden. Die **reflexive** Partikel -**ся** (-**сь**) steht immer nach der Personalendung.

Die erste Konjugation (e-Konjugation)

Zur **ersten Konjugation** zählen die Verben, die in der **3. Pers. Pl.** die Endungen -**ут**/-**ют** aufweisen. Dazu gehören:

• die meisten Verben, deren Infinitiv auf -**ать**/-**ять** endet:	купа́ть, проверя́ть
• die meisten Verben, deren Infinitiv auf -**еть** endet:	боле́ть, худе́ть
• alle Verben auf -**овать**, -**евать**:	рисова́ть, надева́ть
• alle Verben, deren Infinitiv auf -**ти** endet:	нести́, ползти́, идти́
• die Verben auf -**чь**:	мочь, бере́чь
• die Verben mit Infinitiv auf -**оть**	коло́ть, моло́ть
• alle **einsilbigen Verben**, deren Infinitiv auf -**ить** oder -**ыть** endet, sowie das zweisilbige Verb **стели́ть**:	пить, лить, мыть, брить

Die Personalendungen der 1. Konjugation

Sg.	расти́	боле́ть		Pl.	расти́	боле́ть	
я	раст**у́**	боле́**ю**	-у/-ю	мы	раст**ём**	боле́**ем**	-ем, -ём
ты	раст**ёшь**	боле́**ешь**	-ешь, -ёшь	вы/Вы	раст**ёте**	боле́**ете**	-ете, -ёте
он, она́, оно́	раст**ёт**	боле́**ет**	-ет, -ёт	они́	раст**у́т**	боле́**ют**	-ут/-ют

Die Aspekte des Verbs, S. 108
Das Futur, S. 140

In **Wörterbüchern** ist meist auch die Form der **3. Pers. Pl. Präsens** angegeben, lernen Sie sie gleich mit! Von der Form werden dann alle weiteren Präsensformen abgeleitet.

Verben mit der Partikel ***-ся***, S. 125

Die Personalendungen in der **2. und 3. Pers. Sg**. sowie in der **1. und 2. Pers. Pl**. enthalten ein -**е**- (daher auch **e-Konjugation** genannt).

худе́ть – *abnehmen*
ползти́ – *kriechen*
бере́чь – *bewahren, schonen*
лить – *gießen*
коло́ть – *stechen*
моло́ть – *mahlen*
брить – *rasieren*
стели́ть – *ausbreiten*

Die Endungen -**ешь** ... -**ете** sind stets **unbetont**.

раст**и́** – раст**у́** ... раст**у́т**
aber: ид**ти́** – ид**у́** ... ид**у́т**

Die Endungen -**у**, -**ут** werden gebraucht, wenn der Präsensstamm auf einen Konsonanten endet, die Endungen -**ю**, -**ют** stehen nach Vokalen.

Die wichtigsten Konsonantenwechsel:
с, х ▸ **ш**
к, г ▸ **ч**
т, ск ▸ **щ**
г, з ▸ **ж**
б ▸ **бл**
в ▸ **вл**
м ▸ **мл**
п ▸ **пл**

Der Lautwechsel im Wortstamm, S. 14

тере́ть – *reiben*
ночева́ть – *übernachten*
тяну́ться – *sich ziehen*
тону́ть – *sinken*

Bei einigen Verben der 1. Konjugation tritt im **Präsens** ein **Lautwechsel** auf.

Bei einigen Verben erfolgt ein **Konsonantenwechsel** im **Stamm**.	пла́кать – пла́**ч**у, пла́**ч**ешь... пла́**ч**ут ре́зать – ре́**ж**у, ре́**ж**ешь... ре́**ж**ут
Verben mit Infinitivstamm auf -**ере**- verlieren im Präsens beide **е**.	**тере́ть** – **тру**, **тр**ёшь... **тр**ут ум**ере́ть** – ум**р**у́, ум**р**ёшь... ум**р**у́т
Die Verben, die im Infinitiv das Suffix -**ова**-/-**ева**- haben, bekommen im Präsens stattdessen vor der Personalendung das Suffix -**у**-.	рис**ова́**ть – рис**у́**ю, рис**у́**ешь... рис**у́**ют ноч**ева́**ть – ноч**у́**ю, ноч**у́**ешь... ноч**у́**ют
Verben auf -**авать** verlieren im Präsens das Suffix -**ва**-.	дав**а́ть** – даю, даёшь... даю́т встав**а́ть** – встаю, встаёшь... встаю́т
a) Einige Verben auf -**чь** haben im Präsens den Wechsel **г** (1. Pers. Sg. + 3. Pers. Pl.) ▸ **ж** (alle anderen Formen). b) Andere Verben auf -**чь** haben im Präsens den Konsonantenwechsel **к** (1. Pers. Sg. + 3. Pers. Pl.) ▸ **ч** (alle anderen Formen).	мо**чь** – мо**г**у́, мо́**ж**ешь... мо́**г**ут бере́**чь** – бере**г**у́, бере**ж**ёшь... бере**г**у́т пе**чь** – пе**к**у́, пе**ч**ёшь... пе**к**у́т те**чь** – те**к**у́, те**ч**ёшь... те**к**у́т
Einsilbige Verben auf -**ить** verändern den Stammvokal **и** zu **ь**.	пить – пью, пьёшь... пьют. бить – бью, бьёшь... бьют
Die Verben mit dem Suffix -**ну**- behalten im Präsens das -**н**-	тя**ну́**ться – тя**н**у́сь, тя́**н**ешься... тя́**н**утся то**ну́**ть – то**н**у́, то́**н**ешь... то́**н**ут
Einige weitere Verben bilden **besondere Präsensformen**.	плыть – **плыв**у́, **плыв**ёшь... **плыв**у́т **петь** – **по**ю́, **по**ёшь... **по**ю́т **брать** – **бер**у́, **бер**ёшь... **бер**у́т **жить** – **жив**у́, **жив**ёшь... **жив**у́т **брить** – **бре́**ю, **бре́**ешь... **бре́**ют

Die Partikel -**ся** steht im Präsens **nach der Personalendung** und wird in der **1. Pers. Sg.** und in der **2. Pers. Pl.** (nach Vokalen) zu -**сь**.

Die Personalendungen in der **2.** und **3. Pers. Sg.** sowie in der **1.** und **2. Pers. Pl.** enthalten ein -**и**- (daher auch **i-Konjugation** genannt).

купа́ть**ся** – купа́ю**сь**	купа́ешь**ся**, купа́ет**ся**...

Die zweite Konjugation (i-Konjugation)

Zu den Verben der zweiten Konjugation gehören:

• alle **mehrsilbigen Verben** auf -**ить**:	вар**и́ть**, дар**и́ть**
• einige Verben auf -**ать**/-**ять**:	гн**ать**, дыш**а́ть**, слы́ш**ать**, держ**а́ть**, сп**ать**, бо**я́ть**ся, сто**я́ть**
• einige Verben auf -**еть**:	терп**е́ть**, верт**е́ть**, оби́д**еть**, зави́с**еть**, ненави́д**еть**, ви́д**еть**, смотр**е́ть**, лет**е́ть**

гнать – *treiben*
верте́ть – *drehen*
оби́деть – *beleidigen, kränken*
ненави́деть – *hassen*

Die Personalendungen der 2. Konjugation

Sg.	дышáть	стрóить		Pl.	дышáть	стрóить	
я	дышу́	стрóю	-у/-ю	мы	ды́шим	стрóим	-им
ты	ды́шишь	стрóишь	-ишь	вы/Вы	ды́шите	стрóите	-ите
он, онá, онó	ды́шит	стрóит	-ит	они́	ды́шат	стрóят	-ат/-ят

Die Endungen -**у**, -**ат** werden gebraucht, wenn der Präsensstamm auf einen Konsonanten endet, die Endungen -**ю**, -**ят** stehen nach Vokalen.

Bei einigen Verben der 2. Konjugation findet in der **1. Pers. Sg.** ein **Konsonantenwechsel** statt:

корми́ть – **кормлю́**, кóрмишь... кóрмят	кати́ть – **качу́**, кáтишь... кáтят
сидéть – **сижу́**, сиди́шь... сидя́т	люби́ть – **люблю́**, лю́бишь... лю́бят

Der Lautwechsel im Wortstamm, S. 14

кати́ть – *rollen*

Die gemischte Konjugation

Die Verben **хотéть** und **бежáть** werden **teils** nach der **1.**, **teils** nach der **2. Konjugation** gebeugt, darum bezeichnet man sie als **gemischt konjugierte**.

Singular			Plural		
я	хочу́	бегу́	мы	хоти́м	бежи́м
ты	хóчешь	бежи́шь	вы/Вы	хоти́те	бежи́те
он, онá, онó	хóчет	бежи́т	они́	хотя́т	бегу́т

Das Präsens der Verben *быть*, *есть* und *ехать*

есть – *essen*

Die 1. **und 2. Pers. Sg**. des **Präsens** vom Verb **быть** wird heutzutage **nicht gebraucht**. In einigen Fällen kommt die Form **есть** (**3. Pers. Sg./Pl. –** *ist/sind*) vor. Mehr dazu ▸ **Das Verb *быть***, S. 120.

Die Verben **есть** (*essen*) und **éхать** werden im Präsens folgenderweise konjugiert:

Sg.	есть	éхать	Pl.	есть	éхать
я	**ем**	**éду**	мы	**еди́м**	**éдем**
ты	**ешь**	**éдешь**	вы/Вы	**еди́те**	**éдете**
он, онá, онó	**ест**	**éдет**	они́	**едя́т**	**éдут**

Genauso wird das Verb **надоéсть** (*überdrüssig werden*) im Futur konjugiert. Da dies ein vollendetes Verb ist, gibt es kein Präsens.

Gebrauch

Die Präsensformen werden verwendet, wenn man über Handlungen spricht, die zum **Redezeitpunkt** getätigt werden.

Сейчáс я **стою́** на остантóвке и **жду** автóбуса.
Он не **мóжет** подойти́ к телефóну, он ещё **спит**.

вращá́ться – *sich drehen*
впадáть – *münden*
бáня – *Badehaus*

Die Handlung kann auch **ständig** ausgeführt werden.

- Земля́ **вращáется** вокрýг Сóлнца.
  Днепр **впадáет** в Чёрное мóре.

Das Präsens kann auch für sich **wiederholende Handlungen** gebraucht werden.

- По утрáм онá всегдá **ест** мю́сли.
  Кáждый год 31 декабря́ мы с друзья́ми **хóдим** в бáню.

Wenn die Handlung schon **seit einiger Zeit** erfolgt und zum Zeitpunkt der Rede immer **noch andauert**, steht ebenfalls das Präsens.

- Они́ **живýт** в Бавáрии ужé четы́рнадцать лет.
  Он **рабóтает** в э́той фи́рме шесть лет.

Das Präsens kann auch verwendet werden, um eine **Eigenschaft** oder **Fähigkeit** zu beschreiben.

- Дéтям **нрáвятся** я́ркие цветá.
  Я **говорю́** по-пóльски.

Die **zielgerichteten Verben** der **Fortbewegung** können im Präsens mitunter für **zukünftige Ereignisse** eingesetzt werden.

- Зáвтра мы **уезжáем** домóй. На выходны́х мы **éдем** в зоопáрк.

Manchmal wird auf das Präsens zurückgegriffen, um **vergangene Ereignisse** besonders **lebhaft** und **anschaulich** darzustellen.

- **Идý** я вчерá с рабóты, вдруг **ви́жу** – мне навстрéчу **идёт** знакóмая.

Übungen

1. Schreiben Sie den **Infinitiv**- und den **Präsensstamm** der Verben.*

Verb (Infinitiv, 3. Pers. Pl. Präs.)	Infinitivstamm	Präsensstamm
a) брать, берýт	*бра-*	*бер-*
b) выходи́ть, выхóдят		
c) скакáть, скáчут		
d) плыть, плывýт		

e) собира́ть, собира́ют ____________ ____________

f) писа́ть, пи́шут ____________ ____________

g) целова́ть, целу́ют ____________ ____________

h) иска́ть, и́щут ____________ ____________

i) пря́тать, пря́чут ____________ ____________

2. Bestimmen Sie, ob die Verben zur **1. oder 2. Konjugation** gehören.*

разгова́ривать • нести́ • носи́ть • лежа́ть • ложи́ться • шить • горе́ть • слу́шать • слы́шать • тяну́ть • печа́тать • стуча́ть •

1. Konjugation	2. Konjugation

3. Setzen Sie die richtigen **Präsensformen** ein.**

a) Куда́ ты *идёшь* ? – Я *иду* в магази́н. (идти́)

b) Ты ____________ на скри́пке? – Нет, я ____________ то́лько на гита́ре. (игра́ть)

c) Вы ____________ Бра́мса? – Я ____________, а мой муж не ____________. (люби́ть)

d) Что он ____________? – Он ____________ посу́ду. (де́лать, мыть)

e) Что она́ ____________? – Она́ ____________ на де́тской площа́дке. (де́лать, игра́ть)

скри́пка – *Geige*
де́тская площа́дка – *Spielplatz*
послеза́втра – *übermorgen*

f) Что вы ________________? – Мы ________________ пиро́г. (гото́вить, печь)

g) Что ты ________________? – Я ________________ сыр. (есть)

h) Когда́ они́ ________________ прие́хать? – Они́ ________________ послеза́втра. (собира́ться, приезжа́ть)

i) Что вы ________________ по вечера́м? – Мы ________________ на та́нцы. (де́лать, ходи́ть)

4. **Gegensätze** ziehen sich an! Setzen Sie die **Verben** in die richtige **Präsensform**.**

петь – танцева́ть
смея́ться – пла́кать
прилета́ть – улета́ть
сиде́ть – стоя́ть
открыва́ть – закрыва́ть
рабо́тать – отдыха́ть
продава́ть – покупа́ть

a) Он *поёт* ________________, а она́ *танцует* ________________.

b) Они́ ________________, а я ________________.

c) Мы ________________, а вы ________________.

d) Вы ________________, а мы ________________.

e) Она́ ________________ окно́, а он ________________ его.

f) Я ________________, а ты ________________.

g) Вы ________________ маши́ну, а мы ________________ её.

Das Futur

Im Russischen gibt es zwei **Zukunftsformen**: **das einfache** und **das zusammengesetzte Futur**. Die beiden Formen bezeichnen eine Handlung oder einen Zustand in der Zukunft.

Form

Ein **Hilfsverb** hat keine eigene Bedeutung und dient nur zur Formbildung. Ein **Vollverb** dagegen trägt die Bedeutung.

Das **zusammengesetzte Futur** besteht aus zwei Teilen: 1. einer Futurform des Hilfsverbs **быть** im **Futur** + 2. einem unvollendetem **Vollverb** im **Infinitiv**. Das Hilfsverb **быть** wird im Futur nach Person und Zahl geändert.

Singular			Plural		
я ты он, она́, оно́	**бу́ду** **бу́дешь** **бу́дет**	смотре́ть	мы вы/Вы они́	**бу́дем** **бу́дете** **бу́дут**	смотре́ть

Die Aspekte des Verbs, S. 108
Der Infinitiv, S. 106

Das **einfache Futur** wird von **vollendeten** Verben gebildet. Das einfache **Futur** und das **Präsens** der unvollendeten Verben stimmen in ihren **Personalendungen** überein.

Das Präsens, S. 135

Präsens (unvollendetes Verb **смотре́ть**)	**Futur** (vollendetes Verb **посмотре́ть**)
я смотр**ю́**, ты смо́тр**ишь**, он смо́тр**ит**	я посмотр**ю́**, ты посмо́тр**ишь**, он посмо́тр**ит**
мы смо́тр**им**, вы смо́тр**ите**, они́ смо́тр**ят**	мы посмо́тр**им**, вы посмо́тр**ите**, они́ посмо́тр**ят**

Merken Sie sich folgende Sonderformen:
дать – дам, дашь, даст, дади́м, дади́те, даду́т
взять – возьму́, возьмёшь, возьмёт, возьмём, возьмёте, возьму́т

Wird das **vollendete** Verb von einem unvollendeten durch ein **Präfix** gebildet, so sind die **Konjugationsmodelle/-typen** im **Futur** und **Präsens identisch**.

Das Wort und seine Bestandteile, S. 13
Die Aspekte des Verbs, S. 108

1. Konjugation	мыть – мо́**ю**, мо́**ешь**… мо́**ют**	(Präsens)
	помы́ть – помо́**ю**, помо́**ешь**… помо́**ют**	(Futur)
2. Konjugation	слы́шать – слы́ш**у**, слы́ш**ишь**… слы́ш**ат**	(Präsens)
	услы́шать – услы́ш**у**, услы́ш**ишь**… услы́ш**ат**	(Futur)

Weisen die beiden Verben eines Aspektpaares im Infinitiv unterschiedliche Suffixe auf, so können sie verschiedenen Konjugationen angehören.

1. Konjugation	получа́ть – получа́**ю**, получа́**ешь**… получа́**ют**	(Präsens)
2. Konjugation	получи́ть – получ**у́**, полу́ч**ишь**… полу́ч**ат**	(Futur)

Die Aspekte des Verbs, S. 108

Gebrauch

Das von **unvollendeten** Verben gebildete **zusammengesetzte Futur** drückt aus, dass die **Handlung** stattfinden wird, aber **unbekannt** ist, ob sie **zu Ende geführt** wird.

- За́втра я **бу́ду рисова́ть** карти́ну. (Ich weiß nicht, ob ich damit fertig werde.)

Das **einfache Futur** drückt dagegen aus, dass die **Handlung zu Ende geführt** wird.

- За́втра я **нарису́ю** карти́ну. (Ich weiß, dass das Bild morgen noch fertig wird.)

Das **zusammengesetzte** Futur kann auch bedeuten, dass die **Handlung** in der Zukunft **wiederholt** wird.

- С понеде́льника я **бу́ду** ка́ждый день **де́лать** заря́дку.

заря́дка – *Morgengymnastik*

Das **einfache Futur** steht dagegen für **einmalige Handlungen**.

- В понеде́льник я **сде́лаю** заря́дку и пойду́ на рабо́ту.

Übungen

1. Ergänzen Sie die Formen des **einfachen Futurs**.*

свернýть – *abbiegen*
причесáть – *kämmen*

	я	ты	он, онá, онó
собрáть	соберý	*соберёшь*	соберёт
узнáть	______	узнáешь	______
поднять	подниму́	______	подни́мет
причесáть	______	причёшешь	______
свернýть	сверну́	______	свернёт
съесть	______	съешь	______
побежáть	побегу́	______	побежи́т
	мы	**вы**	**они́**
уéхать	уéдем	______	уéдут
улетéть	______	улети́те	______
захотéть	захоти́м	______	захотя́т
показáть	______	покáжете	______
вы́лить	вы́льем	______	вы́льют
укрáсить	______	укрáсите	______
связáть	свя́жем	______	свя́жут

вы́лить – *ausgießen*
укрáсить – *schmücken, dekorieren*
связáть – *verbinden, stricken*

2. Gute Vorsätze für das neue Jahr! Setzen Sie die Verben in das **zusammengesetzte Futur**.*

a) В нóвом годý я кáждый день *буду заниматься* (занимáться) рýсским языкóм.

b) В нóвом годý ты кáждый вéчер ______ (звони́ть) роди́телям.

c) В нóвом годý Али́са два рáза в недéлю ______ (ходи́ть) в тренажёрный зал.

тренажёрный зал – *Fitnessstudio*

d) В нóвом годý мы ______ (проводи́ть) бóльше врéмени на свéжем вóздухе.

e) В нóвом годý вы ______________________ (приезжáть) к нам чáще.

f) В нóвом годý онѝ не ______________________ (курѝть).

g) В нóвом годý я ______________________ (учѝть) пять нóвых слов в день.

3. Kreuzen Sie an, ob das Verb im **Präsens** (P) oder im **Futur** (F) steht.**

		P	F
a)	Самолёт летѝт в Парѝж.	☐	☐
b)	Мы полетѝм в Парѝж из Фрáнкфурта.	☐	☐
c)	Он отведёт сы́на в шкóлу и вернётся.	☐	☐
d)	Он отвóдит нас домóй.	☐	☐
e)	Я прочитáю э́ту кнѝгу за недéлю.	☐	☐
f)	Онá читáет газéту за зáвтраком.	☐	☐
g)	Ты проверя́ешь пóчту в интернéте.	☐	☐
h)	Вы провéрите моё домáшнее задáние?	☐	☐
i)	И́нна ужé накрывáет на стóл.	☐	☐
j)	Игóрь накрóет кастрю́лю кры́шкой и придёт.	☐	☐

отводѝть (uv), отвестѝ (v) – *hinbringen, hinführen*

проверя́ть (uv), провéрить (v) – *prüfen, kontrollieren*

накрывáть на стол – *den Tisch decken*

кастрю́ля – *Kochtopf*

кры́шка – *Deckel*

4. Stellen Sie **Fragen** und **beantworten** Sie sie entsprechend dem Muster. Zur Aspektbildung benutzen Sie die **Präfixe** aus der Schüttelbox.***

Achten Sie auf den **Aspekt** der Verben in Klammern!

при- • *на-* • *по-* • *с-* • *вы-*

a) О́льга пѝшет письмó. (смотрéть фильм)

– Что Ольга будет делать, когда напишет письмо?

– Когда Ольга напишет письмо, она будет смотреть фильм.

____

b) Я дéлаю домáшнее задáние. (отдыхáть)

____

____

____

c) Са́ша гото́вит обе́д. (занима́ться)

____

____

____

d) Мы у́жинаем. (игра́ть в ка́рты)

____

____

____

e) Де́ти мо́ют ру́ки. (обе́дать)

____

____

____

Der Imperativ

Form

Personalpronomen, S. 58

Der **Imperativ** hat im Russischen nur die Formen der **2. Person Singular** oder **Plural**, wobei die Formen der **2. Person Plural** den deutschen Formen der **2.** und **der 3. Person Plural** entsprechen.

Иди́ сюда́! **Иди́те** сюда́!	*Komm her!* *Kommt her!* oder *Kommen Sie her!*

Das Präsens, S. 135
Die Aspekte des Verbs, S. 108
Das Futur, S. 140

Die Imperativformen der **unvollendeten Verben** werden vom **Präsensstamm** und die der **vollendeten Verben** vom **Stamm** des **einfachen Futurs** gebildet. Im **Plural** erhalten sie die Endung -**те**.

Endet der **Stamm** auf einen **Vokal**, wird **-й** (+ -**те**) hinzugefügt.

Gebrauch der Aspekte im Imperativ, S. 114

Infinitiv	Präsens/Futur	Imperativ 2. Pers. Sg.	2. Pers. Pl.
вытира́ть нарисова́ть	вытира́ют нарису́ют	вытира́**й**! нарису́**й**!	вытира́**йте**! нарису́**йте**!

Wenn der **Stamm** auf einen **Konsonanten** endet und die Betonung in der **1. Pers. Sg. Präsens (bzw. Futur)** auf den **Stamm** fällt, wird -**ь** (+ -**те**) angehängt.

Infinitiv	Präsens/Futur	Imperativ 2. Pers. Sg.	2. Pers. Pl.
ре́зать	ре́жу	реж**ь**!	ре́ж**ьте**!

Endet der **Stamm** auf einen **Konsonanten** und fällt die **Betonung** in der **1. Pers. Sg. Präsens (oder Futur)** auf die **Endung** oder endet der **Stamm** auf **zwei Konsonanten**, wird **-и** (+ **-те**) hinzugefügt.

Infinitiv	Präsens/Futur	Imperativ 2. Pers. Sg.	2. Pers. Pl.
написа́ть	напишу́	напиши́!	напиши́те!
запо́мнить	запо́мню	запо́мни!	запо́мните!
смотре́ть	смотрю́	смотри́!	смотри́те!

Einsilbige Verben, deren **Infinitivstamm** ein **-и-** enthält (**пить**, **бить**, **лить**, **шить**) bilden den Imperativ auf **-й**. Bei diesen Verben wird der Stammvokal im Imperativ zu **-е-**.

Der Infinitiv, S. 106

Infinitiv	Präsens	Imperativ 2. Pers. Sg.	2. Pers. Pl.
пить	пью	**пей**!	пе́**йте**!
шить	шью	**шей**!	ше́**йте**!

Die **unvollendeten** Verben mit dem **Suffix -ва-** (z. B. **дава́ть**, **узнава́ть**, **встава́ть**) **behalten** dieses **Suffix** im **Imperativ**, obwohl es im Präsens wegfällt.

Das Präsens, S. 135

Infinitiv	Präsens	Imperativ 2. Pers. Sg.	2. Pers. Pl.
дава́ть	даю́	да**ва́й**!	да**ва́йте**!
узнава́ть	узнаю́	узна**ва́й**!	узна**ва́йте**!

Beachten Sie:
дать – дай! да́йте!
узна́ть – узна́й! узна́йте!

Die **Verben** mit der **Partikel -ся behalten** diese **Partikel** auch im **Imperativ** (nach den **Konsonanten -ся**, nach den **Vokalen -сь**).

Verben mit der Partikel *-ся*, S. 125

Infinitiv	Präsens/Futur	Imperativ 2. Pers. Sg.	2. Pers. Pl.
умыва́ться	умыва́юсь	умыва́й**ся**!	умыва́йте**сь**!
научи́ться	научу́сь	научи́**сь**!	научи́те**сь**!

Merken Sie sich die unregelmäßigen Imperativformen:
быть – будь! бу́дьте!
есть – ешь! е́шьте!
е́хать – поезжа́й! поезжа́йте!
сесть – сядь! ся́дьте!
лечь – ляг! ля́гте!

Gebrauch

Der Imperativ wird gebraucht, um **Bitten**, **Wünsche**, **Aufforderungen**, **Befehle** und **Verbote** auszudrücken.

Принеси́, пожа́луйста, воды́!
Подними́те пра́вую ру́ку!
Неме́дленно поки́ньте помеще́ние!

неме́дленно – *sofort*
поки́нуть – *verlassen*
помеще́ние – *Raum*

Die Bedeutung der Aussage im Imperativ hängt stark vom Aspekt des Verbs ab.

Die Aspekte des Verbs, S. 108

Es ist auch möglich, einen **Wunsch** oder **Aufforderung** in **der 1. und in der 3. Person** zu äußern. Dafür werden folgende Konstruktionen gebraucht. Wenn man einer oder mehreren Personen anbietet, eine **Handlung gemeinsam mit dem Sprecher** auszuführen, benutzt man den **Imperativ** von **давáть: давáй! давáйте**! und den **Infinitiv** von **unvollendeten Verben** bzw. **die 1. Pers. Pl.** von **vollendeten Verben**.

Давáй(те) танцевáть! — *Lass(t) uns tanzen!*
Давáй(те) пойдём в кинó! — *Lass(t) uns ins Kino gehen!*

Bei **vollendeten** Verben in der **1. Pers. Pl**. kann man **давáй(-те)** auch **weglassen** (**-те** wird ggf. an das Verb angehängt): **Пойдём** в кинó! **Пойдёмте** в кинó!

Wenn ein **Befehl** oder eine **Erlaubnis** einer **dritten Person** erteilt wird, verwendet man die **3. Person Präsens** (seltener) oder **Futur** und die Wörter **пусть** oder **пускáй**.

Пусть Андрéй принесёт пúва! — *Andrej soll Bier holen!*
Пускáй Кристúна игрáет! — *Kristina darf spielen!*

Das Wort **пускáй** ist umgangssprachlich.

Übungen

1. Bilden Sie die **Imperativformen** (Sg. und Pl.).*

		Sg.	Pl.
a)	идýт	*иди!*	*идите!*
b)	сядут		
c)	ложáтся		
d)	закрóют		
e)	поднимáют		
f)	везýт		
g)	залéзут		
h)	фотографúруют		
i)	встáнут		
j)	возьмýт		
k)	бьют		

2. Suchen Sie die richtigen **Imperativformen.****

a) Не ______________ , всё бу́дет хорошо́!

1. ☐ расстра́иваюсь 2. ☐ расстра́ивайся

b) ______________ от меня́!

1. ☐ Отойди́ 2. ☐ Ото́йдь

c) Не ______________ от гру́ппы!

1. ☐ отста́йте 2. ☐ отстава́йте

d) ______________ мне, когда́ придёшь домо́й.

1. ☐ Позвони́ 2. ☐ Позвони́те

e) ______________ роди́телям большо́й приве́т!

1. ☐ Пусть И́ра переда́ть 2. ☐ Пусть И́ра передаёт

f) Ва́ля, ______________ ______________ вме́сте!

1. ☐ дай игра́ть 2. ☐ дава́й игра́ть

g) ______________ ______________ письмо́ Де́ду Моро́зу!

1. ☐ Дава́йте напи́шем 2. ☐ Дава́йте пи́шем

расстра́иваться – *traurig sein*
отстава́ть – *zurückbleiben*
передава́ть приве́т – *einen Gruß ausrichten*
Дед Моро́з – *Väterchen Frost (Weihnachtsmann)*

3. Setzen Sie die **Imperativformen** in der **2. Pers. Pl.** ein.**

(a) *Очистите* (очи́стить) и *помойте* (помы́ть) грибы́. (b) Зате́м ______________ (свари́ть) их в солёной воде́. (c) Ме́лко ______________ (наре́зать) лук и ______________ (поджа́рить) его́. (d) ______________ (доба́вить) к лу́ку грибы́. (e) ______________ (жа́рить) ещё 10 мину́т. (f) ______________ (нали́ть) смета́ну, ______________ (посоли́ть) и ______________ (поперчи́ть).

гриб – *Pilz*
солёный – *salzig, gesalzen*
лук – *Zwiebel*
поджа́рить – *anbraten*
посоли́ть – *salzen*
поперчи́ть – *pfeffern*

4. Bilden Sie **Imperativsätze** im Singular, suchen Sie dabei die richtige Form des **Verbs der Fortbewegung** aus.***

§ Verben der Fortbewegung, S. 117

a) пла́вать/плыть к бе́регу

Плыви к берегу!

b) пла́вать/плыть зимо́й в бассе́йне

____

c) идтú/ходúть ко мне

____

d) чáще идтú/ходúть пешкóм

____

e) скорéе нестú/носúть мне полотéнце

____

f) нестú/носúть зимóй шáпку

Der Konjunktiv

Mit dem Konjunktiv wird eine **Möglichkeit** oder ein **Wunsch** dargestellt.

Éсли **бы** у меня́ бы́ло врéмя, я **бы поéхала** в гóсти.
Я **бы** с удовóльствием **приéхала** к тебé зáвтра.

Form

Das Präteritum, S. 131 

Der Konjunktiv wird gebildet, indem man dem **Präteritum** des **Verbs** die **Partikel бы** (in der gesprochenen Sprache auch die Kurzform **б**) hinzufügt. Diese Partikel wird **getrennt** geschrieben.

Die **Formen** des **Konjunktivs** entsprechen denen des **Präteritums** und werden nach **Zahl** und **Geschlecht** verändert.

	maskulin	feminin	neutral
Singular	поéхал бы	поéхал**а** бы	поéхал**о** бы
Plural		поéхал**и** бы	

*Im Deutschen gibt es zwei Zeitmodi des Konjunktivs: den Konjunktiv der Gegenwart (*Ich würde fahren.*) und den Konjunktiv der Vergangenheit (*Ich wäre gefahren.*).

Im Gegensatz zum Deutschen* gibt es im Russischen **nur eine Konjunktivform**, die sowohl für mögliche Handlungen in der **Vergangenheit** als auch für die in der **Gegenwart** und in der **Zukunft** gebraucht wird.

Éсли **бы** <u>вчерá</u> **былá** хорóшая погóда, я **бы поéхал** в гóры.	*Wenn das Wetter gestern gut <u>gewesen wäre</u>, <u>wäre</u> ich in die Berge <u>gefahren</u>.*
Éсли **бы** <u>сейчáс</u> **былá** хорóшая погóда, я **бы éхал** в гóры.	*Wenn das Wetter jetzt gut <u>wäre</u>, <u>würde</u> ich in die Berge <u>fahren</u>.*
Éсли **бы** <u>зáвтра</u> **былá** хорóшая погóда, я **бы поéхал** в гóры.	*Wenn das Wetter morgen gut <u>wäre</u>, <u>würde</u> ich in die Berge <u>fahren</u>.*

Die Partikel **бы** hat **keinen festen Platz** im Satz. Meistens steht sie **nach** dem **Präteritum**, sie kann aber auch zur **Hervorhebung** eines Wortes diesem **nachgestellt** werden.

Он с удово́льствием **вы́пил бы** ча́ю.
Он **бы** с удово́льствием **вы́пил** ча́ю.
Он с удово́льствием **бы вы́пил** ча́ю.

Wird der Konjunktiv in einem **zusammengesetzten Satz** gebraucht, so steht бы sowohl im Haupt- als auch im Nebensatz.

§ **Bedingungssätze,** S. 254

Е́сли **бы** я вы́шла ра́ньше, я **бы** не опозда́ла на рабо́ту.

Gebrauch

Der Konjunktiv drückt eine Handlung aus, die in **Wirklichkeit nicht erfolgt**, aber unter **bestimmten Bedingungen** erfolgen könnte.

§ **Bedingungssätze,** S. 254

Е́сли **бы** я **вы́играл** миллио́н е́вро, я **бы пое́хал** в кругосве́тное путеше́ствие.

Man kann mit dem Konjunktiv auch einen **Wunsch** ausdrücken. Das **Verb** kann dabei im **Präteritum** oder im **Infinitiv** stehen.

вы́играть – *gewinnen*
кругосве́тное путеше́ствие – *Weltreise*

Я **бы** с удово́льствием **вы́пила** с тобо́й ко́фе.*
Е́сли **бы** у меня́ **бы́ло** бо́льше вре́мени!*
Вы́пить бы сейча́с горя́чего ча́ю!

Der Infinitiv, S. 106

In der gesprochenen Sprache wird der Konjunktiv außerdem zum Ausdruck einer **Bitte**, eines **Ratschlages** oder einer **gemilderten Aufforderung** gebraucht.

Така́я хоро́шая пого́да! **Пошёл бы** ты погуля́ть.	*Das Wetter ist so schön! Du solltest spazieren gehen.*
Ты так краси́во рису́ешь! **Нарисова́л бы** мой портре́т!**	*Du malst so schön! Du könntest doch mein Porträt malen!*

*vgl. mit dem Deutschen: *Ich würde gerne mit dir Kaffee trinken. Wenn ich nur mehr Zeit hätte!*

**In diesem Satz wird das Personalpronomen nicht benötigt, da das Subjekt aus dem Satz davor hervorgeht.

Übungen

1. **Setzen** Sie die Verben in den Konjunktiv.*

a) лета́ть *летал бы, летала бы, летало бы, летали бы*
b) идти́ __________
c) игра́ть __________
d) спать __________
e) пое́сть __________

f) приéхать ______________________

g) мы́ться ______________________

h) забрáть ______________________

2. **Ersetzen** Sie den Imperativ durch den Konjunktiv.**

Das Präteritum, S. 131
Der Imperativ, S. 144

нéгде сидéть – *kein Platz zum Sitzen*

сходи́ть за – *(etwas) holen gehen*

a) Сходи́ за хлéбом!

Сходил бы за хлебом!

b) Напиши́ письмó бáбушке, ей бýдет прия́тно.

____

c) Убери́ свои́ кни́ги, здесь нéгде сидéть.

____

d) Надéнь шáпку, на ýлице прохлáдно.

____

e) Сними́ сви́тер, жáрко.

____

3. **Suchen** Sie die passenden Verben aus und **setzen** Sie sie in den Konjunktiv.***

жить • быть • знать • быть • просну́ться • вы́играть • éздить • назвáть • смотрéть • мочь • купи́ть • сесть • успéть • мочь

перевóд – *Übersetzung*

порáньше – *etwas früher*

подви́нуться – *rücken*

a) Éсли *бы* Кáтя *жила* в Москвé, она *бы ездила* в метрó.

b) Éсли ______ у меня́ ______ кóшка, я ______ её Мы́шка.

c) Éсли ______ Олéг и И́нна ______ англи́йский, они́ ______ англи́йские фи́льмы без перевóда.

d) Éсли ______ у тебя́ ______ мáшина, мы ______ поéхать на ней в óтпуск.

e) Éсли ______ Ми́ша ______ порáньше, он ещё ______ позáвтракать.

f) Éсли ______ Дени́с ______ ты́сячу éвро, он ______ себé нóвый велосипéд.

g) Éсли ______ вы ______ подви́нуться, они́ ______ ря́дом с вáми.

Das Passiv

Vom **Passiv** spricht man, wenn nicht die handelnde Person, sondern die **Handlung** selbst oder ihr **Resultat wichtig** ist. Das eigentliche **Objekt** des Satzes wird also zum **grammatikalischen Subjekt**.

Aktiv	Passiv
Де́вочка (Subj.) чита́ет **кни́гу** (Obj.).	**Кни́га** (Subj.) чита́ется **де́вочкой** (Obj.).

Form

Das **Passiv** wird im Russischen **nur von transitiven Verben** gebildet, die ein **Akkusativobjekt** erfordern.

Das **Passiv** von **unvollendeten Verben** bildet man mit der Partikel **-ся**, die an das Verb angehängt wird. Diese Verben können in **drei Zeitformen** auftreten.

Präteritum	Präsens	Futur
Земля́ **освеща́лась** Со́лнцем.	Земля́ **освеща́ется** Со́лнцем.	Земля́ **бу́дет освеща́ться** Со́лнцем.

Das **Passiv** von **vollendeten Verben** wird mit Hilfe des Verbs **быть** und der **Kurzform** vom **Partizip Präteritum Passiv** gebildet. Das **Partizip** richtet sich dabei in seiner Form (Zahl, Geschlecht, Fall) nach dem grammatikalischen **Subjekt** des Satzes.*

Präteritum	Präsens	Futur
Земля́ была́ **освещена́** Со́лнцем.	Земля́ **освещена́** Со́лнцем.	Земля́ **бу́дет освещена́** Со́лнцем.

Das **Objekt** (das eigentliche Subjekt, also die handelnde Person bzw. Instrument, Werkzeug oder Mittel, mit dessen Hilfe die Handlung ausgeführt wird) steht in **Passivsätzen** im **Instrumental** und kann oft **weggelassen** werden.

Ле́кция бу́дет чита́ться **профе́ссором** в 206 аудито́рии.	Ле́кция бу́дет чита́ться в 206 аудито́рии.

Das Subjekt, S. 206
Satzglieder, S. 206

Verben mit einer anderen Ergänzung als dem Akkusativ können zwar keine Passivformen bilden, man kann sie aber in **unbestimmt-persönlichen Sätzen** gebrauchen, die eine Passivbedeutung haben. **Вам** (Dat.) здесь помо́гут. (*Hier wird Ihnen geholfen.*)

Unbestimmt-persönliche Sätze, S. 216
Verben mit der Partikel *-ся*, S. 125
Das Partizip Präteritum Passiv, S. 161
Die Aspekte des Verbs, S. 108

освеща́ть – *beleuchten*
ле́кция – *Vorlesung*
аудито́рия – *Hörsaal*

*Übungen zu den Passivkonstruktionen mit Partizipien folgen im Kapitel

Das Partizip, S. 153.

Gebrauch

Das Passiv wird verwendet, wenn für den Sprecher das **Objekt** der **Handlung,** nicht aber die handelnde Person **im Vordergrund** steht.

Э́тот дом стро́ится уже́ два го́да. *(Es ist unwichtig, wer das Haus baut.)*

Das **Passiv** von **vollendeten** Verben bezeichnet das **Resultat** einer Handlung, die

1. in der **Vergangenheit** ausgeführt wurde: Дом был постро́ен год наза́д.
2. in der **Vergangenheit** ausgeführt wurde, deren **Ergebnis** aber zum **Moment der Rede** bestehen bleibt: Дом уже́ постро́ен.
3. in der **Zukunft** ausgeführt wird: Дом бу́дет постро́ен че́рез год.

Passivkonstruktionen ohne Instrumentalobjekt sind vor allem in der **Wissenschafts**- und **Mediensprache** anzutreffen.

На вы́ставке демонстри́ровались но́вые моде́ли.
На косми́ческой ста́нции бы́ли прове́дены иссле́дования.

вы́ставка – *Ausstellung*
демонстри́ровать – *präsentieren*
косми́ческая ста́нция – *Raumstation*
иссле́дование – *Forschung*

Nur transitive Verben bilden den Passivformen.

Übungen

переводи́ть • боле́ть • писа́ть • па́дать • роня́ть • ожида́ть • обе́дать • съесть • разгова́ривать • проверя́ть • приноси́ть • идти́ • иска́ть • надева́ть • жить • расти́

1. Suchen Sie alle Verben heraus, von denen man **Passivformen** bilden kann.*

a) ____________ d) ____________ g) ____________
b) ____________ e) ____________ h) ____________
c) ____________ f) ____________ i) ____________

роня́ть – fallen lassen
осма́тривать – *untersuchen*

2. Wandeln Sie die Sätze in **Passivsätze** um.**

a) Э́ту карти́ну не продаю́т.
Эта картина не продаётся

b) Ла́мпа освеща́ет ко́мнату.
____

c) Врач бу́дет осма́тривать пацие́нта.
____

d) Чита́тель брал кни́гу в библиоте́ке.
____

9 ПРИЧÁСТИЕ – DAS PARTIZIP

Das **Partizip** ist eine besondere Form des **Verbs**, die **Merkmale** sowohl des **Verbs** als auch des **Adjektivs** aufweist. Sie stehen meist, wie ein Adjektiv, in Verbindung mit einem Substantiv.
Die im Ausgangsverb ausgedrückte Handlung wird dabei zu einem typischen Merkmal des Substantivs. Dieses Merkmal kann vorübergehend (**учáщийся** – der Schüler befindet sich im Moment in einem Lernprozess, der aber irgendwann abgeschlossen ist) oder dauerhaft sein (**раскрáшенный** – die Ostereier sind bemalt).

Die Partizipien werden in der Umgangssprache ziemlich selten gebraucht, sie gehören hauptsächlich der **Schriftsprache** (vor allem der **Wissenschaftssprache**) an.

Form

Partizipien werden von **Verben gebildet**.

рисовáть – рисýющий, рисовáвший, рисýемый, рисóванный
летéть – летящий, летáвший

Ein **Partizip** stimmt mit dem **Ausgangsverb** im **Aspekt** überein. Von **unvollendeten Verben** werden **unvollendete Partizipien** gebildet, von **vollendeten Verben** bildet man **vollendete Partizipien**.

Die Aspekte des Verbs, S. 108

unvollendet	vollendet
рисовáть – рисýющий, рисовáвший, рисýемый, рисóванный	**нарисовáть** – нарисовáвший, нарисóванный

1 *Was ist das?*
2 *Bemalte Ostereier.*
3 *Und wer hat sie bemalt?*
4 *Schüler (wörtl.: Lernende) einer Kunstschule.*

Zur Bildung der einzelnen Partizipformen:
Das Partizip Präsens Aktiv, S. 155
Das Partizip Präteritum Aktiv, S. 156
Das Partizip Präsens Passiv, S. 160
Das Partizip Präteritum Passiv, S. 161

Partizipien haben zwei **Zeitformen**: **Präsens** und **Präteritum**.

Infinitiv	Präsens	Präteritum
бежа́ть	бегу́щий	бежа́вший

Ein Partizip kann wie ein Verb **aktiv** oder **passiv** sein.

Infinitiv	aktiv	passiv
чита́ть	чита́ющий	чита́емый

Ein Partizip kann wie das entsprechende Verb die **reflexive Parikel** -**ся** enthalten.

купа́ться – купа́ющий**ся**	целова́ться – целу́ющий**ся**

Im Gegensatz zu den Verben haben Partizipien keine Futurformen!

Mit Partizipien werden **dieselben Fälle** und **Präpositionen** gebraucht wie mit den entsprechenden **Verben**.

Я занима́юсь **те́ннисом**. (Instr.) Вади́м игра́ет **на** гита́ре.	Вот мужчи́на, занима́ющийся **те́ннисом**. Я ви́жу игра́ющего **на** гита́ре ма́льчика.

Das Adjektiv, S. 38

Wie die **Adjektive** stimmen die **Partizipien** mit dem **Substantiv**, auf das sie sich beziehen, in **Geschlecht**, **Zahl** und **Fall** überein.

фона́рь – *Straßenlaterne*

Они уви́дели игра́ющ**ую** де́вочк**у**. (fem. Sg. Akk.)
Ключ лежа́л во́зле вы́ключенн**ого** фонар**я́**. (mask. Sg. Gen.)

Gebrauch

Ein Partizip antwortet auf die **Fragen како́й**? **кака́я**? **како́е**? **каки́е**? (*welcher? welche? welches? welche?*). Es bezeichnet ein **Merkmal** eines Gegenstandes oder einer Person. Diese werden durch die **Handlung** oder den **Zustand** näher charakterisiert, die im Ausgangsverb ausgedrückt werden.

взволно́ванный – *aufgeregt*
ро́дственник – *Verwandter*

- пою́щие пти́цы, у́бранные игру́шки, взволно́ванные ро́дственники

Partizipien werden meistens als **Attribute**, also in Verbindung mit einem Substantiv verwendet.

свя́занный – *gestrickt*

- Мы собира́ем я́годы, **расту́щие** в лесу́.
  Она́ наде́ла **свя́занное** пла́тье.

Die Kurzform der Partizipien, S. 163

Manchmal treten Partizipien als **Prädikat** auf. Dann stehen sie meist in der **Kurzform**.

зака́з – *Auftrag, Bestellung*

- Она́ была́ **оде́та** в вече́рнее пла́тье.
  Зака́з бу́дет **вы́полнен** че́рез два дня.

In einigen Fällen kann ein **Partizip** ein **Substantiv ersetzen.** Es übernimmt dann die Funktionen des **Satzsubjekts** oder -**objekts**.

Ра́неный был в го́спитале пять дней.
Оле́г уви́дел свою́ **люби́мую**.

ра́неный – *Verletzter*
люби́мая – *Liebste*

Partizipien können mit von ihnen abhängigen Wörtern oder ohne diese stehen. Ein **Partizip mit** den von ihm **abhängigen Wörtern** bildet eine **Partizipialkonstruktion**. Partizipialkonstruktionen können **vor oder nach ihrem Bezugswort** (Substantiv) stehen. Ein **Partizip ohne** von ihm **abhängige Wörter** steht in der Regel **vor** dem **Bezugswort**.

einfaches Partizip	**Partizipialkonstruktion**
Спя́щая собáка дёргала ла́пами.	**Кре́пко спя́щая** собáка дёргала ла́пами.*
На́стя потеря́ла **пода́ренное** кольцо́.	На́стя потеря́ла кольцо́, **пода́ренное сестро́й**.

* Russische Partizipien werden ins Deutsche oft mit einem Relativsatz übersetzt: *Der Hund, der tief schlief, zuckte mit den Pfoten.*

Steht die **Partizipialkonstruktion nach ihrem Bezugswort**, wird sie in **Kommas** eingeschlossen.

Das Partizip Präsens Aktiv

Form

§ Das Präsens, S. 135

Die Partizipien des Präsens Aktiv werden vom **Präsensstamm** der **unvollendeten Verben** gebildet.

Die **Verben der 1. Konjugation** bilden das Partizip Präsens Aktiv, indem an den **Präsensstamm** die **Suffixe -ущ-** (nach harten Konsonanten) bzw. **-ющ-** (nach weichen Konsonanten und Vokalen) und den **Adjektivendungen** gehängt werden.

Infinitiv	3. Pers. Pl. Präsens	Partizip Präsens Aktiv
писа́ть	пи́шут	пиш**ущий, -ая, -ее, -ие**
чита́ть	чита́ют	чита́**ющий, -ая, -ее, -ие**

Die **Verben der 2. Konjugation** bilden das Partizip Präsens Aktiv mit Hilfe der **Suffixe -ащ-** und **-ящ-** und der **Adjektivendung**.

Infinitiv	3. Pers. Pl. Präsens	Partizip Präsens Aktiv
слы́шать	слы́шат	слы́ш**ащий, -ая, -ее, -ие**
говори́ть	говоря́т	говор**я́щий, -ая, -ее, -ие**

Der Einfachheit halber können Sie sich auch folgendes Muster merken: Das Partizip Präsens Aktiv erhält man, indem man das **-т** in der **3. Pers. Pl. Präs.** durch **-щий**, **-щая**, **-щее**, **-щие** ersetzt.

Falls vorhanden, wird die **Partikel -ся nach der Adjektivendung** angehängt.

одева́ть**ся** - одева́ющий**ся**
сомнева́ть**ся** - сомнева́ющий**ся**

сомнева́ться - *zweifeln*

Gebrauch

Das Partizip Präsens Aktiv wird gebraucht, wenn die **Handlung** bzw. der **Zustand** zum **Redezeitpunkt** erfolgt bzw. anhält.

Вот де́ти. Они́ игра́ют.	Вот **игра́ющие** де́ти.

Satzgefüge, S. 234

Ein **Partizip Präsens Aktiv** oder eine **Partizipialkonstruktion** kann auch einen **Relativsatz** mit **кото́рый** ersetzen, wenn die **Verben** im **Hauptsatz** und im **Nebensatz** im **Präsens** stehen.

Ма́ма зовёт дете́й, кото́рые игра́ют.	Ма́ма зовёт **игра́ющих** дете́й.
Ма́ма зовёт дете́й, кото́рые игра́ют во дворе́.	Ма́ма зовёт дете́й, **игра́ющих во дворе́**. (oder: Ма́ма зовёт **игра́ющих во дворе́** дете́й.)

Das Präteritum, S. 131

Das Partizip Präteritum Aktiv

Form

Das Partizip Präteritum Aktiv leitet man vom **Präteritum** der **vollendeten** oder **unvollendeten Verb** ab. Das **-л-** der Präteritalform wird ersetzt:

Die Aspekte des Verbs, S. 108

- durch -**вший**, -**вшая**, -**вшее**, -**вшие**, wenn der **Stamm** auf einen **Vokal** endet:

Infinitiv	Präteritum mask. Sg.	Partizip Präteritum Aktiv
чита́ть прочита́ть	чита́л прочита́л	чита́**вший**, -**ая**, -**ее**, -**ие** прочита́**вший**, -**ая**, -**ее**, -**ие**

Ausnahmen:
све́ргнуть - сверг - све́рг**нувший**
исче́знуть - исче́з - исче́з**нувший**
идти́ - шёл - ше́**дший**

- durch -**ший**, -**шая**, -**шее**, -**шие**, wenn das **Präteritum nicht** mit Hilfe des **Suffixes -л-** gebildet wird:

Infinitiv	Präteritum mask. Sg.	Partizip Präteritum Aktiv
нести́ привы́кнуть	нёс привы́к	нёс**ший**, -**ая**, -**ее**, -**ие** привы́к**ший**, -**ая**, -**ее**, -**ие**

све́ргнуть - *stürzen*
исче́знуть - *verschwinden*
привы́кнуть - *sich gewöhnen*

Wenn der **Verbstamm** im **Präteritum** auf einen **Vokal** und der **Präsensstamm** (bzw. der Stamm des einfachen Futurs bei vollendeten Verben) auf **д**, **т** endet, so wird im **Partizip Präteritum Aktiv** das Suffix -**ш**- an den **Präsens**- bzw. **Futurstamm** angefügt.

Infinitiv	Präteritum mask. Sg.	3. Pers. Pl. Präsens	Partizip Präteritum Aktiv
вести́	вё**л**	ве**д**у́т	ве́д**ший**, -**ая**, -**ее**, -**ие**
расцвести́	расцвё**л**	расцве**т**у́т	расцве́т**ший**, -**ая**, -**ее**, -**ие**

расцвести́ – *erblühen*

Das Präsens, S. 135
Das Futur, S. 140

Gebrauch

Das Partizip Präteritum Aktiv wird gebraucht, um ein Substantiv näher zu bestimmen, das eine **Handlung in der Vergangenheit** ausführte bzw. einen **Zustand in der Vergangenheit** aufwies.

Ist das Partizip Präteritum Aktiv von einem **unvollendeten Verb** gebildet, weist es auf eine in der **Vergangenheit** ausgeführte **Handlung ohne Resultat** oder eine **regelmäßige Handlung** hin. Die **Partizipien**, die von **vollendeten Verben** gebildet sind, bezeichnen dagegen eine **abgeschlossene Handlung**.

Die Aspekte des Verbs, S. 108

Сотру́дница, писа́вшая Вам пи́сьма, уво́лилась.
Авто́бус, вёзший пассажи́ров на автовокза́л, переверну́лся.

Сотру́дница, написа́вшая Вам письмо́, уво́лилась.
Авто́бус, привёзший пассажи́ров на автовокза́л, уе́хал в депо́.

сотру́дница – *Mitarbeiterin*
уво́литься – *kündigen*
автовокза́л – *Busbahnhof*
переверну́ться – *umkippen*
депо́ – *Depot*

Steht in einem Satz ein Partizip Präteritum Aktiv, das von einem **vollendeten** Verb abgeleitet wurde, und ein zusätzliches **Verb**, so drückt das **Partizip** die **Vorzeitigkeit** aus. Ein von einem **unvollendeten** Verb **abgeleitetes Partizip** bezeichnet eine **Handlung**, die **gleichzeitig** mit der vom zusätzlichen **Verb** genannten **Handlung** ausgeführt wurde.

Я вспомина́л птиц, **улете́вших** на юг. (*Ich erinnerte mich an die Vögel, die nach Süden weggeflogen waren.*)

Я смотре́л на птиц, **лете́вших** на юг. (*Ich schaute die Vögel an, die nach Süden flogen.*)

Die Deklination der Partizipien Präsens und Präteritum Aktiv

Die Adjektivdeklination, S. 38 

Die **Partizipien** werden wie **Adjektive dekliniert**. Dabei entsprechen die Endungen der **Partizipien** des **Präsens** und des **Präteritums Aktiv** in allen Fällen den **Endungen** der nicht endbetonten **Adjektive** mit **Stammauslaut** auf **Zischlaut**.

Partizipien mit der Partikel -**ся behalten** diese Partikel in allen Fällen am **Wortende** bei.

	Singular			**Plural**
	maskulin	**neutral**	**feminin**	
Nom.	нача́вш**ий**ся	нача́вш**ее**ся	нача́вш**ая**ся	нача́вш**ие**ся
Gen.	нача́вш**его**ся		нача́вш**ей**ся	нача́вш**их**ся
Dat.	нача́вш**ему**ся		нача́вш**ей**ся	нача́вш**им**ся
Akk.	wie Gen. (belebt) oder Nom. (unbelebt)		нача́вш**ую**ся	wie Gen. (belebt) oder Nom. (unbelebt)
Instr.	нача́вш**им**ся		нача́вш**ей**ся	нача́вш**ими**ся
Präp.	(о) нача́вш**ем**ся		(о) нача́вш**ей**ся	(о) нача́вш**их**ся

Übungen

1. Bilden Sie (wenn möglich) das **Partizip Präsens Aktiv** und das **Partizip Präteritum Aktiv**.*

печа́тать – *drucken, tippen*
включа́ть – *einschalten, anmachen*
вы́ключить – *ausschalten, ausmachen*
подпи́сывать – *unterschreiben*
пили́ть – *sägen*
ползти́ – *kriechen*
течь – *fließen*

a) печа́тать – *печатающий, печатавший* __________

b) включа́ть – __________

c) дви́гаться – __________

d) вы́ключить – __________

e) подпи́сывать – __________

f) убира́ть – __________

g) дыша́ть – __________

h) пили́ть – __________

i) ползти́ – __________

j) вози́ть – __________

k) тéчь – __________

2. Ersetzen Sie die **Nebensätze** mit **кото́рый** durch **Partizipialkonstruktionen**.**

a) Вот студе́нты, кото́рые сда́ли экза́мен.

Вот студенты, сдавшие экзамен.

b) Писа́тель, кото́рый написа́л э́ту кни́гу, живёт в Бо́нне.

____

c) Сотру́дница, кото́рая рабо́тает над прое́ктом, в о́тпуске.

____

d) Э́то сосе́ди, кото́рые живу́т над на́ми.

____

e) Преподава́тель, кото́рый чита́л ле́кцию, уже́ ушёл.

____

f) Де́вочка, кото́рая дое́ла за́втрак, мо́ет таре́лку.

____

3. Führen Sie die Sätze zu Ende, benutzen Sie **Partizipialkonstruktionen**.***

a) Друг рабо́тает врачо́м. Мы ходи́ли к дру́гу, *работающему врачом.* __________. Они́ разгова́ривали о дру́ге, *работающем врачом.*

b) Эта же́нщина живёт в на́шем до́ме. Я встре́тила же́нщину, __________ ____________________________ . Он говори́л с же́нщиной, ________ ____________________________ .

c) Студе́нт прие́хал из Кита́я. Со мной учи́лся студе́нт, ______________ __________________________ . Ю́ля звони́ла студе́нту, _____________ __________________________ .

d) Спортсме́ны уча́ствовали в Олимпиа́де. В газе́те бы́ло интервью́ со спортсме́нами, ____ .
Это статья́ о спортсме́нах, ____________________________________ ____________________________ .

Transitiv sind Verben, die ein **Akkusativobjekt** bei sich haben können: читáть (**кни́гу**), купи́ть (**продýкты**)

Das Partizip Präsens Passiv

Form

Die Partizipien des Passivs können **nur von transitiven Verben** gebildet werden.

Das Partizip Präsens Passiv hat die **Adjektivendungen** -**ый**, -**ая**, -**ое**, -**ые** und wird vom **Präsensstamm** mit Hilfe **folgender Suffixe** gebildet:

Das Präsens, S. 135

-**ем**- für Verben der **1. Konjugation**:

Infinitiv	3. Pers. Pl. Präsens	Partizip Präsens Passiv
изучáть читáть	изучá~~ют~~ читá~~ют~~	изучá**емый**, -**ая**, -**ое**, -**ые** читá**емый**, -**ая**, -**ое**, -**ые**

Das Partizip Präsens Passiv lässt sich auch von der **1. Pers. Pl. Präsens** ableiten: изучáем – изучáемый, ви́дим – ви́димый

-**им**- für Verben der **2. Konjugation**:

Infinitiv	3. Pers. Pl. Präsens	Partizip Präsens Aktiv
люби́ть ви́деть	лю́б~~ят~~ ви́д~~ят~~	люб**и́мый**, -**ая**, -**ое**, -**ые** ви́д**имый**, -**ая**, -**ое**, -**ые**

Einige Partizipien tragen das Suffix -**ом**-: нести́ – нес**ó**мый, вести́ – вед**ó**мый, искáть – иск**ó**мый

Bei Verben mit dem Suffix -**ва**- nach den Wurzeln **да**-, **ста**-, **зна**- wird das Partizip Präsens Passiv vom **Infinitivstamm** abgeleitet.

давá~~ть~~ узнавá~~ть~~	даваéмый узнаваéмый

Lässt sich kein Partizip Präsens Passiv mit -**ем**-, -**им**- bilden, werden oft stattdessen **reflexive Formen** mit -**ся** vom Partizip Präsens Aktiv verwendet: бью́щийся, пи́шущийся

Von vielen transitiven Verben lässt sich **kein Partizip Präsens Passiv** bilden, z. B.: **пить, бить, мыть, шить, лить, брать, ждать, писáть**.

Gebrauch

Das Partizip Präsens Passiv bezeichnet ein **Merkmal**, das durch eine **Handlung** entsteht, die **auf das Bezugswort gerichtet** ist und ersetzt somit einen Relativsatz mit einem Verb im Präsens Passiv.

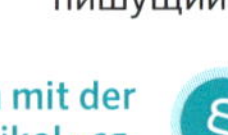

Verben mit der Partikel *-ся*, S. 125
Das Partizip Präsens Aktiv, S. 155
Das Passiv, S. 151
Satzgefüge, S. 234

Брат читáет кни́гу.
Э́то кни́га, <u>котóрая читáется брáтом</u>. Э́то кни́га, **читáемая** брáтом.

Die **Handlung** des Partizips Präsens Passiv findet **zeitgleich** mit der **Handlung** des **Prädikatverbs** statt, unabhängig davon, in welcher Zeit das Prädikatsverb steht.

омывáть – *umspülen, umfluten*

На берегý <u>лежáл</u> кáмень, **омывáемый** волнáми.	На берегý <u>лежи́т</u> кáмень, **омывáемый** волнáми.

Insgesamt wird das Partizip Präsens Passiv **nur in der Schriftsprache** verwendet.

Das Partizip Präteritum Passiv

Form

Das Partizip Präteritum Passiv hat die **Adjektivendungen -ый, -ая, -ое, -ые** und wird vom **Infinitivstamm transitiver Verben** mit Hilfe der **Suffixe** -**нн**-, -**енн**-/-**ённ**-, -**т**- gebildet.

Das Suffix -**нн**- wird gebraucht, wenn der **Infinitivstamm** auf einen **Vokal** (**außer и**) endet.

-**енн**- ist immer **unbetont**, -**ённ**- ist immer **betont**.

Infinitiv	Partizip Präteritum Passiv
прочита́~~ть~~	прочи́та**нный**, **-ая**, **-ое**, **-ые**
уви́де~~ть~~	уви́де**нный**, **-ая**, **-ое**, **-ые**

Das Partizip Präteritum Passiv, S. 161

Das Suffix **-енн-/-ённ-** wird verwendet, wenn der **Infinitivstamm** auf einen **Konsonanten** oder auf **-и-** auslautet. (Ausgenommen sind Verben, bei denen **-и- zur Wurzel** gehört, z. B. **пить**, **бить**.)

In der Gegenwartssprache wird das **Partizip Prät. Passiv** mit dem Suffix -**н**- **nur** von **vollendeten Verben** gebildet (Ausnahmen: ви́денный, чи́танный, слы́шанный).

Infinitiv	Partizip Präteritum Passiv
привез~~ти́~~	привез**ённ**ый, -ая, -ее, -ые
изме́ри~~ть~~	изме́р**енн**ый

Von Verben, deren **Infinitivstamm** auf einen **Konsonanten** endet und deren **Präsens**- bzw. **Futurstamm** auf **д** oder **т** auslautet, wird das Partizip Präteritum Passiv vom **Präsens**- bzw. **Futurstamm** gebildet.

Infinitiv	3. Pers. Pl. Präsens	Partizip Präteritum Aktiv
привести́	приве**ду́**т	приве**дённый**, **-ая**, **-ее**, **-ые**
изобрести́	изобре**ту́**т	изобре**тённый**, **-ая**, **-ее**, **-ые**

изобрести́ – *erfinden*

Wird das Partizip Präteritum Passiv von Verben gebildet, die auf -**ить** enden, tritt ein **Konsonantenwechsel** auf.

Der Lautwechsel im Wortstamm, S. 14

т ▸ **ч, щ**	встре́**т**ить – встре́**ч**енный осве**т**и́ть – осве**щ**ённый	**б** ▸ **бл**	осла́**б**ить – осла́**бл**енный
д ▸ **ж, жд**	оби́**д**еть – оби́**ж**енный освобо**д**и́ть – освобо**жд**ённый	**п** ▸ **пл**	ку**п**и́ть – ку́**пл**енный
з ▸ **ж**	изобра**з**и́ть – изобра**ж**ённый	**в** ▸ **вл**	распра́**в**ить – распра́**вл**енный
с ▸ **ш**	уку**с**и́ть – уку́**ш**енный	**м** ▸ **мл**	накор**м**и́ть – нако́р**мл**енный
ст ▸ **щ**	вы́ра**ст**ить – вы́ра**щ**енный	**ф** ▸ **фл**	разгра**ф**и́ть – разгра**фл**ённый

осве́ти́ть – *beleuchten*
оби́деть – *beleidigen*
освободи́ть – *befreien*
изобрази́ть – *darstellen*
вы́растить – *großziehen*
разграфи́ть – *linieren*
укуси́ть – *beißen*
вы́растить – *großziehen*
заверну́ть – *einwickeln*

Mit Hilfe des Suffixes **-т-** wird das Partizip Präteritum Passiv von folgenden Verben gebildet:

- von Verben mit dem Suffix -**ну**-:
  заверну́ть - завёрну**т**ый, вы́дернуть - вы́дерну**т**ый
- von Verben auf -**оть**:

  приколо́ть - прико́ло**т**ый, прополо́ть - пропо́ло**т**ый
- von Verben auf -**ереть** (abgeleitet vom Präteritalstamm):
  тере́ть - тёр**т**ый, запере́ть - за́пер**т**ый
- von den meisten **einsilbigen Verben**:
  бить - би́**т**ый, мыть - мы́**т**ый, снять - сня́**т**ый, сшить - сши́**т**ый

Merken Sie sich folgende Ausnahmen:
дать - **да́нный**
узна́ть - **у́знанный**

Partizipien können mitunter als Prädikate verwendet werden, dabei stehen sie im Nominativ oder im Instrumental:
Э́та дверь - **сло́манная**.
Э́та дверь была́ **сло́манной**.

Gebrauch

Das **Partizip Präteritum Passiv** ersetzt einen **Relativsatz** mit einer Passivkonstruktion der **Vergangenheit**. Die im Partizip ausgedrückte Handlung hat schon zu einem früheren Zeitpunkt begonnen als die Haupthandlung des Satzes. Das Resultat bleibt aber weiterhin bestehen. Dabei kann das **Verb** in allen **drei Zeitformen** stehen.

Секретáрь принеслá **подпи́санный** догово́р.

Че́рез полго́да они́ бу́дут жить в **отремонти́рованной** кварти́ре.

догово́р - *Vertrag*
отремонти́ровать - *renovieren, reparieren*

Die Deklination der Partizipien Präsens und Präteritum Passiv

Die Adjektivdeklination, S. 38

Die **Passivpartizipien** haben in allen Fällen die gleichen Endungen wie **Adjektive** mit **hartem Stammauslaut**.

	Singular **maskulin**	**neutral**	**feminin**	**Plural**
Nom.	закры́т**ый**	закры́т**ое**	закры́т**ая**	закры́т**ые**
Gen.	закры́т**ого**		закры́т**ой**	закры́т**ых**
Dat.	закры́т**ому**		закры́т**ой**	закры́т**ым**
Akk.	wie Gen. (belebt) oder Nom. (unbelebt)		закры́т**ую**	wie Gen. (belebt) oder Nom. (unbelebt)
Instr.	закры́т**ым**		закры́т**ой**	закры́т**ыми**
Präp.	(о) закры́т**ом**		(о) закры́т**ой**	(о) закры́т**ых**

Die Kurzform der Partizipien

Partizipien des **Aktivs** haben nur **Langformen**. Partizipien des **Passivs** verfügen wie Qualitätsadjektive über **Lang**- und **Kurzformen**.

Die Lang- und die Kurzform der Adjektive, S. 44

Langform	Kurzform
Э́то зако́нченный рома́н.	Э́тот рома́н зако́нчен.
Вот откры́тая дверь.	Э́та дверь откры́та.

Form

Die **Kurzformen** der **Partizips Präteritum Passiv** haben die Suffixe -**н**-, -**ен**-(-**ён**-) und -**т**-.

Kurzformen des **Partizips Präsens Passiv** lassen sich nur von **wenigen Verben** bilden: люби́ть – люби́м, уважа́ть – уважа́ем, цени́ть – цени́м. Diese Formen kommen aber selbst in der Schriftsprache **selten** vor.

Langform	Kurzform
прочи́танный	прочи́тан, -а, -о, -ы
пригото́вленный	пригото́влен, -а, -о, -ы
решённый	решён, -а, -о, -ы
сня́тый	снят, -а, -о, -ы

Die **Kurzformen** der Partizipien **stimmen** mit ihrem **Bezugswort** in **Geschlecht** und **Zahl überein**.

Вопро́с решён.	**mask. Sg.**
Зада́ча решен**а́**.	**fem. Sg.**
Зада́ние решен**о́**.	**Neutr. Sg.**
Пробле́мы решен**ы́**.	**Pl.**

Gebrauch

Die **Kurzformen** der Partizipien treten im Satz als **Prädikate** auf. Um **Zeitformen** zu bilden, benutzt man das Verb **быть** in den entsprechenden Formen

Окно́ <u>бы́ло</u> откры́то.	*Das Fenster war geöffnet.*
Окно́ откры́то.	*Das Fenster ist geöffnet.*
Окно́ <u>бу́дет</u> откры́то.	*Das Fenster wird geöffnet sein.*

Das Prädikat, S. 211
Das Verb *быть*, S. 120

Im **Präsens** wird das Verb **быть nicht gebraucht**.

Kurzformen der Partizipien werden im Satz zur **Bildung** von **Passivkonstruktionen** verwendet. In diesen Sätzen bezeichnet das **Subjekt** den **Gegenstand** oder die **Person**, auf die sich die **Handlung erstreckt**. Der **Urheber** der Handlung wird dagegen vom **Instrumentalobjekt** genannt oder weggelassen.

Das Passiv, S. 151

сберка́сса – *Sparkasse*
финанси́ровать – *finanzieren, fördern*

Aktiv	**Passiv**
Сберка́сса финанси́рует но́вый прое́кт	Но́вый прое́кт финанси́рован сберка́ссой.
Строи́тели постро́или зда́ние де́сять лет наза́д.	Зда́ние бы́ло постро́ено де́сять лет наза́д.

Im Gegensatz zu den **Langformen**, die in der **gesprochenen Sprache** kaum verwendet werden, sind die **Kurzformen** der Passivpartizipien sowohl in der **Schrift**- als auch in der **gesprochenen Sprache** verbreitet.

Übungen

1. Streichen Sie alle falschen Formen der **Partizipien Präsens** und **Präteritum Passiv** durch.*

a) ~~написа́вший~~/~~напису́емый~~/напи́санный

b) дава́емый/да́нный/дава́нный

c) мы́нный/мо́емый/мы́тый

d) напишу́емый/напи́сатый/напи́санный

e) одева́нный/одева́емый/оде́тый

f) сня́емый/снима́емый/сня́тый

g) убира́емый/у́бранный/у́братый

нагрева́ть – *erwärmen*

h) нагрева́емый/нагрева́нный/нагре́тый

2. Bilden Sie von den Verben **Partizipien Präsens Aktiv** und **Passiv** und schreiben Sie die **Partizipialkonstruktionen** samt Bezugswörtern.**

посеща́ть – *besuchen*
печа́тать – *drucken, veröffentlichen*
рекла́ма – *Werbung*

a) Студе́нты посеща́ют библиоте́ку.

студенты, посещающие библиотеку

библиотека, посещаемая студентами

b) Журна́л печа́тает рекла́му.

____

____

c) Грузови́к перево́зит груз.

____

____

d) Перево́дчик перево́дит статью́.

____

____

e) Ве́тер го́нит ли́стья.

____

____

f) Пульт включа́ет телеви́зор.

____

____

g) Сквозня́к га́сит свечу́.

____

____

грузови́к – *LKW*
груз – *Last*
гнать – *treiben, jagen*
пульт – *Fernbedienung*
сквозня́к – *Zugluft*
гаси́ть – *löschen*

3. Suchen Sie die passenden Verben aus und bilden Sie die **Kurzform** der **Partizipien**.**

За́втра мы е́дем в о́тпуск. У нас почти́ всё гото́во. Биле́ты (a) *куплены*, но́мер в гости́нице (b) __________, чемода́ны (c) __________. Ключ от на́шей кварти́ры уже́ (d) __________ сосе́дям, они́ позабо́тятся о том, что́бы на́ши цветы́ всегда́ бы́ли (e) __________, а ко́шка была́ (f) __________. Пока́ ещё не (g) __________ такси́, его́ мы зака́жем за́втра у́тром.

купи́ть • сложи́ть • поли́ть • заказа́ть • накорми́ть • отда́ть • заброни́ровать

заброни́ровать – *buchen*

4. Setzen Sie die passenden **Partizipien** der angegebenen Verben ein.***

a) Отве́т на свой вопро́с Вы найдёте в «Ча́сто *задаваемых* (задава́ть/зада́ть) вопро́сах».

b) В одно́й из __________ (сда́вать/сдать) библиоте́чных книг я забы́ла свою́ люби́мую закла́дку.

задава́ть – *(eine Frage) stellen*
сдава́ть – *abgeben*
закла́дка – *Lesezeichen*

c) Студе́нты лю́бят _______________ (изуча́ть/изучи́ть) и́ми предме́т и с удово́льствием хо́дят на ле́кции.

подро́сток – *Jugendlicher, Teenager*
исполня́ть – *darbieten, aufführen*
незнако́мка – *Unbekannte*
предпоче́сть (Prät.: предпочёл, предпочла́...) – *bevorzugen*

d) Мари́на И́горевна до сих пор по́мнит все стихи́, _______________ (учи́ть/вы́учить) ещё в шко́ле.

e) Вот журна́лы, обы́чно _______________ (покупа́ть/купи́ть) подро́стками.

f) Телефо́н, _______________ (покупа́ть/купи́ть) всего́ неде́лю наза́д, уже́ слома́лся.

g) На конце́рте бы́ло мно́го пе́сен, _______________ (исполня́ть/испо́лнить) впервы́е.

h) По́сле того́, как все пе́сни бы́ли _______________ (исполня́ть/испо́лнить), слу́шатели до́лго аплоди́ровали.

i) Стиль э́того худо́жника легко́ _______________ (узнава́ть/узна́ть).

j) Прекра́сная незнако́мка предпочла́ оста́ться не _______________ (узнава́ть/узна́ть).

5. Übersetzen Sie die Sätze ins Russische, benutzen Sie dabei die Partizipien Passiv.***

a) Das Paket, das am Freitag abgeschickt wurde, ist noch nicht angekommen.

____

____

b) Im Zug oder im Bahnhof verlorene Gegenstände können Sie im Fundbüro finden.

____

____

c) Dieser russische Satz, den ich ins Deutsche übersetze, ist nicht schwer.

____

____

d) Im TV läuft mein heiß geliebter Film.

____

____

10 ДЕЕПРИЧА́СТИЕ – DAS ADVERBIALPARTIZIP

Adverbialpartizipien (**ложа́сь, услы́шав, вы́ключив, не просыпа́ясь**) sind **Verbformen**, die eine **zusätzliche Handlung** oder einen **zusätzlichen Zustand** bezeichnen und mit der Haupthandlung bzw. dem Hauptzustand in Verbindung stehen.

Он смотре́л футбо́л, **гла́дя** свой руба́шки.	*Er schaute Fußball und bügelte dabei seine Hemden.*
Посмотре́в футбо́л, он пошёл гото́вить у́жин.	*Nachdem er Fußball geschaut hatte, ging er und kochte das Abendessen.*

Form

Das Adverbialpartizip verfügt über **Merkmale** sowohl des **Verbs** als auch des **Adverbs**.

Das Adverb, S. 181
Die Aspekte des Verbs, S. 108

Wie bei Verben unterscheidet man zwischen **vollendeten** und **unvollendeten Adverbialpartizipien**, je nachdem, ob das Adverbialpartizip von einem vollendeten oder einem unvollendeten Verb gebildet wurde.

unvollendet	**vollendet**
выключа́ть – выключа́я	вы́ключить – вы́ключив

Adverbialpartizipien werden **weder** nach der **Zeit noch** nach der **Person**, dem **Geschlecht** oder der **Zahl verändert**.

1 *Beim Schlafengehen stellte er den Wecker.*
Nachdem er den Wecker gehört hatte, machte er ihn aus.
Nachdem er den Wecker ausgemacht hatte, schlief er noch zwei Stunden, ohne wach zu werden.

Gebrauch

Das Prädikat, S. 211

Die Adverbialpartizipien werden gebraucht, um eine **Nebenhandlung** auszudrücken, die entweder **gleichzeitig** mit der durch das **Verbalprädikat** ausgedrückten **Haupthandlung** oder aber **nach** dieser verläuft.

Андре́й **чита́л** кни́гу, **слу́шая** му́зыку.	*Andrej las ein Buch und hörte (dabei) Musik.*
Андре́й **чита́л** кни́гу, **послу́шав** му́зыку.	*Andrej las ein Buch, nachdem er Musik gehört hatte.*

Satzgefüge, S. 234

Die **Haupt**- und die **Nebenhandlung** müssen dabei von **ein-** und **derselben Person** ausgeführt werden. Wenn sie zwar gleichzeitig bzw. nacheinander, aber von **verschiedenen Subjekten** ausgeführt werden, benutzt man **zusammengesetzte Sätze** mit **когда́**, **как то́лько** usw.

Идя́ домо́й, я **встре́тил** знако́мого.	ein Subjekt, zwei Handlungen
Когда́ я **шёл** домо́й, **начался́** дождь.	zwei Subjekte, zwei Handlungen

Das Adverbialpartizip kann **alleine** oder **mit einem** oder **mehreren** von ihm abhängigen **Objekten** oder **Adverbialbestimmungen** stehen. Diese **Adverbialpartizipkonstruktionen** werden, wie auch einzelne Adverbien, vom übrigen Satz durch **Kommas** abgetrennt.

напева́ть – *summen*
пе́сенка – *Liedchen*

Артём шёл, **напева́я**.	Артём шёл, **ти́хо напева́я каку́ю-то пе́сенку**.

Adverbialpartizipien der Gleichzeitigkeit

Form

Das Präsens, S. 135
Die Aspekte des Verbs, S. 108

Adverbialpartizipien, die die Gleichzeitigkeit der Nebenhandlung und der Haupthandlung ausdrücken, bildet man durch Anfügen des **Suffixes -а** bzw. **-я** an den **Präsensstamm** des **unvollendeten Verbs**.

Das Suffix **-а** wird nur nach den Konsonanten **ш**, **щ**, **ж** und **ч** gebraucht.

Infinitiv	3. Pers. Pl. Präsens	Adverbialpartizip
слы́шать	слы́ша~~т~~	слы́ша
идти́	иду́~~т~~	идя́

Die Adverbialpartizipien der Verben mit den **Wurzeln да**-, **зна**-, **ста**- und dem **Suffix -ва**- werden nicht vom Präsensstamm sondern vom **Infinitivstamm** abgeleitet.

Der Infinitiv, S. 106

Infinitiv	Adverbialpartizip
дава́~~ть~~	дава́**я**
узнава́~~ть~~	узнава́**я**
встава́~~ть~~	встава́**я**

Von einigen unvollendeten Verben kann man **keine Adverbialpartizipien** bilden, das sind:

- Verben, deren **Präsensstamm keinen Vokal** enthält: ждать (ждут), рвать (рвут), тере́ть (трут), пить (пьют), лить (льют) usw.;
- Verben auf -**чь**: печь, жечь, стере́чь, бере́чь, мочь u.a.;
- Verben mit dem Suffix -**ну**-: со́хнуть, мо́кнуть, га́снуть;
- die Verben **быть***, **писа́ть**, **пляса́ть**, **паха́ть**, **петь** und einige andere.**

тере́ть - *reiben*
со́хнуть - *trocknen*
мо́кнуть - *durchnässen*
га́снуть - *erlöschen*
пляса́ть - *tanzen*
паха́ть - *pflügen*

*In der gehobenen Sprache wird auch das Adverbialpartizip vom Verb **быть - бу́дучи** verwendet.

Gebrauch

Adverbialpartizipien von **unvollendeten** Verben werden gebraucht, wenn die durch das Adverbialpartizip bezeichnete **Nebenhandlung gleichzeitig** mit der durch das Verbalprädikat ausgedrückten **Haupthandlung** verläuft. Dabei kann das **Verb** in **allen Zeitformen** stehen.

Ви́ктор <u>чита́л</u> газе́ту, **за́втракая**.	*Viktor las die Zeitung und frühstückte.*
Ви́ктор <u>чита́ет</u> газе́ту, **за́втракая.**	*Viktor liest die Zeitung und frühstückt.*
Ви́ктор <u>бу́дет</u> <u>чита́ть</u> газе́ту, **за́втракая**.	*Viktor wird die Zeitung lesen und frühstücken.*

Stattdessen benutzt man entweder zwei Verben (z. B. **Он чита́л газе́ту и пил чай.) oder weicht auf bedeutungsähnliche Verben mit Präfix aus (**Он чита́л газе́ту, попива́я** (*schlürfend)* **чай**.).

Adverbialpartizipien der Vorzeitigkeit

Form

Adverbialpartizipien, die die **Vorzeitigkeit** einer **Nebenhandlung** ausdrücken, werden von **vollendeten Verben** gebildet.

Die Aspekte des Verbs, S. 108
Der Infinitiv, S. 106
Das Präteritum, S. 131

Die meisten vollendeten Adverbialpartizipien werden mit Hilfe der **Suffixe -в, -вши** und **-ши** vom **Infinitiv**- oder **Präteritalstamm** des Verbs **gebildet**.

Das Suffix **-в** erhalten Verben, deren **Infinitivstamm** auf einen **Vokal** endet: написа́ть - написа́**в**, постро́ить - постро́и**в**, прочита́ть - прочита́**в**.

Die Partikel -**ся** wird in Adverbialpartizipien zu -**сь**.

Endet der **Infinitivstamm** auf einen **Vokal** und folgt danach die **Partikel** -**ся**, so wird das Adverbialpartizip mit Hilfe des Suffixes -**вши**- gebildet:
умы́ться – умы́**вши**сь, засмея́ться – засмея́**вши**сь, взя́ться – взя́**вши**сь.

влезть – *steigen, erklettern*

Wenn der **Infinitivstamm** des Verbs auf einen **Konsonanten** endet, wird das Adverbialpartizip vom **Präteritalstamm** mit dem Suffix -**ши** gebildet:
принести́ – принёс – принёс**ши**, влезть – влез – влёз**ши**.

Von einigen vollendeten Verben, deren **Infinitivstamm** auf einen **Konsonanten** endet, von Verben mit -**ся**, deren **Stamm** auf -**и** auslautet, und von einigen anderen Verben lassen sich Adverbialpartizipien auch mit Hilfe der Suffixe -**а/-я** ableiten:
проче́сть – прочту́т – прочт**я́**, прийти́ – приду́т – прийд**я́**, встре́титься – встре́т**я**сь/встре́ти**вши**сь*, уви́деть – уви́д**я**/уви́де**в***.

*Bei diesen Verben sind zwei Formen des Adverbialpartizips möglich. Einfachheitshalber können Sie auf die oben erklärte regelmäßige Bildungsweise zurückgreifen.

Gebrauch

Adverbialpartizipien von **vollendeten Verben** werden gebraucht, wenn das Adverbialpartizip eine **Nebenhandlung** ausdrückt, die **vor** der durch das Verbalprädikat bezeichneten **Haupthandlung** verlaufen ist.

Пообе́дав, она́ пошла́ в парк.
Nachdem sie zu Mittag gegessen hatte, ging sie in den Park.

Übungen

1. Bilden Sie **Adverbialpartizipien** von vollendeten und unvollendeten Verben.*

a) рабо́тать – *работая*

доработать – *доработав*

b) возвраща́ться – __________

возврати́ться – __________

красне́ть – *rot werden*

c) красне́ть – __________

покрасне́ть – __________

d) ра́доваться – __________

обра́доваться – __________

e) звать – __________

позва́ть – __________

f) нести́ – ______________________

отнести́ – ______________________

g) танцева́ть – ______________________

станцева́ть – ______________________

h) приезжа́ть – ______________________

прие́хать – ______________________

2. Setzen Sie die passenden **Adverbialpartizipien** ein.*

сдав • собира́я • взя́вшись • расска́зывая •
рису́я • чита́я • написа́в • взяв • смея́сь

a) ______________________ письмо́, я положи́л его́ в конве́рт.

b) ______________________ о путеше́ствии, О́льга пока́зывала фотогра́фии.

c) ______________________ кни́гу на ру́сском, мы выпи́сываем но́вые слова́.

d) ______________________ экза́мен, Ми́ра пое́дет в Ита́лию.

e) ______________________ карти́ну, он испо́льзовал каранда́ш.

f) ______________________ за́ руки, они́ пошли́ купа́ться.

g) Она́ вы́шла и́з дому*, не ______________________ с собо́й зонт.

h) Де́ти гуля́ли в па́рке, ______________________ осе́нние ли́стья.

i) Она́ идёт по жи́зни ______________________.

Bei der Kombination **и́з дому** fällt die Betonung auf die Präposition. Das Substantiv bleibt unbetont.

3. Formen Sie die **Nebensätze**, wenn möglich, in **Adverbialpartizipkonstruktionen** um.**

a) Как то́лько Ната́ша вы́шла из до́ма, пошёл дождь.

nicht möglich

Как то́лько Ната́ша вы́шла из до́ма, она́ откры́ла зонт.

Выйдя из дома, Наташа открыла зонт.

b) Когда́ я уви́дел э́ту де́вушку, я поняла́, что мы знако́мы.

____

Когда́ я уви́дел э́ту де́вушку, она́ показа́лась мне знако́мой.

___

c) Когда́ мы купи́ли биле́ты, фильм уже́ начался́.

___

Когда́ мы купи́ли биле́ты, мы сра́зу же пошли́ в кинозáл.

___

d) Когда́ я проезжа́л ми́мо ста́нции, я потеря́л шля́пу.

___

Когда́ я проезжа́л ми́мо ста́нции, у меня́ слете́ла шля́па.

___

e) Когда́ он возвраща́ется домо́й, он всегда́ в хоро́шем настрое́нии.

___

Когда́ он возвраща́ется домо́й, у него́ всегда́ хоро́шее настрое́ние.

___

4. Übersetzen Sie die Sätze ins Russische, benutzen Sie dabei **Adverbialpartizipien**.***

a) *Sie saßen am Tisch und unterhielten sich.*

___

b) *Wenn ich spazieren gehe, treffe ich oft meine Nachbarin.*

___

c) *Als die Touristen auf den Berg gestiegen waren, sahen sie das Meer.*

___

d) *Nachdem der Vater den Brief gelesen hatte, reichte er ihn der Mutter.*

___

e) *Sie räumt ihr Zimmer auf und hört dabei Musik.*

___

f) *Er ging weg, ohne irgendwas erklärt zu haben.*

___

11 ПРЕДЛО́Г – DIE PRÄPOSITION

Präpositionen weisen auf **Beziehungen** zwischen den Wörtern eines Satzes hin. Sie treten nie alleine, sondern nur **in Verbindung mit Substantiven oder Pronomen** auf, auf die sie sich beziehen.

Я иду́ **по** ýлице.
Мы придём **за** ним **в** пять часо́в.

Form

Präpositionen werden **nicht dekliniert**. Einige Präpositionen werden unter bestimmten Bedingungen **verändert**, **um die Aussprache zu erleichtern.**
So können die auf einen Konsonanten auslautenden Präpositionen **без**, **в**, **из**, **к**, **над**, **от**, **пе́ред**, **под**, **с** mit angehängtem **-о** auftreten, wenn das nachfolgende Substantiv oder Pronomen im Anlaut zwei aufeinanderfolgende Konsonanten aufweist. Es kommt z. B. zu folgenden Kombinationen:

1 *Wo ist dein Russisch-Lehrbuch?*
2 *Im dritten Fach, in der zweiten Reihe, zwischen dem Wörterbuch und dem Fotoalbum.*
3 *Wie sieht es aus?*
4 *Es steckt in einem grünen Umschlag mit weißen Buchstaben.*

Meistens haben die Präpositionen **keine eigene Betonung** und bilden mit dem folgenden Substantiv oder Pronomen eine phonetische Einheit. Einige Präpositionen (**на, за, под, по, из, без**) können in Verbindung mit bestimmten Wörtern aber auch **die Betonung tragen**. Das Hauptwort wird dann unbetont ausgesprochen: н**á** зиму, з**á** ночь, п**ó**д ноги, п**ó** полю, **и́**з лесу, б**é**з толку
Allerdings heißt es: на гор**é**, за ч**á**с, под стол**ó**м, по трав**é**, из сел**á**, без ед**ы́**.

Manchmal entsprechen einer russischen Präposition mehrere deutsche Präpositionen und andersherum.

Viele russische Präpositionen lassen sich nicht eins zu eins **ins Deutsche übersetzen**. Lernen Sie sie daher nicht alleine, sondern zusammen mit Verben und Redewendungen, die Präpositionen verlangen. Z. B.: ходи́ть по грибы́/ходи́ть за гриба́ми (*Pilze sammeln gehen*), скуча́ть по дру́гу (*sich nach seinem Freund sehnen*).

во	vor	**в/ф + Konsonant**	**во** вто́рник **во** Фра́нкфурте
со		**з/с + Konsonant**	**со** звеpя́ми **со** слонóм
во, ко, на́до, пе́редо, по́до, со **бе́зо**	nur vor	**мн** **всех, вся́ких**	**ко** мне́, **со** мно́й **безо** вся́ких тру́дностей

Die Präposition **о** hat vor allen Vokalen die Form **об** und vor einigen Wörtern die Form **обо**:

о жи́зни **о** кры́ше	**об** исто́рии **об** учёбе	**обо** мнé **обо** всём

Gebrauch

Die Präpositionen drücken verschiedene **Verhältnisse** und **Beziehungen** zwischen Wörtern bzw. Wortgruppen aus. Nach ihrer **Bedeutung** lassen sich die Präpositionen in **folgende Gruppen** einteilen.

Präpositionen der Ortsangabe	вдоль	*entlang*
	вне	*draußen, außerhalb*
	внутри́	*drinnen, innerhalb*
	во́зле/о́коло/у	*neben*
	вокру́г	*um ... herum*
	впереди́	*vorne*
	за	*an, hinter*
	ме́жду	*zwischen*
	на	*auf*
	над	*über*
	по	*in, auf*
	под	*unter*
	позади́	*hinter*
	при	*neben, bei*
	среди́	*zwischen*
	у	*bei*
	че́рез	*über*
Präpositionen der Zeitangabe	в/во	*um, in*
	с/со	*von, seit*
	до	*vor, bis*
	пе́ред	*vor*
	по/по́сле	*nach, danach*
	че́рез	*nach, in*

Präpositionen, die einen Grund angeben	от ра́ди с по́мощью и́з-за по причи́не	*an, aus, vor* *um ... willen* *mit Hilfe von* *wegen* *aufgrund*
Präpositionen, die ein Ziel angeben	в на за	*in, als* *auf, zu* *
Präpositionen der Objektbeziehung	о/об/о́бо про по	*über, von* *über* *über, von*

* Im Deutschen gibt es keine direkte Entsprechung, es muss auf Umschreibungen zurückgegriffen werden. Z. B.: Они́ пошли́ **за гриба́ми**. – *Sie gingen Pilze sammeln*.

Die Deklination nach Präpositionen

Ähnlich wie im Deutschen können die Präpositionen im Russischen **einen oder mehrere Fälle** regieren.

Präpositionen mit dem Genitiv

без/бе́зо	*ohne*	до	*bis*
близ/вблизи́	*nah, in der Nähe von*	из/и́зо	*aus, aus ... heraus,*
ввиду́	*angesichts*	и́з-за	*von, wegen*
вдоль	*entlang, längs*	и́з-под	*unter ... hervor*
в ка́честве	*als*	кро́ме	*außer*
вме́сто	*statt, anstatt*	ми́мо	*an ... vorbei*
вне	*außerhalb*	наподо́бие	*ähnlich wie ...*
внутри́	*drinnen*	насчёт	*bezüglich*
во вре́мя	*solange, während*	начина́я с ...	*angefangen mit ...*
во́зле	*neben, bei*	недалеко́ от ...	*nicht weit von ...*
вокру́г	*um ... herum*	о́коло	*ungefähr, neben*
впереди́	*vor, voran, voraus*	от/о́то	*von*
всле́дствие	*infolge*	относи́тельно	*bezüglich*
в тече́ние	*innerhalb*	ра́ди	*um ... willen*
пове́рх	*über*	с	*von, von ... herab*
позади́/сза́ди	*hinter*	среди́	*zwischen, unter*
по́сле	*nach, nachher*	с по́мощью	*durch, mit Hilfe*
про́тив	*gegen*	у	*bei, von, neben, an*
для	*für, pro*		

После дожд<u>я́</u> ста́ло прохла́дно.
Ко́шка вы́лезла **из-под** дива́н<u>а</u>.

Verwechseln Sie die Präposition **благодаря́** nicht mit dem gleichlautenden Adverbialpartizip, das mit dem Akkusativ zu gebrauchen ist.
Vgl.:
Благодаря́ Ки́ре я здесь. (Präposition)
Го́сти расходи́лись, **благодаря́** Ки́ру за приём. (Adverbialpartizip)

Präpositionen mit dem Dativ

благодаря́	*durch, dank*	наперекóр	*zum Trotz*
вопреки́	*trotz, entgegen*	по	*auf, in*
вслед	*hinter … her*	подóбно	*(ähnlich) wie*
к/ко	*zu, hin, an*	соглáсно, соот-ве́тственно	*gemäß, zufolge, laut entsprechend*
навстре́чу	*entgegen*		

Он шёл **навстре́чу** сосе́ду.
Соглáсно иссле́дованиям, изуче́ние инострáнных языкóв предотвращáет боле́знь Альцге́ймера.

иссле́дование – *Studie, Forschung*
предотвращáть – *vorbeugen*

Präpositionen mit dem Akkusativ

включáя	*einschließlich*	сквозь	*hindurch*
несмотря́ на	*obwohl, trotz*	спустя́	*nach*
про	(i.S.v. *sprechen/ erzählen*) *über, von*	че́рез	*über, in, nach, durch*

Они́ разговáривают не тóлько **про** погóду.
Мне нáдо перейти́ **че́рез** ручей.

Präpositionen mit dem Instrumental

за	*hinter, für*	под	*unter*
над/нáдо	*über, oben*	по сравне́нию с/со	*im Vergleich mit, im Vergleich zu*
ме́жду	*zwischen*	с/со	*mit*
пе́ред/пе́редо	*vor* (räumlich und zeitlich)		

По сравне́нию с прóшлой неде́лей сейчáс жáрко.
Ме́жду ле́кциями я успе́л пообе́дать.

Präpositionen mit dem Präpositiv

Obwohl der Name Präpositiv eine Fülle von Präpositionen vermuten lässt, gibt es im Russischen nur eine Präposition, die ausschließlich mit dem Präpositiv gebraucht wird, und zwar **при** (*bei*).

При фáбрике есть столóвая.
При всём желáнии я не могу́ запóмнить все предлóги.

столóвая – *Kantine*
при всём желáнии – *beim besten Willen*
запóмнить – *sich merken*

Präpositionen mit dem Akkusativ oder dem Instrumental

Zwei Präpositionen werden je nach Bedeutung und Kontext mit dem Akkusativ oder dem Instrumental gebraucht.

	Akkusativ	Instrumental
за	*hinter, an, aus ... heraus* (wohin?) *für, anstelle von, wegen, während* Маши́на заéхала **зá** дом_. *Das Auto fuhr hinter das Haus.* Я купи́ла э́ту су́мку **за** ты́сячу рублéй. *Ich habe diese Tasche für tausend Rubel gekauft.*	*hinter, an, jenseits von, außerhalb* (wo?) *nach, um ... zu* Маши́на стои́т **за** дóмом. *Das Auto steht hinter dem Haus.* Вáся пошёл в магази́н **за** хлéбом. *Wasja ging in den Laden, um Brot zu kaufen.*
под/пóдо	*unter* (wohin?) *gegen, vor, an* (zeitlich) Гóсти разошли́сь **под** у́тро. *Die Besucher gingen gegen Morgen auseinander.*	*unter* (wo?) *bei, in der Nähe von* (örtlich) У негó есть дáча **под** Москвóй. *Er hat eine Datscha in der Nähe von Moskau.*

Im Deutschen wird ähnlich konstruiert. Vergleichen Sie: Wohin? – Hinter **das** Haus. (Akk.) Wo? – Hinter **dem** Haus. (Dat.)

Präpositionen mit dem Akkusativ oder dem Präpositiv

Drei Präpositionen werden je nach Kontext mit dem Akkusativ oder dem Präpositiv gebraucht.

	Akkusativ	Präpositiv
в/во	*in, nach* (wohin?) *um, an* (zeitlich) Вчерá он не ходи́л **в** шкóлу.	*in* (wo?) *in* (zeitlich) **В** шкóле нé было заня́тий.
на	*auf, in* (wohin?) *in* (zeitlich) Дéти залéзли **на** дéрево.	*auf, in* (wo?) Дéти сидя́т **на** дéреве.
о/об/óбо	*an, gegen* (räumlich) Я удáрился **о** шкаф_.	*über, von* Я забы́л **об** э́том шкáфе.

Einige Maskulina haben nach den Präpositionen **в** und **на** im **Präp. Sg.** die betonte Endung -**у** bzw. -**ю**:
в году́, в саду́, в шкафу́, в лесу́, на мосту́, на краю́, на берегу́

Der Präpositiv mit der Endung -у (-ю), S. 24

удáриться – *sich stoßen*

Merken Sie sich folgende geläufige Verbindungen: **в** институ́те, **в** университе́те, **в** шко́ле, **в** магази́не, **в** теа́тре, **в** музе́е **aber** **на** факульте́те, **на** уро́ке, **на** заня́тии, **на** фа́брике, **на** заво́де, **на** по́чте, **на** вокза́ле, **на** у́лице, **на** ю́ге

Präpositionen mit drei verschiedenen Fällen

Zwei Präpositionen (**с/со** und **по**) können je nach Bedeutung mit drei verschiedenen Fällen gebraucht werden.

	с/со	
Genitiv	**Akkusativ**	**Instrumental**
von, aus (räumlich) *von, seit* (zeitlich)	*so ... wie, etwa*	*mit*
Муж пришёл **с** рабо́ты. Заня́тия начну́тся **с** сентября́. Они́ взя́ли кни́жки **с** по́лки.	Мы бы́ли там **с** неде́лю.	Я ходи́л в кино́ **с** дру́гом.

	по	
Dativ	**Akkusativ**	**Präpositiv**
auf, aus, an, entlang, durch, laut, bezüglich, wegen	*bis* (räumlich) *bis* (zeitlich), ugs.: *für*	*nach* (zeitlich)
Друзья́ иду́т **по** у́лице. **По** суббо́там она́ хо́дит в бассе́йн. Он слома́л но́гу **по** глу́пости.	Прочита́йте уче́бник **по** двадца́тую страни́цу. С пе́рвого **по** деся́тое мая бу́дут кани́кулы. Идём в лес **по** я́годы!	Сра́зу **по** прие́зде они́ мне позвоня́т.

Übungen

1. **Куда́ ты идёшь? Где ты?** Wählen Sie die richtige Präposition mit dem **Akkusativ** oder dem **Präpositiv**.*

парикма́херская – *Friseursalon*
вы́ставка – *Ausstellung*
стоя́нка – *Parkplatz*

		Akkusativ: Я иду́/е́ду...	**Präpositiv: Я сейча́с...**
a)	рестора́н	*в ресторан*	*в ресторане*
b)	шко́ла	______	______
c)	по́чта	______	______
d)	парикма́херская	______	______
e)	стадио́н	______	______
f)	рабо́та	______	______

g) спа́льня ____________ ____________

h) му́зей ____________ ____________

i) вы́ставка ____________ ____________

j) стоя́нка ____________ ____________

k) го́сти ____________ ____________

2. Ordnen Sie die Präpositionen nach den **Fällen**, mit denen sie gebraucht werden können.**

на • под • че́рез • при • о • без • ме́жду • с • за • к • про • сквозь • благодаря́ • о́коло • кро́ме • до • из • над • от • ми́мо • пе́ред • по

Genitiv ____________

Dativ ____________

Akkusativ *на,* ____________

Instrumental ____________

Präpositiv *на,* ____________

3. Setzen Sie die **Substantive** oder **Pronomen** in die **richtige Form**.**

a) Мы с *друзья́ми* ____________ идём в теа́тр. (друзья́)

b) Че́рез ____________ я пое́ду в о́тпуск. (ме́сяц)

c) Э́ту рабо́ту на́до вы́полнить до ____________. (четве́рг)

d) Благодаря́ ____________ я встре́тил любо́вь всей свое́й жизни. (ты)

e) Что привезти́ твои́м де́тям из ____________? (Росси́я)

f) Э́тот магази́н построи́ли о́коло ____________. (цирк)

g) Э́то произошло́ ещё до ____________. (на́ше знако́мство).

h) Пе́ред ____________ мы зашли́ в кафе́. (конце́рт)

i) По́сле ____________ официа́нт забы́л принести́ нам счёт. (обе́д)

официа́нт – *Kellner*

j) Среди́ ____________ не́ было ни одного́ францу́за. (посети́тели вы́ставки)

4. Setzen Sie in die Lücke die richtige **Präposition** ein.**

кóврик – *Matte*
намáзать – *schmieren*
пропусти́ть – *verpassen*
скучáть – *vermissen, sich sehnen nach*
опусти́ться – *sich senken*

a) Вáза стои́т _на_______ столé. (у/на/под)

b) Пóезд отправля́ется __________ двáдцать минýт. (до/с/чéрез)

c) Положи́ ключ __________ кóврик у двéри. (и́з-под/под/в)

d) Э́ти лекáрства нáдо принимáть __________ едóй. (пéред/до/пóсле)

e) Давáй пойдём __________ рабóты в фи́тнес-центр! (за/пóсле/пéред)

f) Онá намáзала мáсло __________ хлеб. (на/над/к)

g) __________ тебя́ я пропусти́л начáло фи́льма! (благодаря́/вопреки́/и́з-за)

h) Ты бýдешь скучáть __________ мне? (за/по/на)

i) Со своéй подрýгой я могý говори́ть __________ всём. (о/об/óбо)

j) Сóлнце опусти́лось __________ горизóнт. (сзáди/за/на)

k) Дорóга проходи́ла __________ реки́. (вдоль/за/по)

5. Suchen Sie die passenden **Präpositionen** aus und setzen Sie sie, wenn nötig, in die Lücken ein.***

без • в • в • в • в • за • до • на • на • на •
на • на • на • на • на • по • под • с • с • у

преврати́ться – *sich verwandeln*
подокóнник – *Fensterbrett*
лáпа – *Pfote, Tatze*
шипéть на + Akk. – *jdn. anfauchen*
ми́ска – *Schüssel, Napf*
занавéска – *Vorhang*
фáнтик – *Bonbonpapier*

Хочý преврати́ться (a) _в_ кóшку. Кóшке не нáдо ходи́ть (b) _____ рабóту. Кóшка мóжет спать (c) _____ утрá (d) _____ вéчера. Кóшка мóжет (e) _____ стрáха гуля́ть (f) _____ кры́ше и́ли цéлый день сидéть (g) _____ подокóннике и смотрéть (h) _____ птиц. Кóшка мóжет умывáться (i) _____ языкóм и лáпой. Кóшка самá выбирáет, (j) _____ когó онá бýдет сидéть (k) _____ рукáх, а (l) _____ когó бýдет шипéть. Кóшке всегдá кладýт едý (m) _____ ми́ску. Кóшка мóжет спря́таться (n) _____ шкаф и наблюдáть, как все её и́щут (o) _____ дивáне, (p) _____ кровáтью и́ли (q) _____ занавéской. Кóшка мóжет игрáть (r) _____ футбóл (s) _____ фáнтиком. Кóшке не нáдо учи́ть инострáнные языки́: и (t)_____ рýсском, и (u) _____ немéцком онá говори́т: «Мя́у!»

12 НАРÉЧИЕ – DAS ADVERB

Ein Adverb bezieht sich meistens auf ein **Verb** und beantwortet die Fragen **как**? (*wie?*), **какúм óбразом**? (*auf welche Weise?*), **где**? (*wo?*), **когдá**? (*wann?*), **как дóлго**? (*wie lange?*), **кудá/откýда**? (*wohin/woher?*). Damit bezeichnet es ein **Merkmal** einer **Handlung**, eines anderen **Merkmals** oder (seltener) eines **Gegenstands** oder einer **Person**.

Я идý	**мéдленно**.	(как?)
	вниз.	(кудá?)
	оттýда.	(откýда?)
	сейчáс.	(когдá?)

Manchmal können Adverbien sich auch auf **Adjektive**, ein anderes **Adverb** oder **Substantive** beziehen. Auch hier heben sie ein besonderes Merkmal hervor.

mit Adjektiv	mit Adverb	mit Substantiv
óчень красúвый	**совсéм** темнó	дорóга **домóй**

Form

Adverbien werden **weder dekliniert noch konjugiert**. Sie können lediglich **Steigerungsformen** bilden.

Die Steigerung der Adverbien, S. 184

1 *Zuerst müssen wir geradeaus fahren, dann links abbiegen und der Landstraße folgen.*
2 *Müssen wir lange fahren?*
3 *Ich denke, fast drei Stunden.*

Steht am Ende des Adverbs ein Zischlaut mit **-о**, wird dieses **-о** betont, während ein **-е** unbetont bleibt: горячó, свежó, хорошó; aber рáньше, жгýче, зловéще.

жгýче – *brennend*

наподóбие – *ähnlich*

дрýжески – *freundschaftlich*

свысокá – *von oben herab*

дождли́во – *regnerisch*

по-другóму – *anders*

по-мóему – *ich glaube, meiner Meinung nach*

во-пéрвых – *erstens*

кругóм – *überall*

двáжды – *zweimal*

мóлча – *(still-) schweigend*

Adverbien werden u. a. **mit folgenden Suffixen gebildet**:

-о	горячó, налéво, дождли́во
-е	жгýче, наподóбие
-и	дрýжески, по-рýсски
-ому/-ему	по-другóму, по-мóему
-ых/-их	во-пéрвых, в-трéтьих
-а	свысокá, спрáва

Adverbien können **von verschiedenen Wortarten abgeleitet** werden.

von einem Substantiv	круг	▸ кругóм
von einem Adjektiv	тёплый	▸ теплó
von einem Pronomen	твой	▸ по-твóему
von einem Zahlwort	два	▸ двáжды
von einem Adverbialpartizip	молчá	▸ мóлча

Gebrauch

Adverbien lassen sich nach ihrer Bedeutung in zwei große Gruppen unterteilen: **bestimmende** und **attributive Adverbien**.

Bestimmende Adverbien bezeichnen die **Eigenschaften** eines Vorgangs oder eines Merkmals. Sie können sich nicht nur auf ein Verb, sondern auch auf ein Adjektiv, ein Substantiv oder ein anderes Adverb beziehen. Zu dieser Gruppe zählen:

- **qualitative** Adverbien, die eine Handlung oder ein Merkmal bewerten:

Мы **бы́стро** ушли́.

Дéвушка **по-настоя́щему** прекрáсна.

- **quantitative** Adverbien, die ein Ausmaß benennen:

Онá **óчень** устáла.

Суп **почти́** готóв.

- Adverbien der **Art** und **Weise**:

Они́ хóдят на рабóту **пешкóм**.

Я знáю э́ту пéсню **наизýсть**.

наизýсть – *auswendig*

Zu den Adverbien der Art und Weise zählen Adverbien, die einen **Vergleich** oder eine **Ähnlichkeit** ausdrücken. Sie werden oft mit dem Präfix по- gebildet.

Найденный клад друзья́ подели́ли **по-брáтски**. (как брáтья)

Погóда **по-весéннему** сóлнечная. (как веснóй)

Endet das Adverb auf **-ому/-ему** oder **-и**, so wird hinter das Präfix **по-** ein Bindestrich gesetzt.

клад – *Schatz*

Die **attributiven Adverbien** können **Umstände** einer Handlung oder eines Vorgangs (z. B. den Ort und die Zeit) sowie den **Grund** und den **Zweck** bezeichnen. Sie beziehen sich meistens auf ein **Verb**. Man unterscheidet zwischen folgenden Bedeutungsgruppen:

- Adverbien des **Ortes**:

wo?	**wohin?**	**woher?**
здесь, тут	сюда́	отсю́да
там	туда́	отту́да
внизу́	вниз	сни́зу
вверху́	вверх	свéрху
впереди́	вперёд	спéреди
слéва	налéво, влéво	слéва etc.

Моя́ маши́на стои́т **слéва**. Все ужé ушли́ **домóй**.

- Adverbien der **Zeit**:

позавчера́, вчера́, сегóдня, зáвтра, послезáвтра, веснóй, давнó, пóздно, иногда́, рéдко, скóро, когда́, тепéрь, тогда́, одна́жды, ежеднéвно etc.

Скóро к нам приéдут гóсти. Гóсти приéдут неизвéстно **когда́**.

Die Adverbien des Ortes und der Zeit können auch Formen mit **unbestimmter** oder **negativer Bedeutung** bilden.

гдé-то, гдé-нибудь	*irgendwo*
куда́-то, куда́-нибудь	*irgendwohin*
когда́-то, когда́-нибудь	*einst, irgendwann*
нигдé, нéгде	*nirgendwo*
никуда́, нéкуда	*nirgendwohin*
никогда́, нéкогда	*nie*

- Adverbien des **Grundes**:

Мой автóбус сломáлся. **Поэ́тому** я опоздáл на рабóту. Он сказáл э́то **сдýру**.

- Adverbien des **Zwecks**:

Она́ **нечáянно** разби́ла свою́ люби́мую чáшку. Мы **специáльно** поéхали в Росси́ю, чтóбы учи́ть рýсский язы́к.

Einige Adverbien (**вдали́**, **внизу́**, **вóзле**, **впереди́** u. a.) können entweder als Adverbien oder als Präpositionen gebraucht werden. Vgl.: **Навстрéчу** шёл знакóмый. (Adverb) – **Навстрéчу** нам шёл знакóмый. (Präposition)

§ Die Präposition, S. 173

Die Adverbien mit **ни-** drücken eine situationsabhängige Verneinung, die Adverbien mit **не-** eine generelle Unmöglichkeit aus:
Я **нигдé** не гуля́ю. (*Ich gehe nirgendwo spazieren.*) – Мне **нéгде** гуля́ть. (*Es gibt keinen Platz zum Spazierengehen.*)

§ Negationspronomen, S. 73

сдýру – *aus Dummheit*

нечáянно – *unabsichtlich, aus Versehen*

специáльно – *extra, absichtlich*

Die Steigerung der Adverbien

Qualitäts - und Beziehungsadjektive, S. 43

Qualitative Adverbien mit dem Suffix -**о**, die von Qualitätsadjektiven abgeleitet sind, können **Steigerungsformen**, also den **Komparativ** und den **Superlativ** bilden.

Die Formen des einfachen Komparativs der Adverbien stimmen mit dem Komparativ der Adjektive überein. Mehr zu Lautwechsel und Ausnahmen können Sie im Kapitel **Die Steigerung der Adjektive**, S. 49 nachlesen.

Der Komparativ der Adverbien

Der **einfache Komparativ** der Adverbien wird genau wie die entsprechende Komparativform der Adjektive gebildet. Dazu werden die Suffixe -**е**, -**ее**/-**ей** benutzt.

бы́стро – быстр**е́е**, **быстре́й**	то́нко – то́нь**ше**
тепло́ – тепл**е́е**, тепл**е́й**	ти́хо – ти́**ше**

Die Adverbien **далеко́**, **ра́но** bilden zwei Komparativformen. Die Form mit dem Suffix -**ше** wird vorwiegend in der Umgangssprache, die Form mit -**ее** in der Schriftsprache benutzt.

далеко́ – да́ль**ше**, да́л**ее**	ра́но – ра́нь**ше**, ра́н**ее**

Einige Adverbien bilden Komparativformen von **anderen Stämmen**.

хорошо́ – **лу́чше**	ма́ло – **ме́ньше**, **ме́нее**
пло́хо – **ху́же**	мно́го – **бо́льше**, **бо́лее**

Der **zusammengesetzte Komparativ** wird mit Hilfe von **более** gebildet.

интере́сно – **бо́лее** интере́сно	глубоко́ – **бо́лее** глубоко́
светло́ – **бо́лее** светло́	ме́дленно – **бо́лее** ме́дленно

Zum Unterschied zwischen dem Komparativ von Adjektiven und Adverbien

Die Steigerung der Adjektive, S. 49

Der **Komparativ** der **Adverbien** und der **Komparativ** der **Adjektive** unterscheiden sich nur durch ihre **Funktion** im Satz voneinander. Das **Adverb** bezeichnet meistens eine **Eigenschaft** einer **Handlung** und bezieht sich auf das **Verb**.
Das **Adjektiv** hingegen bezeichnet eine **Eigenschaft** eines **Gegenstands** oder einer **Person** und bezieht sich auf ein **Substantiv** oder **Pronomen**. Der Komparativ eines Adverbs drückt also eine stärkere Ausprägung eines Handlungsmerkmals aus, der Komparativ eines Adjektivs vergleicht Gegenstände oder Personen.

за́яц – *Hase*
черепа́ха – *Schildkröte*

Adverb	**Adjektiv**
За́яц <u>бе́гает</u> **быстре́е** черепа́хи.	<u>За́яц</u> **быстре́е** черепа́хи.

Die Komparativformen **да́льше**, **да́лее**, **бо́лее**, **ме́нее**, **ра́ньше**, **ра́нее** werden nur als Adverbien verwendet. Die Wörter **бо́льше** und **ме́ньше** haben gleichlautende adjektivische Formen, die allerdings eine andere Bedeutung haben, da sie den Komparativ von **большо́й** und **ма́ленький** darstellen.

Adverb	Adjektiv
Вам на́до **бо́льше** (*mehr*) дви́гаться и **ме́ньше** (*weniger*) кури́ть.	Э́тот чемода́н **бо́льше** (*größer*) су́мки, а тот – **ме́ньше** (*kleiner*).

Die genannten acht Komparativformen treten oft in festen **Redewendungen** auf. Dabei verlieren sie häufig die Bedeutung des Vergleichs.

бо́лее и́ли ме́нее	*mehr oder weniger, einigermaßen*
и так да́лее	*und so weiter*
ра́ньше и́ли по́зже	*früher oder später*
ни бо́льше ни ме́ньше	*nicht mehr und nicht weniger*

Der Superlativ der Adverbien

Die Bildung der **zusammengesetzten** Form des **Superlativs** der Adverbien entspricht der Bildung des Superlativs der Adjektive mit **всего́** oder **всех**.

§ Der zusammengesetzte Superlativ, S. 51

Ми́ша пла́вает **быстре́е всех**.	**Бо́льше всего́** он лю́бит пла́вать.

Man kann den Superlativ auch mit der Grundform des Adverbs und dem Wort **наибо́лее** bilden, allerdings ist diese Form nur in der Schriftsprache üblich.

Ка́лий **наибо́лее энерги́чно** реаги́рует с водо́й.	Э́та ве́рсия звучи́т **наибо́лее правдопо́добно**.

ка́лий – *Kalium*
звуча́ть – *klingen*
правдопо́добно – *glaubwürdig, plausibel*

Es gibt auch die **einfache** Form des **Superlativs** mit den Suffixen **-айше/-ейше**. Sie gilt jedoch als veraltet und wird heutzutage sehr selten verwendet.

Корми́ть звере́й **строжа́йше** запрещено́.	*Das Füttern der Tiere ist strengstens verboten.*

Übungen

1. Wie lautet das **Adverb** zu folgenden Adjektiven und Pronomen?*

a) холо́дный
холодно

b) ле́вый
____

e) споко́йный
____

f) свой
____

c) бли́зкий ____________

g) похо́жий ____________

d) мой ____________

h) осторо́жный ____________

2. Bilden Sie den **Komparativ** und den **Superlativ** der Adverbien.**

ла́сково – *liebevoll*

a) ма́ло *меньше* *меньше всех/всего*
b) ла́сково ____________ ____________
c) бы́стро ____________ ____________
d) ме́дленно ____________ ____________
e) далеко́ ____________ ____________
f) тру́дно ____________ ____________
g) мя́гко ____________ ____________
h) хорошо́ ____________ ____________
i) пло́хо ____________ ____________
j) мно́го ____________ ____________
k) бли́зко ____________ ____________

3. Entscheiden Sie, ob ein **Adverb oder** ein **Adjektiv** zu ergänzen ist. Achten Sie bei den Adjektiven auf die richtige Form.**

рассерди́ться – *wütend werden*
настрое́ние – *Laune, Stimmung*
кре́пкий – *fest*

a) Я (си́льный/си́льно) *сильно* рассерди́лся.
b) Э́той о́сенью (ча́стый/ча́сто) ____________ идёт дождь.
c) У него́ всегда́ (хоро́ший/хорошо́) ____________ настрое́ние.
d) Студе́нт (плохо́й/пло́хо) ____________ сдал экза́мен.
e) Э́то (пра́вильный/пра́вильно) ____________ отве́т.
f) Кот весь день (кре́пкий/кре́пко) ____________ спит.
g) Вчера́ они́ верну́лись (по́здний/по́здно) ____________.
h) У нас (мно́гий/мно́го) ____________ рабо́ты.
i) Я услы́шал (ти́хий/ти́хо) ____________ разгово́р.

Prädikative Adverbien

Einige Adverbien werden als **Prädikate in Sätzen ohne Subjekt** benutzt. Sie werden **prädikative Adverbien** genannt.

Das Prädikat, S. 211
Sätze ohne grammatisches Subjekt, S. 216
Das Verb *быть*, S. 120

Form

Prädikative Adverbien werden in drei **Zeitformen** verwendet. Im Präteritum und im Futur wird dafür das Verb **быть** verwendet (**бы́ло** – Präteritum, **бу́дет** – Futur). Im Präsens lässt man das Verb **быть** weg.

Präteritum	Вчера́ бы́ло хо́лодно.
Präsens	Сего́дня хо́лодно.
Futur	За́втра бу́дет хо́лодно.

Anstelle von **быть** werden manchmal die Verben **стать**, **станови́ться**, **каза́ться** und einige andere verwendet:
Ста́ло темно́.

Das **Substantiv**, das die betroffene Person bezeichnet, steht im **Dativ**.

Нам бы́ло о́чень **ве́село**.	Тебе́ **пора́** встава́ть.

Prädikative Adverbien können **Steigerungsformen** bilden.

За́втра бу́дет **лу́чше**, чем вчера́. (Komparativ)	Вчера́ бы́ло **жа́рче** всего́. (Superlativ)

Gebrauch

Prädikative Adverbien bezeichnen meist:

- den **physischen** oder den **psychischen Zustand** eines Menschen

Мне **бо́льно**.	Ему́ **стра́шно**.

- **Wetter-, Natur- und Umweltumstände**

Ста́ло **темно́**.	В ко́мнате бы́ло **пу́сто**.

- eine **Möglichkeit**, **Erlaubnis** oder **Pflicht** oder ein **Verbot**

Мо́жно мне войти́?	*Darf ich reinkommen?*
Вам **на́до** отдохну́ть.	*Sie müssen sich ausruhen.*
Тебе́ **ну́жно** вы́пить лека́рство.	*Du musst das Medikament nehmen.*
Здесь **нельзя́** фотографи́ровать.	*Hier darf man nicht fotografieren.*

Die Wörter **на́до**, **ну́жно**, **нельзя́** etc. werden immer von einem Verb im Infinitiv begleitet.

Der Infinitiv, S. 106

Übungen

1. Kreuzen Sie die Sätze mit **prädikativen Adverbien** an.*

босико́м – *barfuß*

a) Я хожу́ по песку́ босико́м. ☐

b) Э́то упражне́ние интере́сно. ☐

c) Тебе́ не ску́чно? ☐

d) За́втра он бу́дет до́лго рабо́тать. ☐

e) Ра́ньше мне бы́ло тру́дно говори́ть по-ру́сски. ☐

f) Сюда́ нельзя́ входи́ть. ☐

g) Вам ещё ну́жен мой слова́рь? ☐

2. **Übersetzen** Sie ins Deutsche.**

a) Вам уже́ пора́ встава́ть!

____

b) Кому́-нибудь на́до купи́ть биле́т?

____

c) Мне нельзя́ пить пи́во.

____

худе́ть – *abnehmen*

d) Ей не на́до худе́ть.

____

3. Schreiben Sie die Sätze so um, dass sie **prädikative Adverbien** enthalten.***

a) За́втра бу́дет тёплая пого́да.

Завтра будет тепло.

грусти́ть – *traurig sein*
беспоко́иться – *sich Sorgen machen*

b) Ле́кция была́ интере́сной для нас.

____

c) Я грущу́.

____

d) О́тпуск бу́дет хоро́шим.

____

e) Она́ всегда́ беспоко́ится.

____

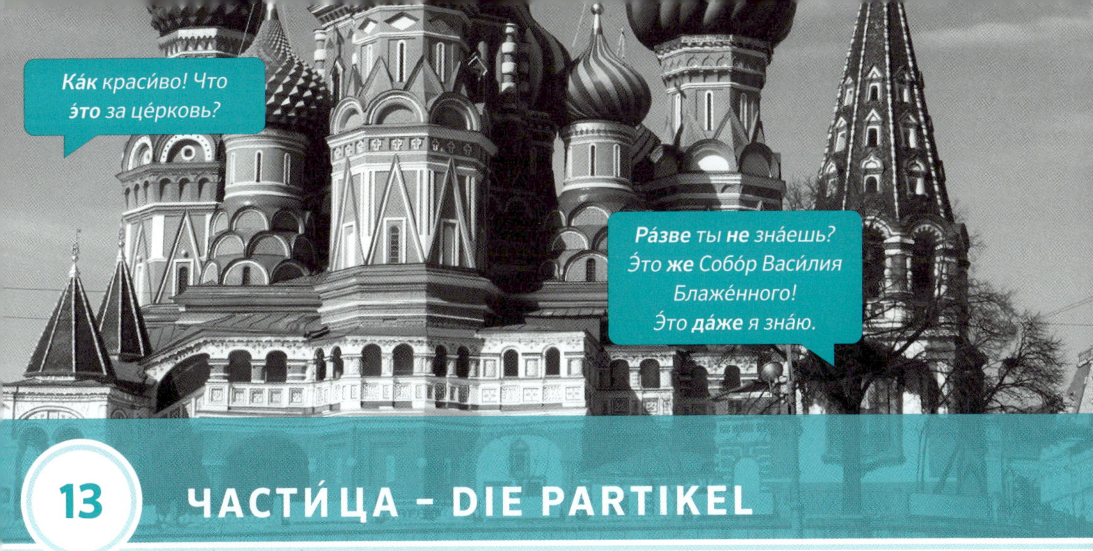

13 ЧАСТИ́ЦА – DIE PARTIKEL

Partikeln sind **Hilfswörter** ohne selbstständige Bedeutung, die Wörtern oder ganzen Sätzen **zusätzliche Bedeutungsschattierungen** verleihen.

Неуже́ли опя́ть идёт сне́г? Мне **так** надое́ла зима́!	*Schneit es etwa schon wieder? Ich habe den Winter so satt!*

Da die **einfachen Partikeln** je nach Kontext sehr unterschiedliche Bedeutungen annehmen können, auf die im Folgenden näher eingegangen wird, wird an dieser Stelle auf eine Übersetzung verzichtet.

Form

Die Partikeln können aus nur **einem Wort**: **же**, **ра́зве**, **бы**, **не**, **ни**, **нет**, **-то**, **кое-**, **уж** usw.) oder aus **mehreren Wörtern** bestehen: **а то** (*sonst*), **всего́-на́всего** (*nur noch*), **всё же** (*doch*), **ка́к же** (*wie denn*), **до чего́** (*wie*), **как ра́з** (*genau*), **ли́шь бы** (*wenn nur*).

Bei den zusammengesetzten Partikeln unterscheidet man zwischen den **untrennbaren** Partikeln, deren Teile nicht durch andere Wörter auseinander gebracht werden können, und den **trennbaren**, zwischen deren Teile ein Wort oder mehrere Wörter eingeschoben werden können.

untrennbar	trennbar
Ка́к же я рад тебя́ ви́деть!	**Пусть** он **бы** пришёл по́зже.
Вря́д ли мы ви́делись ра́ньше.	**Как** мне **не** пла́кать!
У меня́ **как раз** выходно́й.	**Не** ночева́ть **же** нам тут!*

***Не ... же** wird immer durch ein Wort getrennt!

ви́деться – *sich sehen*
ночева́ть – *übernachten*

1 *Wie schön! Was ist das für eine Kirche?*
2 *Ja, weißt du das denn nicht? Das ist doch die Basilius-Kathedrale. Das weiß sogar ich.*

Schreibung der Partikeln

Die Partikeln **кое-**, -**то**, -**ли́бо**, -**нибу́дь**, -**ка** werden immer mit einem **Bindestrich** geschrieben:

кое-кто́, ка́к-**то**, како́й-**либо**, где́-**нибудь**, да́й-**ка**

Die Partikel **таки́** schreibt man mit Bindestrich nach Adverbien: **опя́ть-таки**, Konjunktionen: **всё-таки** und Verben: **пришёл-таки**. Sonst wird sie getrennt geschrieben.
Die Partikeln **бы** (**б**), **ли** (**ль**), **же** (**ж**) werden **getrennt** geschrieben.

Я **бы** купи́ла э́то пла́тье.
На́до **ли** ду́мать об э́том?
Ты **же** меня́ зна́ешь.

Die verneinenden Partikeln **не**, **ни** schreibt man in einigen Fällen zusammen, in anderen getrennt.

небре́жность – *Fahrlässigkeit*
недоразуме́ние – *Missverständnis*
ненави́деть – *hassen*

Die Partikel не schreibt man zusammen:

- wenn das Wort ohne **не** nicht vorkommt:

небре́жность, **не**доразуме́ние, **не**льзя́, **не**нави́деть

- wenn mit Hilfe von **не** ein neues Wort (ein Substantiv, ein Adjektiv oder ein Adverb) entsteht, dem ein Synonym ohne **не** entspricht:

Negationspronomen, S. 73 

несча́стье – го́ре	**не**пра́вда – ложь
невесёлый – гру́стный	**не**далеко́ – бли́зко
неве́рно – оши́бочно	**не**высо́кий – низкий

- mit verneinenden **Pronomen** ohne Präpositionen und mit verneinenden **Adverbien**:

Das Partizip, S. 153 

не́кто, **не́**что, **не́**кого, **не́**чего, **не́**который	**не́**когда, **не́**куда, **не́**где

- mit **Langformen** von **Partizipien** ohne abhängige Wörter*:

недописанное письмо́, **не**заме́ченная оши́бка, **не**мы́тое окно́

* Hängt vom Partizip mindestens ein weiteres Wort ab, wird **не** getrennt geschrieben. ▸ S. 191

Die Partikel не schreibt man getrennt:

- von **Verben, Adverbialpartizipien, Kurzformen der Partizipien, Zahlwörtern, Präpositionen**.

не спать, **не** смея́сь, **не** вы́полнен, **не** пе́рвый, **не** на столе́

- von Adjektiven und Adverbien im **Komparativ**:

Моя́ пи́цца **не** ху́же твое́й.	Он поёт **не** ху́же Кару́зо.

- von Substantiven, Adjektiven, Adverbien und Langformen der Partizipien, wenn eine **Gegenüberstellung** erfolgt:

Э́то **не** пра́вда, а ложь. Путь был **не** дли́нный, а коро́ткий.	Мы е́хали **не** бы́стро, а ме́дленно. Дай мне **не** откры́тую буты́лку, а закры́тую.

ложь – *Lüge*

- von allen **Pronomen***:

Э́то **не** мой дом.	Э́ту рабо́ту сде́лали **не** мы.

*außer den Negationspronomen **не́кто**, **не́что**, **не́кого**, **не́чего** ohne Präpositionen.

- von Langformen der Partizipien, die **abhängige Wörter** bei sich haben:

не сва́ренный до обе́да суп	**не** прекраща́ющиеся уже́ неде́лю снегопа́ды

снегопа́д – *Schneefall*

Bei den Negationspronomen **никто́**, **ничто́**, **никако́й**, **ниче́й** und den verneinenden Adverbien **нигде́**, **никуда́**, **никогда́** etc. verschmilzt die Partikel **ни** mit dem Pronomen bzw. dem Adverb. Diese Pronomen und Adverbien stehen in verneinten Sätzen.

§ **Negationspronomen**, S. 73
Die doppelte Verneinung, S. 225

Никто́ не звони́л. **Ничего́** не ви́дно.	**Нигде́** нет мои́х ключе́й. Я здесь **никогда́** не́ был.

Die Partikel ни schreibt man getrennt:

- von den Negationspronomen **никто́**, **ничто́**, **никако́й**, **ниче́й**, wenn sie mit einer **Präposition** stehen:

Мы **ни** с ке́м не ссо́рились.	Я не слы́шала **ни** о како́й ава́рии.

ава́рия – *Unfall, Panne*
седо́й – *grau* (*Haare*)

- wenn die Partikel **ни** in einem verneinenden Satz zur **Verstärkung der Verneinung** dient:

У неё нет **ни** одного́ седо́го во́лоса.	Он **ни** ра́зу не был в Пари́же.

- als Konjunktion **ни … ни** (*weder … noch*) in einem verneinenden Satz:

У них нет **ни** ко́шки, **ни** соба́ки.	Я не слы́шу **ни** его́, **ни** тебя́.

Gebrauch

Die Partikeln haben **keine selbstständige Bedeutung**, daher können sie nicht als Satzglieder auftreten und auch nicht erfragt werden.
Nach der Bedeutung unterscheidet man folgende Gruppen von Partikeln.

1. **Fragepartikeln**: **ли (ль)**, **ра́зве**, **неуже́ли**.
Die Partikeln **ра́зве** und **неуже́ли** leiten nicht nur eine Frage ein, sondern drücken gleichzeitig **Zweifel, Unglauben** oder **Verwunderung** des Sprechers aus. Dabei beziehen sie sich auf den ganzen Satz und stehen meist an dessen Anfang. Sie können aber auch in der Satzmitte stehen.

Ра́зве ты не пойдёшь с на́ми?	*Kommst du denn nicht mit?*
Он **ра́зве** уже́ прие́хал?	*Ist er etwa schon angekommen?*
Неуже́ли ты ещё не ви́дел э́того фи́льма?	*Hast du diesen Film wirklich noch nicht gesehen?*

Fragesätze ohne Fragewort, S. 201
Satzgefüge, S. 234

Die Partikel **ли (ль)** bezieht sich auf irgendein Wort eines Fragesatzes ohne Fragewort und wird diesem Wort nachgestellt. Im Gegensatz zu den anderen Fragepartikeln trägt sie **keine Zusatzbedeutung**. Sie kann auch wie das deutsche *ob* in einem Nebensatz auftreten, der eine **indirekte Frage** ausdrückt.

До́лго **ли** нам ещё лете́ть?	Я не зна́ю, до́лго **ли** нам ещё лете́ть.

2. **Ausrufepartikeln**: **что́ за**, **ну́ и**, **как**.
Diese Partikeln betonen die **emotionale Seite** der Aussage. Sie stehen immer am Anfang des Satzes.

Что́ за ерунда́ тут напи́сана!	*Was für ein Quatsch steht hier geschrieben!*
Ну́ и ве́тер сего́дня!	*Das ist vielleicht ein Wind heute!*
Как тут краси́во!	*Wie schön es hier ist!*

3. **Bekräftigende Partikeln**: **да́же**, **и**, **же (ж)**, **ведь**, **ни**.
Die Partikeln betonen einzelne Wörter und unterstreichen ihre **Wichtigkeit**. Die Partikeln **даже** und **и** haben dieselbe Bedeutung (*sogar*) und stehen immer vor ihrem Bezugswort.

Э́то **да́же** ребёнку поня́тно.	Э́то **и** ребёнку поня́тно.

Die Partikeln **же** und **ведь** haben ähnliche Bedeutung und werden ins Deutsche mit *doch* oder *ja* übersetzt.

Э́то **же** смешно́!	*Das ist doch lächerlich!*
Ты **ведь** меня́ зна́ешь.	*Du kennst mich ja.*

Die Partikel **ведь** bezieht sich auf den ganzen Satz und hat keinen festen Platz im Satzgefüge.

Ведь мы собира́лись пойти́ в кино́. Мы **ведь** собира́лись пойти́ в кино́. Мы собира́лись **ведь** пойти́ в кино́. Мы собира́лись пойти́ **ведь** в кино́.	*Wir hatten doch vor, ins Kino zu gehen.*

Die Partikel **же** kann sich ebenfalls auf den ganzen Satz beziehen. Sie kann aber nie am Anfang eines Satzes stehen. Bezieht sich **же** auf ein einzelnes Wort, so wird es diesem nachgestellt.

Ты **же** ещё не ви́дел мой но́вый смартфо́н!	*Du hast mein neues Smartphone doch noch gar nicht gesehen!*
Я покажу́ тебе́ его́ сейча́с **же**.	*Ich zeige es dir jetzt sofort.*
У тебя́ тако́й **же** телефо́н?	*Hast du genau so ein Telefon?*

Die Partikel **ни** verstärkt die Verneinung:

Die doppelte Verneinung, S. 225

Он не зна́ет **ни** сло́ва по-испа́нски.	*Er kennt kein (einziges) Wort auf Spanisch.*
У неё нет **ни** мину́ты вре́мени.	*Sie hat keine (einzige) Minute Zeit.*

4. **Einschränkende Partikeln: то́лько, лишь, лишь то́лько.**
Diese Partikeln **schränken die Aussage** auf ihr Bezugswort **ein**, **лишь то́лько** kann außerdem in der Bedeutung *kaum* (Zeit) auftreten. Am häufigsten wird die Partikel **то́лько** gebraucht. Die Partikeln **лишь** und **лишь то́лько** sind eher in der Literatursprache üblich. Alle einschränkenden Partikeln stehen vor dem Bezugswort.

Я **то́лько** приме́рила пла́тье, но не купи́ла его́.	Я приме́рила **то́лько** пла́тье, а джи́нсы мне не понра́вились.
Она́ **лишь** улыбну́лась ему́, и он был сча́стлив.	Она́ улыбну́лась **лишь** ему́, остальны́е лю́ди ничего́ не заме́тили.
Лишь то́лько мы отошли́ от до́ма, мне кто́-то позвони́л.	

5. **Hinweisende Partikeln: вот, вон, э́то.**
Die hinweisenden Partikeln **weisen** auf jemanden oder etwas **hin** und betonen das Bezugswort. Sie stehen meist am Anfang des Satzes, können aber auch andere Positionen einnehmen.

Вот мой дом.
Мои́ о́кна **вон** там, на тре́тьем этаже́.
Что́ **это*** за шум? – **Э́то** газо́нокоси́лка.

*Bei **что́ это** fällt die Betonung auf **что**, **это** hat keine eigene Betonung.

газо́нокоси́лка – *Rasenmäher*

6. Die **verneinende Partikel не** steht immer vor dem Bezugswort.

Она́ мне сего́дня **не** звони́ла.	*Sie hat mich heute nicht angerufen.*
Она́ мне **не** сего́дня звони́ла.	*Sie hat mich nicht heute angerufen*
Она́ **не** мне сего́дня звони́ла.	*Sie hat nicht mich heute angerufen.*
Не она́ мне сего́дня звони́ла.	*Nicht sie hat mich heute angerufen.*

Indefinitpronomen, S. 76
Negationspronomen, S. 73
Das Adverb, S. 181
Der Konjunktiv, S. 148

7. Eine besondere Gruppe stellen die Partikeln dar, die zur **Bildung neuer Wörter oder grammatikalischer Formen** dienen.

unbestimmte Pronomen und Adverbien	**ко́е-, -то, -ли́бо, -нибу́дь**	**кое**-кто́, что́-**то**, како́й-**либо**, куда́-**нибудь** …
verneinende Pronomen und Adverbien	**не-, ни-**	**не́**кто, **не́**что, **не́**который, **ни**куда́, **ни**когда́, **ни**како́й …
Konjunktiv	**бы (б)**	Она́ **бы** прочита́ла. Я **б** сказа́л.

Übungen

1. Setzen Sie die **passende Partikel** ein.*

ни • вон • то́лько • то • же • ни- • ведь • бы • ра́зве • да́же • же • ни … ни

a) Е́сли ____________ ты прие́хал, я была́ бы о́чень ра́да.

b) Извини́, у меня́ был ____________ оди́н бана́н.

c) Тебе́ кака́я-____________ же́нщина звони́ла.

d) ____________ ты меня́ не узнаёшь?

e) Мы ____________ учи́лись в одно́м кла́ссе.

f) У меня́ с собо́й нет ____________ копе́йки.

g) У меня́ ____________ кошелька́ с собо́й нет, я его́ забы́ла.

h) Они́ живу́т в том ____________ го́роде, что и твои́ знако́мые.

i) У них в э́том го́роде нет ____________ друзе́й, ____________ знако́мых.

j) Э́то поня́тно, ____________ они́ живу́т там всего́ две неде́ли.

k) ____________ там его́ шко́ла.

l) Вы ещё ____________когда́ здесь не́ были*?

*Bei **не́ были** fällt die Betonung auf **не**, **были** hat keine eigene Betonung.

2. In welchen Sätzen stehen die hervorgehobenen **Partikeln** an der **richtigen Stelle**?*

a) Он ку́рит **не**.

b) Вы **ра́зве** не слы́шали после́днюю но́вость?

c) Ты **как** гро́мко поёшь!

d) Он опя́ть опозда́л **неужéли**?

e) Откры́то **ли** окно́?

f) И́нна **ведь** мо́жет рабо́тать медсестро́й.

g) **Кое**-где́ уже́ лежи́т снег.

Richtig: ____ , ____ , ____ , ____

3. Setzen Sie **не** oder **ни** ein.**

a) Я _не_______ говорю́ по-португа́льски.

b) Он ________ говори́т ________ по-неме́цки, ________ по-англи́йски.

c) Э́то ________ моя́ кни́га.

d) У неё до́ма нет ________ пыли́нки.

e) По́вар ________ положи́л в суп ________ лу́ка, ________ чеснока́.

f) Ско́лько я ему́ ________ звоню́, ________ могу́ дозвони́ться.

g) Андре́й меня́ ________ о чём ________ проси́л.

пыли́нка – *Staubkorn*
чесно́к – *Knoblauch*
дозвони́ться + Dat. – *telefonisch erreichen*

4. Schreibt man die Partikeln **не** und **ни zusammen** (Z) oder **getrennt** (G)?**

	7	G
a) Я чита́ю (не)интере́сную кни́гу.	☐	☐
b) Мне (не́)когда разгова́ривать, у меня́ дела́.	☐	☐
c) Тепе́рь мы (ни)куда́ не пое́дем.	☐	☐
d) (Не)спа́вшие дво́е су́ток тури́сты уже́ усну́ли.	☐	☐
e) У вас ещё есть (не)подпи́санные конве́рты?	☐	☐
f) Почему́ ты так меня́ (не)нави́дишь?	☐	☐
g) Он уже́ (ни)на что́ не наде́ется.	☐	☐
h) Э́то (не)смешно́, а гру́стно.	☐	☐

14 МЕЖДОМЕ́ТИЕ – DIE INTERJEKTION

Die Bedeutung von Interjektionen hängt meist vom Kontext ab.
Ой, как краси́во!
Ой, как стра́шно!
Ой, заче́м ты э́то сде́лал?

Interjektionen geben **Gefühle** und **Willensäußerungen** wieder, ohne diese zu benennen.

Ух ты, как интере́сно!	*Ach, wie interessant!*
Увы́, я не могу́ прийти́.	*Leider kann ich nicht kommen.*

Form

Die russischen Interjektionen lassen sich nicht immer wortwörtlich ins Deutsche übersetzen. Sagen Sie die Sätze aus diesem Kapitel laut und probieren Sie ein paar deutsche Interjektionen (z. B. ach, oh, aua, boah, pfui etc.) aus.

Interjektionen sind **unveränderlich** und mit keinem Satzglied verbunden.

Alle Interjektionen sind entweder **ursprünglich** (meistens einsilbige Wörter wie **ой**, **ах**, **ух** usw.) oder von anderen Wortarten **abgeleitet**: **дава́й**, **у́жас**.

Nach einer Interjektion steht in der Regel ein **Komma** oder ein **Ausrufezeichen**.

Спаси́бо, всё бы́ло о́чень вку́сно.	**Тс**! Говори́те ти́ше!

Gebrauch

Interjektionen können verschiedene **Gefühle** und **Emotionen** ausdrücken, z. B. Angst, Freude, Begeisterung, Verwunderung, Bedauern, Schmerz u. a.

Брр, стра́шно!	**Ох**, как жаль, что вы не прие́дете.
Ура́! Я сдала́ экза́мен!	**Ай**, горячо́!
Ух ты, я тако́й красоты́ ещё не ви́дел!	**Фу**, кака́я проти́вная жа́ба!
	Ой, како́й ми́лый котёнок!

проти́вный – *eklig*
жа́ба – *Kröte*

 *Oh, schau, gleich gibt es ein Tor!*
 *Los! Komm!*
 *Hurra!!! Tor!!!*

Interjektionen können auch verschiedene **Willensäußerungen** ausdrücken:

Aufforderung zu antworten	ау, эй
Hilferuf	карау́л
Aufforderung, leise zu sein	цыц, тс, чш
Aufforderung, loszugehen oder stehen zu bleiben	марш, дава́й, стоп, вон
Aufforderung, etwas zu nehmen	на, на́те*

*In diesem Fall unterscheiden sich die Interjektionen nach der Zahl: **на** (Sg.) und **на́те** (Pl.). Genauso verändern sich die Interjektionen **дава́й**(**-те**), **здра́вствуй**(**-те**).

Eine weitere Gruppe bilden die **Höflichkeitswörter**: **алло́**, **приве́т**, **пока́**, **спаси́бо**, **пожа́луйста**, **здра́вствуйте** u. a.

– **Алло́**, **здра́вствуйте**! Позови́те, **пожа́луйста**, Серге́я к телефо́ну.
– **Здра́вствуйте**. Сейча́с позову́.
– **Спаси́бо**!

Zu den Interjektionen zählen auch **lautmalende Wörter**, Lautnachahmungen.

Колокола́ звоня́т: **дин-до́н**!
Бух! С кры́ши упа́л снег.
Коро́ва мычи́т: **му**.
Соба́ка ла́ет: **гав-гав**!

Manchmal kann eine Interjektion ein **Objekt erfordern**.

На́те вам ва́ши перча́тки.
Спаси́бо за сове́т.

Übungen

1. Suchen Sie die passende **Interjektion** aus.*

спoко́йной но́чи • извини́те • алло́ • здра́вствуйте • до свида́ния • бу́дьте здоро́вы • пожа́луйста • приве́т

a) *Извините* , мо́жно пройти́? – Да, коне́чно!

b) Апчхи́! – ____________.

c) ____________, переда́йте мне соль.

d) ____________, э́то Валенти́на? – Нет, вы оши́блись но́мером.

e) ____________, как твои́ дела́?

f) ____________, О́льга Петро́вна.

g) ____________, хоро́ших тебе́ снов!

h) ____________, Пётр Ильи́ч, был рад вас ви́деть.

ошиби́ться но́мером – *sich verwählen*

2. Welches **Tier** sagt das? Passen Sie auf, auch Tiere sprechen im russischsprachigen Raum anders!*

козá – *Ziege*
овцá – *Schaf*
воробéй – *Spatz*
кýрица – *Huhn*
петýх – *Hahn*
кукýшка – *Kuckuck*

мышь • свинья́ • кóшка • козá • овцá • воробéй • корóва • собáка • кýрица • петýх • кукýшка • лягýшка • гусь • ýтка

a) бе – ________________
b) му – ________________
c) ку-ку – ________________
d) ме – ________________
e) гав – ________________
f) мя́у – ________________
g) кукарекý – ________________
h) чик-чири́к – ________________
i) хрю-хрю – ________________
j) га-га – ________________
k) ква – ________________
l) кря – ________________
m) пи-пи – ________________
n) ко-ко-кó – ________________

3. Was sagen Sie in folgenden Situationen?**

a) Ein Unbekannter hat Ihnen einen Blumenstrauß geschenkt. _3_
b) Sie haben Kopfschmerzen und Ihre Kinder sind zu laut. ____
c) In Ihrer Suppe ist eine Fliege. ____
d) Sie wurden gerade überfallen. ____
e) Ein Kind rennt gleich über die Straße und es kommt ein Auto. ____
f) Sie schauen aus dem Fenster, draußen tobt ein Sturm. ____
g) Sie haben sich einen Hammer auf den Fuß fallen lassen. ____
h) Ihre Kollegin klagt über Migräne. ____
i) Ihr Computer ist plötzlich abgestürzt und alle Ihre Daten sind weg. ____
j) Sie sitzen in einem Straßencafé, plötzlich springt eine Katze auf Ihren Tisch.

____

1. Стоп!
2. Фу, какáя гáдость!
3. Ой, э́то мне?
4. Ох, сочýвствую.
5. Тс-с, не шуми́те.
6. Караýл! На пóмощь!
7. Ай, бóльно!
8. Ýжас, ну и погóда!
9. Брысь отсю́да!
10. Нет! Тóлько не э́то!

15 ПРОСТО́Е ПРЕДЛОЖЕ́НИЕ – DER EINFACHE SATZ

Ein **einfacher Satz** besteht aus einem **Prädikat** und/oder einem **Subjekt**. Er kann durch andere Satzglieder (Objekte, Bestimmungen) erweitert werden.

Satzglieder, S. 206
Sätze ohne grammatisches Subjekt, S. 216

Де́вочка поёт.
Де́вочка гро́мко **поёт** нам весёлую пе́сню.

Nach Art der Aussage unterscheidet man zwischen Aussagesätzen, Fragesätzen und Aufforderungssätzen.

Aussagesatz	Я ем макаро́ны.
Fragesatz	Ты ешь макаро́ны?
Aufforderungssatz	Е́шьте макаро́ны!

Die Wortstellung in Aussage- und Fragesätzen

Im Russischen ist die **Wortstellung** weitgehend **frei**. Das bedeutet, dass die einzelnen Satzglieder theoretisch an jeder beliebigen Stelle im Satz stehen können. Allerdings ist zu beachten, dass die Bedeutung des Satzes u. a. von der Wortstellung abhängt und deswegen jede Veränderung der Wortstellung **inhaltliche Verschiebungen** mit sich bringt.

1 *Liebst du mich?*

2 *Ja, sehr.*
3 *Heirate mich!*

15 ПРОСТО́Е ПРЕДЛОЖЕ́НИЕ – DER EINFACHE SATZ

Die Wortstellung in Aussage- und Fragesätzen

Adverbialbestimmungen können Informationen zur Zeit, zum Ort sowie zur Art und Weise der Handlung enthalten.

Aussagesätze

In einem neutralen Aussagesatz sieht die Wortstellung folgendermaßen aus:

Subjekt	(Adverbialbestimmung)	Prädikat	(Objekt im Dativ)	(Objekt im Akkusativ)
Со́лнце		све́тит.		
Са́ша	бы́стро	написа́л	мне	письмо́.

Das Adverb, S. 181

Einzelne Satzglieder können auch unabhängig von ihrer Position im Satz durch die Stimme betont werden.
Ты до́лжен был спроси́ть. (du und nicht jemand anderes)
Ты **до́лжен** был спроси́ть. (das wäre deine Pflicht gewesen)
Ты до́лжен был **спроси́ть**. (Du hättest fragen sollen, anstatt dir alleine den Kopf zu zerbrechen.)

Eine andere Reihenfolge der Satzglieder ist grundsätzlich möglich, allerdings kommt es dadurch zu einer **Bedeutungsverschiebung**. Satzglieder, die im Deutschen durch Anheben der Stimme oder die Position am Satzanfang **betont** werden (in den Beispielen unterstrichen), stehen dabei im Russischen am **Satzende**:

Са́ша бы́стро написа́л мне **письмо́**.	*<u>Einen Brief</u> hat Sascha mir noch schnell geschrieben.*
Са́ша бы́стро написа́л письмо́ **мне**.	*<u>Mir</u> hat Sascha noch einen Brief geschrieben.*

Fragesätze

Wie im Deutschen gibt es im Russischen **zwei Arten** von **Fragesätzen**. Die Fragesätze **mit Fragewörtern** dienen dazu, eine fehlende Information einzuholen. Fragen **ohne Fragewort** können mit **да** (*ja*) oder **нет** (*nein*) beantwortet werden.

Когда́ ты вернёшься? – Ве́чером.	На у́лице хо́лодно? – **Да.**
Како́го цве́та её глаза́? – Зелёного.	Дождь идёт? – **Нет.**

Fragesätze mit Fragewort

Interrogativpronomen, S. 69
Das Subjekt, S. 206

Zum Ausdruck einer Frage werden Fragewörter wie **что**? **кто**? **како́й**? **кото́рый**? **когда́**? **куда́**? **где**? **почему́**? **ско́лько**? u. a. verwendet. Sie stehen in der Regel **am Anfang des Satzes**.

Wenn das **Subjekt** des Satzes ein **Substantiv** ist, gilt folgende Wortstellung.

вы́мереть – *aussterben*

Fragewort	Prädikat	Subjekt
Где	живу́т	**жира́фы**?
Когда́	вы́мерли	**диноза́вры**?

Ist das **Subjekt** hingegen ein **Personalpronomen**, steht es direkt nach dem Fragewort.

ве́сить – *wiegen*

Fragewort	Subjekt	Prädikat
Куда́	**ты**	идёшь?
Ско́лько	**он**	ве́сит?

Fragesätze ohne Fragewort

Die Wortstellung eines Fragesatzes ohne Fragewort unterscheidet sich im Russischen nicht von der eines Aussagesatzes. Der Satzteil, der erfragt wird, wird durch **Anheben der Stimme betont** (in den Beispielen unterstrichen).

Ein weiterer wichtiger Unterschied zum deutschen Fragesatz besteht darin, dass die **Stimme am Satzende** nicht nach oben geht, sondern wie in einem Aussagesatz **nach unten**. Eine Ausnahme bilden die Sätze, in denen der erfragte Satzteil direkt vor dem Fragezeichen steht (s. das letzte Beispiel).

Она́ пойдёт с на́ми в кино́? – Да, она́ пойдёт с на́ми в кино́.
Она́ пойдёт с на́ми в кино́? – Нет, она́ пойдёт в кино́ с друзья́ми.
Она́ пойдёт с на́ми в кино́? – Нет, она́ пойдёт с на́ми в кафе́.

Die Partikel, S. 189

Zum Ausdruck einer Ja/nein-Frage können auch die Fragepartikeln **ли**, **ра́зве** und **неуже́ли** dienen. Die Partikel **ли** steht immer **nach dem Wort**, auf das eine Antwort gegeben werden soll. Die Fragepartikeln **ра́зве** und **неуже́ли** stehen meistens am **Anfang des Satzes**, **ра́зве** kann aber auch in der **Mitte** des Satzes stehen.

In der gesprochenen Sprache wird die Partikel **ли** in Fragen kaum gebraucht.

Далеко́ **ли** вы е́дете? – Да, далеко́.	**Ра́зве** ты не зна́ешь Зо́ю?
Лю́бите **ли** вы Бра́мса? – Да, люблю́.	Ты **ра́зве** не зна́ешь Зо́ю?
	Неуже́ли у него́ опя́ть грипп?

Aufforderungssätze

Mit Aufforderungssätzen drückt der Sprecher seinen **Wunsch** aus, andere Menschen **handeln zu lassen**. Meistens werden in solchen Sätzen Verben im Imperativ verwendet.

Der Imperativ, S. 144

Принеси́ мне, пожа́луйста, воды́.	Не на́до врать!

врать – *lügen*

Gebrauch der Aspekte im Imperativ, S. 114

Ist die Aufforderung an eine dritte **Person** gerichtet, wird die Partikel **пусть** (**пуска́й**) verwendet.

Пусть он зайдёт ко мне.	*Er soll bei mir vorbeikommen.*
Пуска́й де́ти игра́ют в де́тской.	*Die Kinder sollen im Kinderzimmer spielen.*

Пусть und **пуска́й** sind gleichbedeutend.

In **Losungen** benutzt man gewöhnlich die Partikel **да**.

Да здра́вствует мир и свобо́да!	*Es lebe der Frieden und die Freiheit!*
Да бу́дет свет!	*Es werde Licht!*

Aufforderungssätze

Das Präsens, S. 135
Das Präteritum, S. 131

Wird eine Aufforderung zum **gemeinsamen Handeln** ausgedrückt, in die sich der **Sprechende einschließt**, so steht das **Verb in der 1. Person Plural des Präsens** oder im **Präteritum Plural** (umgangssprachlich). Das Verb steht dabei meistens an der ersten Stelle.

Идём скоре́е.

Побежа́ли, а то опозда́ем.

Nach Aufforderungssätzen muss nicht unbedingt ein Ausrufezeichen stehen.

Ist die Aufforderung an **mehrere Personen** gerichtet, so endet das Verb auf **-те**. Diese Form dient auch als **Höflichkeitsform**.

Споёмте, друзья́!

Пойдёмте, пожа́луйста, сюда́.

Die Aspekte des Verbs, S. 108
Das Futur, S. 140

In der Umgangssprache kann die Aufforderung durch **дава́й** (**дава́йте**) verstärkt werden. Ist das bedeutungstragende Verb dabei **vollendet**, so steht es nach **дава́й** in der Form des **einfachen Futurs** (**1. Pers. Pl.**). Ist das **Verb unvollendet**, so steht es nach **дава́й** im **Infinitiv**.

Дава́й за́втракать.

Дава́й поза́втракаем.

Der Konjunktiv, S. 148

Eine **Empfehlung** kann mit dem Konjunktiv ausgedrückt werden.

Хорошо́ **бы*** тебе́ поспа́ть.

Вам **бы́ло бы** поле́зно пла́вание.

Scharfe **Befehle** und **Verbote** drückt man mit dem Infinitiv aus.

Стоя́ть!

Рука́ми **не тро́гать**!

* Das **бы** ist eine (umgangssprachliche) Verkürzung von **бы́ло бы**.

тро́гать – *anfassen, berühren*

Je nach **Art der Aufforderung** werden in Aufforderungssätzen unterschiedliche grammatische Konstruktionen verwendet.

Der Konjunktiv, S. 148
Die Aspekte des Verbs, S. 108

Eine **Bitte** kann mit dem Imperativ und **пожа́луйста** sowie mit einem Fragesatz mit dem verneinten Konjunktiv ausgedrückt werden:

Откро́й, пожа́луйста, буты́лку.

Вы не могли́ бы позва́ть Михаила?

Eine **Einladung** wird durch den Imperativ unvollendeter Verben ausgedrückt:

Заходи́те, раздева́йтесь.

Угоща́йтесь, пожа́луйста.

Um einen **Wunsch** oder eine **Empfehlung** auszusprechen, benutzt man gern den Konjunktiv:

Вам хорошо́ бы сде́лать переры́в.

Ты бы позвони́л мне когда́-нибудь.

Forderungen werden mit dem Imperativ vollendeter Verben geäußert:

предъяви́ть – *vorzeigen*

Вы́йдите из маши́ны.

Предъяви́те докуме́нты.

Wie im Deutschen werden für **Befehle** der Infinitiv oder gar Konstruktionen ohne Verb benutzt:

Встать, суд идёт.	Ру́ки вверх!

Auch in **Aufrufen** kann das Verb weggelassen werden:

Дава́йте не бу́дем ссо́риться.	Вперёд, за мной!

Übungen

1. Ergänzen Sie die Sätze mit den Informationen aus den Klammern.*

a) Я купи́л пазл. (вчера́, де́тям)

Я вчера купил детям пазл.

b) Продаве́ц не дава́л второ́й боти́нок. (до́лго, мне)

c) Почтальо́н прино́сит све́жие газе́ты. (всегда́, нам)

d) Макси́м показа́л свою́ но́вую маши́ну. (го́рдо, Са́ше)

e) И́горь сде́лает предложе́ние. (за́втра, Ле́не)

f) Врач вы́писал лека́рство. (сра́зу, больно́му)

g) Соба́ка принесла́ та́пки. (с ра́достью, хозя́ин)

h) Пе́тер да́рит цветы́. (ча́сто, Ри́вка)

i) Окса́на передаёт приве́т. (обы́чно, Андре́й)

боти́нок – *Schnürschuh*

сде́лать предложе́ние – *einen (Heirats-)Antrag machen*

хозя́ин – *Herrchen, Besitzer*

та́пок – *Hausschuh*

передава́ть приве́т – *grüßen lassen*

2. Kreuzen Sie an, welche Bedeutung die **Aufforderungssätze** haben.*

		Bitte	Empfehlung	Befehl
a)	Возьми́, пожа́луйста, тру́бку.	☐	☐	☐
b)	Тебе́ сто́ит поду́мать об э́том.	☐	☐	☐
c)	Позва́ть его́ сюда́!	☐	☐	☐
d)	Позвони́ мне, когда́ придёшь.	☐	☐	☐
e)	Да́йте мне, пожа́луйста, воды́.	☐	☐	☐
f)	Хорошо́ бы вам ме́ньше кури́ть.	☐	☐	☐
g)	Ни ша́гу вперёд!	☐	☐	☐
h)	Ты бы не отвлека́лся.	☐	☐	☐
i)	Ты не мог бы принести́ мне шарф?	☐	☐	☐

Dat. + сто́ить – *jmd. sollte*

отвлека́ться – *sich ablenken (lassen)*

3. Beantworten Sie die Fragen mit **ganzen** Sätzen und **betonen** Sie die in Klammern stehenden Wörter durch die **Position im Satz**.**

a) Куда́ ты ходи́л вчера́? – (в бассе́йн)

Я вчера ходил в бассейн.

b) Когда́ ты ходи́л в бассе́йн? – (вчера́)

____

c) Кому́ вы пода́рите э́ти цветы́? – (учи́тельнице)

____

d) Вы пое́дете и́ли полети́те в Ита́лию? – (полети́м)

____

фле́йта – *Flöte*

e) Кто из вас игра́ет на фле́йте? – (моя́ подру́га)

____

4. Stellen Sie **Fragen** zu den unterstrichenen Wörtern.**

a) *– Что у вас на обед?*

– У нас на обе́д <u>борщ</u>.

b) ____________________

ветря́нка (ветряна́я о́спа) – *Windpocken*

– Он боле́л <u>ветря́нкой</u>.

c) ____________________

– Э́то была́ пе́сня о любви́.

d) ______________________________

– По́сле у́жина я чита́ю.

e) ______________________________

– Мой сто́л стои́т во́зле окна́.

f) ______________________________

– Его́ роди́тели прие́дут за́втра.

5. Stellen Sie **Fragen: ohne Fragewort**, mit **ли**, **ра́зве** und **неуже́ли**.***

a) Ты хо́чешь моро́женого.

Ты хочешь мороженого?

Хочешь ли ты мороженого?

Разве ты хочешь мороженого?

Неужели ты хочешь мороженого?

b) Мари́на уме́ет танцева́ть ва́льс.

____

____

____

____

c) Пингви́ны не уме́ют лета́ть.

____

____

____

____

d) У неё есть брат.

____

____

____

____

Satzglieder

Wörter im Satz, die auf eine Frage antworten, heißen **Satzglieder**.

Вчера́ почтальо́н принёс посы́лку для на́шего сы́на.

Кто принёс посы́лку?	Почтальо́н.
Что сде́лал почтальо́н?	Принёс.
Когда́ почтальо́н принёс посы́лку?	Вчера́.
Что принёс почтальо́н?	Посы́лку.
Для кого́ почтальо́н принёс посы́лку?	Для сы́на.
Для чьего́ сы́на почтальо́н принёс посы́лку?	Для на́шего.

Die sechs Wörter, die in diesem Satz erfragt werden können, sind Satzglieder. **Hilfswörter** (z. B. die Präposition **для** sowie ggf. vorhandene Konjunktionen, Partikeln und Interjektionen) sind dagegen **keine Satzglieder**, weil man keine Fragen dazu bilden kann.

Das Grundgerüst des Satzes bilden in der Regel das **Subjekt** und das **Prädikat**. Vom Prädikat können **Objekte** und **Adverbialbestimmungen** abhängig sein. Das Subjekt, Objekte und Adverbialbestimmungen können durch **Attribute** näher bestimmt und damit erweitert werden.

како́в? – *wie ist etwas?*

Die Fälle, S. 18

Подлежа́щее – Subjekt	**кто**? **что**?	
Сказу́емое – Prädikat	**что де́лает**? **что де́лается**? **како́в**? **кто он**?	
Дополне́ние – Objekt	Fragen des Gen., Dat., Akk., Instr., Präp.	
Определе́ние – Attribut	**како́й**? **чей**? **кото́рый**?	
Обстоя́тельство – Adverbialbestimmung	des Ortes **где**? **куда́**? **отку́да**? der Zeit **когда́**?	des Zwecks **заче́м**? des Grundes **почему́**? der Art und Weise **как?**

влюблённый – *verliebt*

люби́мая/-ый – *Geliebte(r)*

Attribut	**Subjekt**	**Adverbialbestimmung**	**Prädikat**	**Objekt**
Мо́края	соба́ка	бы́стро	принесла́	мя́чик.
Влюблённый	ю́ноша	всегда́	ду́мает	о люби́мой.

Das Subjekt

Das **Subjekt** hängt nicht von anderen Satzgliedern ab und beantwortet die Fragen **кто**? oder **что**?

Das Substantiv, S. 16
Das Pronomen, S. 57

Ein Subjekt kann sein:

- ein **Substantiv** im Nominativ, das durch ein Attribut erweitert werden kann.

рыба́к – *Fischer*

пылесо́с – *Staubsauger*

Рыба́к ло́вит ры́бу.	<u>Мой</u> **пылесо́с** слома́лся.

- ein **Pronomen** im Nominativ

Я иду́ на рабо́ту.	**Все** хло́пают в ладо́ши.

- ein **substantiviertes Adjektiv**, **Partizip** oder **Zahlwort** im Nominativ

substantiviertes Adjektiv	**Взро́слые** сиде́ли в за́днем ряду́.
substantiviertes Partizip	**Встреча́ющие** подошли́ к по́езду.
substantiviertes Zahlwort	**Восемна́дцать** не де́лится на пять.

- ein **Verb** im Infinitiv

Кури́ть запреща́ется.	**Рабо́тать бы́ло интере́сно.**

- ein **Adverb**, eine **Interjektion** oder eine **Partikel** in der Funktion eines Substantivs

Adverb	На́ше **за́втра** бу́дет прекра́сно.
Interjektion	Его́ «**ура́**!» бы́ло слы́шно всем.
Partikel	«**Не**» с глаго́лами пи́шется разде́льно.

Wird das Subjekt durch eine **Wortverbindung** mit einer **Zahl**- oder **Mengenangabe** ausgedrückt, muss man die Form des Prädikats beachten.

Subjekt	Prädikat
Grundzahl im Nominativ + Substantiv im Genitiv	**Singular oder Plural** (mit **два, три, четы́ре** – meist im Plural) Ко мне пришли́ **две подру́ги**. Прошло́ **два́дцать мину́т**. Steht das Prädikat im Singular im **Präteritum**, so nimmt es die **sächliche Form** an: На ле́кции бы́ло **шесть студе́нтов**.
Sammelzahlwort im Nominativ + Substantiv im Genitiv	**Singular oder Plural**, mit **оба/обе** nur Plural Его́ ле́чит **тро́е враче́й**. Его́ ле́чат **тро́е враче́й**. Его́ ле́чат **о́ба врача́**.
Mengenangaben (мно́го, ма́ло, не́сколько u. a.) + Substantiv im Genitiv	mit **не́сколько**: Singular oder Plural **Не́сколько дете́й** пры́гали на дива́не. **Не́сколько мину́т** прошло́ незаме́тно. mit **ма́ло, нема́ло, мно́го, немно́го, ско́лько, сто́лько**: meist im Singular В шко́ле у меня́ бы́ло **ма́ло друзе́й**. В университе́те у меня́ ста́ло **мно́го друзе́й**.

хло́пать в ладо́ши – *in die Hände klatschen*

Substantivierte Adjektive, S. 52

за́дний ряд – *hintere Reihe*

встреча́ющий – *jmd., der eine Person abholt*

дели́ться – *teilbar sein*

кури́ть – *rauchen*

разде́льно – *getrennt*

Bei Zahlwörtern, die auf **оди́н/одна́/одно́** enden, steht das Prädikat im Singular und stimmt mit dem Substantiv im Geschlecht überein:
Прие́хал **со́рок оди́н студе́нт**.
Прие́хала **со́рок одна́ студе́нтка.**

Das Zahlwort, S. 84
Sammelzahlwörter, S. 91

Wenn Sie in Sätzen mit Sammelzahlwörtern den Plural verwenden, sind Sie immer auf der sicheren Seite.

незаме́тно – *wie im Flug*

со́тня – *Hundert*

деся́ток – *zehn*

дю́жина – *Dutzend*

избира́тель – *Wähler*

проголосова́ть – *abstimmen*

Subjekt	Prädikat
Zahlwörter wie ты́сяча, миллио́н, миллиа́рд und Substantive, die eine Menge bezeichnen (со́тня, деся́ток, дю́жина, гру́ппа, большинство́, часть u. a.)	Das Prädikat stimmt mit dem Substantiv in Zahl und Geschlecht überein. **Ты́сячи люде́й** уча́ствовали в ми́тинге. **Большинство́ избира́телей** проголосова́ло про́тив. Небольша́я **часть избира́телей** проголосова́ла за.
Substantiv im Nominativ + с + Substantiv im Instrumental	Plural **Брат с сестро́й** занима́ются ша́хматами.* **Ба́бушка с де́душкой** прие́дут за́втра.*
Zahlwort + из + Substantiv/Pronomen im Genitiv Plural	mit Zahlwörtern **оди́н/одна́/одно́/одни́:** Das Prädikat stimmt mit dem Substantiv in Zahl und Geschlecht überein. **Одна́ из лошаде́й** была́ больна́. **Одни́ из ту́фель** бы́ли сли́шком дороги́е. mit **anderen Zahlwörtern**: Plural **Дво́е из них** бы́ли вооружены́. **Че́тверо из нас** уже́ ушли́.

*In solchen Wortverbindungen kann man eins der Substantive oder beide Substantive durch Pronomen ersetzen: **Мы с ва́ми** встре́тимся на сле́дующей неде́ле. **Мы с бра́том** ча́сто встреча́емся по́сле рабо́ты.

Personalpronomen, S. 58

вооружён – *bewaffnet*

Abhängige Satzglieder

Die **anhängigen Satzglieder** werden im Russischen nach ihrer Funktion im Satz bzw. nach den Fragen, auf die sie antworten, in drei Gruppen unterteilt:

- **Objekte**
- **Attribute**
- **Adverbialbestimmungen**.

Das Substantiv, S. 16
Substantivierte Adjektive, S. 52
Das Partizip, S. 153
Die Fälle, S. 18
Die Präposition, S. 173

Das **Objekt** bezeichnet einen **Gegenstand** oder eine **Person, auf den bzw. auf die sich die Handlung des Satzes bezieht.** Es antwortet auf **Fragen aller Fälle außer dem Nominativ**. Das Objekt wird meist durch ein **Substantiv** oder **Pronomen**, seltener durch ein **substantiviertes Adjektiv** oder **Partizip** sowie eine **Wortverbindung** ausgedrückt.

Vom **Prädikat** hängt ab, in welchem **Fall** und/oder mit welcher **Präposition** das Objekt gebraucht wird.

Ему́ не хвата́ет **вре́мени**. (Substantiv)	не хвата́ть **чего́**?	**Gen.**
Я зави́дую **тебе́**. (Pronomen)	зави́довать **кому́**?	**Dat.**
Са́ша вспомина́ет **про́шлое**. (Adjektiv)	вспомина́ть **что**?	**Akk.**
Мы ду́маем **о проше́дшем**. (Partizip)	ду́мать **о чём**?	**Präp. + о**
Де́вочка игра́ет **с маши́нкой бра́та**. (Wortverbindung)	игра́ть **с чем**?	**Instr. + с**

не хвата́ть – *fehlen*

зави́довать – *neidisch sein, beneiden*

про́шлое, проше́дшее – *Vergangenheit*

Das **Attribut** bezeichnet ein **Merkmal** eines **Gegenstandes** oder einer **Person**. Es kann ein **Adjektiv**, **Partizip**, **Pronomen** oder ein **Zahlwort** sein und richtet sich in seiner Form nach seinem Bezugswort.

Там сиди́т **ры́жая** (Adjektiv) ко́шка.	**кака́я?**	Nom. Sg. fem.
Ма́ма жале́ет **пла́чущего** (Partizip) сы́на.	**какого?**	Akk. Sg. mask.
Твой (Pronomen) руба́шки уже́ вы́сохли.	**чьи?**	Nom. Pl.
Втора́я (Zahlwort) кни́га ещё у меня́.	**какая?**	Nom. Sg. fem.

Merken Sie sich beim Lernen neuer Verben, welchen Fall und welche Präpositionen sie erfordern!

Adverbialbestimmungen geben **Ort**, **Zeit**, **Zweck**, **Grund**, **Art** und **Weise** einer **Handlung** an und werden durch **Adverbien**, **Adverbialpartizipien** oder **Substantive mit Präpositionen** ausgedrückt.

§ Das Adverb, S. 181

Сего́дня я оста́нусь **до́ма**. (Adverbien)	**когда́? где?**	Zeit, Ort
Мы **с трудо́м** (Präposition + Substantiv) вста́ли.	**как?**	Art und Weise
Не дозвони́вшись (Adverbialpartizip), я пове́сила тру́бку.	**почему́?**	Grund
Ты де́лаешь э́то мне **назло́**. (Adverb)	**заче́м?**	Zweck

ры́жий – *rothaarig*

жале́ть – *trösten*

с трудо́м – *mühsam*

дозвони́ться – *telefonisch erreichen*

пове́сить тру́бку – *den Hörer auflegen*

назло́ – *zum Trotz*

Übungen

1. Unterstreichen Sie das **Subjekt** und schreiben Sie, welche Wortart es ist.*

a) Мы сиди́м на ле́стнице и разгова́риваем. (*Pronomen*)

b) Понеде́льник – день тяжёлый. (________)

c) Фотографи́ровать здесь нельзя́. (________)

d) Чита́ющие мно́го зна́ют. (________)

e) Се́меро одного́ не ждут. (________)

f) Меня́ разбуди́ло гро́мкое «мя́у!». (________)

g) На́ше за́втра начина́ется сего́дня. (________)

h) Рабо́чие возвраща́ются с фа́брики. (________)

Се́меро одного́ не ждут. – *Sechs oder sieben sollen nicht harren auf einen Narren, sondern essen und des Narren vergessen.*

2. Setzen Sie die **Prädikate** in die richtige Form.**

го́лубь – *Taube*

a) Мы с Ма́шей никогда́ не *ссоримся* ____________ (ссо́риться – Präs.).

b) Шесть дете́й ______________________ (уме́ть – Präs.) са́ми одева́ться.

c) В аква́риуме ______________________ (пла́вать – Präs.) мно́го ра́зных краси́вых ры́бок.

Sammelzahlwörter, S. 91 §

d) Большинство́ посети́телей музе́я ______________________ (не знать – Präs.) об э́том за́ле.

e) Сто оди́н студе́нт ______________________ (прийти – Prät.) на ле́кцию.

f) Па́ра сапо́г ______________________ (сто́ять – Prät.) в коридо́ре.

g) Ско́лько часо́в ______________________ (пройти́ – Prät.) по́сле опера́ции?

h) Не́сколько велосипе́дов ______________________ (упа́сть – Prät.) от ве́тра.

i) Ио́сиф с Мари́ей ______________________ (уйти́ – Prät.) из го́рода.

3. Bilden Sie **Sätze** im Präteritum, achten Sie auf die Form des Subjekts und des Prädikats.***

a) на/пло́щадь/быть/мно́го/го́луби

____

b) не́сколько/друзья́/стоя́ть/у/метро́

____

c) в/э́тот/бале́т/танцева́ть/два/изве́стный/балери́на

____

d) о́ба/её/сын/у́читься/игра́ть/на/гита́ра

____

e) мы/с/сестра́/хо́дить/в/кино́

____

f) на/кры́ша/сиде́ть/шесть/ко́шка

____

Das Prädikat

Das Prädikat hängt grammatisch vom Subjekt ab. Es bestimmt das Subjekt näher, indem es auf die Fragen **что де́лает**? (*was macht?*) **что де́лается**? (*was geschieht?*) **како́в**? (*wie ist?*) **како́й**? (*was für ein?*) **кто он**? (*wer/ was ist er?*) antwortet.

Что де́лают строи́тели?	Строи́тели **стро́ят** дом.
Что де́лается с дождём?	Дождь **начина́ется**.
Какова́ пого́да?	Пого́да **хороша́**.
Кака́я сейча́с пого́да?	Пого́да сейча́с **хоро́шая**.
Кто он по профе́ссии?	Он – **кло́ун**.

Das Prädikat kann eine **Handlung**, einen **Zustand**, eine **Eigenschaft** oder eine **Qualität** der durch das Subjekt ausgedrückten Person bzw. des Gegenstandes bezeichnen.

Das Prädikat stimmt mit dem Subjekt in der **Zahl** überein. Im Präteritum hat es außerdem dasselbe grammatische **Geschlecht** wie das Subjekt, im Präsens und im Futur dieselbe **Person**.

§ **Das Präteritum**, S. 131
Das Präsens, S. 135
Das Futur, S. 140

Арти́ст **поёт**.	Арти́ст **пел**.
Арти́сты **пою́т**.	Арти́стка **пе́ла**.
Вы **поёте**.	Вы **пе́ли**.

Man unterscheidet zwischen dem **einfachen** und dem **zusammengesetzten** Prädikat.

Das einfache Prädikat besteht aus einem Verb im Indikativ, im Konjunktiv oder im Imperativ.

Der Konjunktiv, S. 148
Der Imperativ, S. 144

Indikativ	Же́ня **учи́лся** в университе́те. Же́ня **у́чится** в университе́те. Же́ня **бу́дет учи́ться** в университе́те.
Konjunktiv	Же́ня **бы учи́лся** в университе́те.
Imperativ	**Учи́сь** в университе́те!

Das zusammengesetzte Prädikat besteht aus zwei Teilen:

Пого́да **была́ отли́чная**.	Он **мо́жет уе́хать**.

Es gibt zwei Typen von zusammengesetzten Prädikaten: das **zusammengesetzte nominale** und das **zusammengesetzte verbale** Prädikat.

Ein **zusammengesetztes nominales Prädikat** setzt sich aus einem **Kopulaverb** und dem **Prädikatsnomen** zusammen.

Satzglieder: Das Prädikat

Im Präsens wird die Kopula **быть** meistens weggelassen.
Я гото́ва. (Präs.)
Я была́ гото́ва. (Prät.)

Das **Kopulaverb** hat keine eigene Bedeutung, es bestimmt nur die **Zeit** und den **Modus** (Indikativ, Konjunktiv, Imperativ) des Prädikats. Meistens erscheint das Verb **быть** in dieser Funktion, aber auch einige andere Verben wie **явля́ться**, **каза́ться**, **станови́ться**, **ока́зываться**, **счита́ться** u. a. können als Kopulaverben gebraucht werden.

Das Verb *быть*, S. 120

Он **был профе́ссором**.	Э́то **ка́жется** мне **стра́нным**.
Моро́з **бу́дет си́льный**.	Кристи́на **ста́ла учи́тельницей**.
Будь гото́в к вы́ходу.	И́горь **счита́ется** хоро́шим **специали́стом**.

Die Kopulaverben können nicht alleine auftreten, sie werden nur mit Prädikatsnomen gebraucht!

Der nominale Teil des Prädikats (das **Prädikatsnomen**) füllt die Bedeutung des Verbs mit **Sinn** auf und wird durch folgende Wortarten ausgedrückt:

- durch ein **Substantiv**:

Im **Präsens** steht das Substantiv im **Nominativ**, im **Präteritum** und im **Futur** im **Instrumental**.

Его́ сестра́ – **студе́нтка**.	Мю́нхен – **столи́ца** Бава́рии.
Она́ бу́дет **экономи́стом**.	Бонн был **столи́цей** ФРГ.

Die Lang- und die Kurzform der Adjektive, S. 44
Die Steigerung der Adjektive, S. 49

- durch ein **Adjektiv**:

Adjektive können als Prädikate in ihren Kurz-, Lang- und Steigerungsformen auftreten.

Кни́га **была́ интере́сная**.	Э́та кни́га **была́ интере́снее** друго́й.
Кни́га **была́ интере́сна**.	Эта кни́га – **са́мая интере́сная**.

In der gesprochenen Sprache wird häufiger der Nominativ, in der Schriftsprache der Instrumental gebraucht.

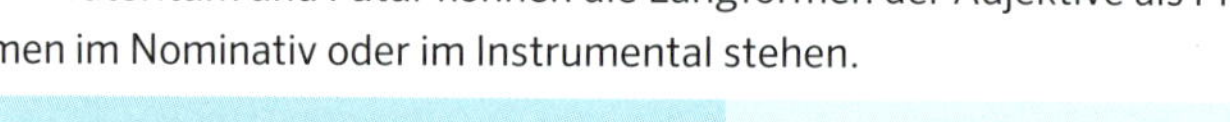

Im Präteritum und Futur können die Langformen der Adjektive als Prädikatsnomen im Nominativ oder im Instrumental stehen.

Ночь **была́ тёмная**.	Ночь **была́ тёмной**.
Доро́га **бу́дет дли́нная**.	Доро́га **бу́дет дли́нной**.

Ein Attribut bestimmt ein Wort näher, indem es Eigenschaften einer Person bzw. eines Gegenstandes bezeichnet.

Tritt die Langform des Adjektivs als Prädikatsnomen auf, so steht sie gewöhnlich nach dem Subjekt und dem Kopulaverb. Wenn das Adjektiv in der Langform vor dem Subjekt steht, ist es ein Attribut.

Вчера́ была́ **хоро́шая** пого́да. (Attribut)	*Gestern war schönes Wetter.*
Пого́да была́ **хоро́шая**. (Prädikatsnomen)	*Das Wetter war schön.*

Die Kurzform der Partizipien, S. 163

- durch ein **Partizip Passiv** in der Kurzform:

Дом **постро́ен**.	Письмо́ **бу́дет отпра́влено** за́втра.

- durch ein **Zahlwort**, **Adverb** oder **Pronomen**:

Три́жды три **бу́дет де́вять**. Поли́на **была́ не за́мужем**.	Кто́ **это**? Э́ти боти́нки – **мои́**.

§ Das Zahlwort, S. 84
Das Adverb, S. 181
Das Pronomen, S. 57

- durch ein **Adjektiv** oder **Pronomen** + **Substantiv** im Genitiv:

Мой брат **большо́го ро́ста**. Пече́нье **ста́ло кори́чневого цве́та**.	Пла́тье **бы́ло моего́** разме́ра. Окно́ **бу́дет тако́й ширины́**.

пече́нье – *Gebäck, Plätzchen*

ры́нок – *Markt*

- durch **оди́н** + **из Substantiv** oder **Adjektiv** im Plural:

О́льга – **одна́ из дочере́й** Арка́дия Степа́новича.	Э́тот ноутбу́к – **оди́н из са́мых** лу́чших на ры́нке.

Ein **zusammengesetztes verbales Prädikat** besteht aus einem **Infinitiv** und der konjugierten Form des **Hilfsverbs**.

Он **уме́ет лета́ть**.	Снег **на́чал та́ять**.

Die **Hilfsverben** werden nach ihrer Bedeutung in zwei Gruppen eingeteilt.

Mit diesen Verben werden immer unvollendete Verben gebraucht.

- Verben, die den **Beginn**, die **Fortdauer** und das **Ende** einer Handlung oder eines Zustands ausdrücken

Мы **начина́ем** убира́ть. Пев́ец **стал** петь.	Дождь **продолжа́ет** идти́. Они́ **переста́ли** ссо́риться.

Bezeichnung des Beginns und des Endes einer Handlung, S. 111

- Verben, die das **Können** oder das **Wollen** bezeichnen

Вы **мо́жете** войти́. Она́ **уме́ет** меня́ть ла́мпочки.	О́ля **хо́чет** похуде́ть. Она́ **стара́ется** ме́ньше есть.

ла́мпочка – *Glühbirne*

Mit diesen Verben kann der Infinitiv sowohl des vollendeten als auch des unvollendeten Aspekts gebraucht werden.

Я сейча́с не могу́ **говори́ть**. (uv)	Я сейча́с не могу́ ничего́ **сказа́ть**. (v)

Die Aspekte des Verbs, S. 108
Die Lang- und die Kurzform der Adjektive, S. 44
Das Verb *быть*, S. 120

Außerdem können die **Kurzformen** der **Adjektive до́лжен** (*muss*), **гото́в** (*bereit*), **согла́сен** (*einverstanden*), **рад** (*froh*), **обя́зан** (*verpflichtet*) und einige andere als Bestandsteil des zusammengesetzten verbalen Prädikats vorkommen. Im Präteritum und im Futur steht das Kopulaverb **быть** in der jeweiligen Form.

Я **был бы** о́чень **рад** вас ви́деть. Они́ **бы́ли обя́заны** подписа́ться.	Вы **гото́вы** обе́дать? Она́ **бу́дет должна́** плати́ть штраф.

подписа́ться – *Unterschrift setzen*

Übungen

1. Unterstreichen Sie das **Prädikat** und bestimmen Sie, ob es ein **einfaches** (A), **zusammengesetztes nominales** (B) oder **zusammengesetztes verbales** (C) ist.

a) Врач осма́тривает больно́го. (*A*)

b) Де́ти игра́ют в баскетбо́л. (___)

c) Вы удивлены́? (___)

d) Мо́ника – воспита́тельница. (___)

e) Я о́чень рад вас ви́деть. (___)

f) Был зи́мний день. (___)

g) Ночь была́ холодна́. (___)

h) Ему́ бу́дет нужна́ ва́ша по́мощь. (___)

i) Я ухожу́ домо́й. (___)

j) Парикма́херская начина́ет рабо́тать в во́семь часо́в. (___)

k) Они́ хотя́т написа́ть вме́сте но́вый рома́н. (___)

2. Finden Sie alle **15 Wörter**, die **mit einem Infinitivverb** gebraucht werden können.**

Seien Sie vorsichtig: Hier haben sich einige Verben versteckt, die nicht mit dem Infinitiv zu gebrauchen sind!

А	Г	У	Ч	И	Т	Ь	С	Я	С	Н	Й
М	О	Ч	Ь	Д	В	Х	И	З	П	А	К
Р	Т	М	Ч	Б	А	Ё	П	Н	А	Д	О
Д	О	Л	Ж	Е	Н	Ж	Р	У	Т	О	Н
Щ	В	Ъ	Э	Г	Л	Р	А	Д	Ь	Е	Ч
Б	Ф	О	Ъ	А	О	Д	З	Л	С	Д	А
Л	Ю	Б	И	Т	Ь	И	Р	О	Т	А	Т
Я	Х	Я	З	Ь	Ж	Д	Е	Л	А	Т	Ь
В	С	З	Ш	К	М	Е	Ш	А	Т	Ь	Ж
Ч	З	А	П	Р	Е	Щ	А	Т	Ь	Р	Б
Г	У	Н	Р	Е	Ш	А	Т	Ь	Д	К	В
Д	Е	П	Б	Р	А	Т	Ь	И	М	Х	О

готов ______ ______

______ ______ ______

______ ______ ______

______ ______ ______

______ ______ ______

3. Schreiben Sie die Sätze nach dem Muster im **Konjunktiv**. Benutzen Sie dabei die Wörter aus der Schüttelbox.**

у́мный • холосто́й • дешёвый • коро́ткий • не за́мужем • ти́хий • здоро́вый

a) Я глу́пый.

Если бы я был умный!

b) Ты бо́лен.

c) Му́зыка сли́шком гро́мкая.

d) Артём жена́т.

e) Ва́ля за́мужем.

f) Э́та ю́бка сли́шком дли́нная.

g) Э́то дорого́й биле́т.

жена́тый – *verheiratet* (auf einen Mann bezogen)

холосто́й – *ledig* (auf einen Mann bezogen)

за́мужем – *verheiratet* (auf eine Frau bezogen)

не за́мужем – *ledig* (auf eine Frau bezogen)

4. In welchen Sätzen ist das **Prädikat falsch** markiert?**

		Falsch
a)	Пусть Мари́на мне напи́шет!	☐
b)	Э́тот фотоаппара́т был совсе́м но́вый.	☐
c)	Я зна́ю А́ллу Серге́евну.	☐
d)	Мы переста́ли разгова́ривать.	☐
e)	За́втра бу́дет но́вый день.	☐
f)	Окно́ бы́ло вы́мыто до бле́ска.	☐
g)	Ма́льчик бои́тся идти́ к врачу́.	☐
h)	Дава́й пригото́вим пельме́ни.	☐
i)	Твоя́ сестра́ тако́го же ро́ста?	☐
j)	Мне нужна́ ру́чка.	☐

блеск – *Glanz*

пельме́ни – *Teigtaschen*

Sätze ohne grammatisches Subjekt

In Sätzen ohne grammatisches Subjekt findet man **kein Substantiv und kein Pronomen im Nominativ. Dieser Satztyp ist** im Russischen eine weitverbreitete Erscheinung. In Abhängigkeit von der Konjugationsform des Verbs geben die Sätze ohne grammatisches Subjekt unterschiedliche Bedeutungen wieder.

По телеви́зору **пока́зывают** но́вый фильм.	*Im Fernsehen wird ein neuer Film gezeigt.*
Ему́ никогда́ не **дозвони́шься**!	*Ihn kann man telefonisch nie erreichen!*
Мне **жа́рко**.	*Mir ist heiß.*

Unbestimmt-persönliche Sätze

Unbestimmt-persönliche Sätze enthalten **kein Subjekt**, ihr Prädikat bezeichnet eine Handlung, die von einem unbestimmten Personenkreis ausgeführt wird.

буке́т цвето́в – *Blumenstrauß*

Вам **пи́шут**.	Мне **подари́ли** буке́т цвето́в.

Form

Im Präsens oder im Futur steht das **Verb**, das das Prädikat eines unbestimmt-persönlichen Satzes bezeichnet, immer in der **3. Person Plural**. Im Präteritum steht das Verb in der Pluralform.

Präteritum	Мне **звони́ли**?
Präsens	Мне **звоня́т**.
Futur	Мне **бу́дут звони́ть.**

Gebrauch

Unbestimmt-persönliche Sätze werden gebraucht, wenn die handelnde Person unwichtig ist und die **Aufmerksamkeit** des Sprechers der **Handlung** bzw. dem **Ereignis** gilt (wie in deutschen Sätzen mit *man* als Subjekt).

!

Einige russische unbestimmt-persönliche Sätze lassen sich ins Deutsche weder mit *man* noch mit einer Passivkonstruktionen übersetzen: **Меня́ зову́т Еле́на**. – *Ich heiße Jelena.*

Мне не **да́ли** вы́ступить.	*Man ließ mich nicht auftreten.*
Об э́том **писа́ли** в газе́тах.	*Darüber schrieb man in den Zeitungen.*

Mit unbestimmt-persönlichen Sätzen kann man auch deutsche **Passivkonstruktionen** übersetzen.

Das Passiv, S. 151

Дом **постро́или** в 1956 году́.	*Das Haus wurde 1956 gebaut.*

Die Handlung, um die es in einem unbestimmt-persönlichen Satz geht, wird entweder von **einer unbestimmten Anzahl von Personen** oder **einer einzelnen, nicht näher bestimmten Person** ausgeführt.

Вокза́л **ремонти́руют** уже́ два го́да. (mehrere handelnde Personen)	Мне **принесли́** письмо́. (eine handelnde Person)

In einigen Fällen ist unklar, ob die Handlung von einer oder von mehreren Personen ausgeführt wird.

Вас **ждут**.	К тебе́ **пришли́**.

Allgemein-persönliche Sätze

In allgemein-persönlichen Sätzen bezeichnet das Prädikat eine **Handlung**, die **von einer beliebigen Person** ausgeführt werden kann.

Её не **переубеди́шь**. Вас ниче́м не **удиви́шь!**	*Sie ist nicht zu überzeugen.* *Ihr seid durch nichts zu beeindrucken!*

Allgemein-persönliche Sätze werden oft mit der Konstruktion *ist … zu* (+ Inf.) ins Deutsche übersetzt.

Form

Das Prädikat wird in allgemein-persönlichen Sätzen **meist** durch ein **Verb** der **2. Person Singular** wiedergegeben.

Слеза́ми го́рю не **помо́жешь**.*	Тако́й му́зыки бо́льше нигде́ не **услы́шишь**.

Das Prädikat kann auch durch ein **Verb** im **Imperativ** (Singular) ausgedrückt werden.

Век **живи́** - век **учи́сь**.*	Не **роди́сь** краси́вой, а **роди́сь** счастли́вой.*

Oft steht das Verb in der **3. Person Plural**.

По́сле дра́ки кулака́ми не **ма́шут**.*	В лес дров не **во́зят**.*

Seltener wird das Prädikat durch ein Verb in der **1. Person Plural** ausgedrückt.

Что **име́ем** - не **храни́м**, **потеря́ем** - **пла́чем**.*

Allgemein-persönliche Sätze kommen besonders häufig in **Sprichwörtern** vor (hier mit * gekennzeichnet).

слеза́ - *Träne*
го́ре - *Unglück*
век - *Jahrhundert*
дра́ка - *Schlägerei*
кула́к - *Faust*
дрова́ - *(Brenn-)Holz*
храни́ть - *bewahren*
В лес дров не во́зят.- *Man sollte keine Eulen nach Athen tragen.*
По́сле дра́ки кулака́ми не ма́шут. - Begangene Tat leidet keinen Rat.

Gebrauch

Allgemein-persönliche Sätze werden gebraucht, wenn eine Handlung von einer beliebigen Person ausgeführt werden kann oder eine Behauptung für alle gilt (vor allem in **Sprichwörtern**, hier mit * gekennzeichnet).

Когда́ **чита́ешь** интере́сную кни́гу, **забыва́ешь** обо всём.

Знай бо́льше, а **говори́** ме́ньше.*

Unpersönliche Sätze

Unpersönliche Sätze bezeichnen Handlungen, die nicht von einer **handelnden Person** ausgeführt werden, also kein reales Subjekt haben.

Ста́ло холода́ть.	*Es wird kälter.*
Мне **ску́чно**.	*Mir ist langweilig.*

Form

Das **Prädikat** in einem unpersönlichen Satz kann in verschiedenen Formen auftreten.

Unpersönliche Verben, S. 127

1. **Unpersönliche Verben** als Prädikat

Unpersönliche Verben stehen immer in der **3. Person Singular**, im Präteritum in der sächlichen Form.

Ди́му **знobи́т**.	*Dima hat Schüttelfrost.*
Сего́дня Ми́ре не **спи́тся**.	*Heute kann Mira nicht (ein-)schlafen.*

Das Prädikat kann auch **zusammengesetzt** sein und ein **Hilfsverb** enthalten. Dabei steht das bedeutungstragende Verb im Infinitiv.

холода́ть – *kalt werden*
смерка́ться – *dämmern*
сто́ить – *sich lohnen*

Ста́ло холода́ть.	**Начало́** смерка́ться.

In anderen Sätzen besteht das zusammengesetzte Prädikat aus einem **unpersönlichen Verb** in der 3. Pers. Sg. (Präsens und Futur) bzw. im Sg. neutr. (Präteritum) und dem **Infinitiv** eines **persönlichen Verbs**.

Мне **хо́чется есть**.	Тебе́ **не сто́ит волнова́ться**.
Мне бу́дет **хоте́ться есть**.	Тебе́ не **сто́ило волнова́ться**.

2. Einige **persönliche Verben** können als Prädikat in unpersönlichen Sätzen auftreten. Dabei erhalten sie unpersönliche Bedeutung.

persönliche Sätze		unpersönliche Sätze	
Не́бо **темне́ет**.	*Der Himmel wird dunkel.*	Уже́ **темне́ет**.	*Es wird dunkel.*
Ду́ет ве́тер.	*Der Wind bläst.*	В ко́мнате **ду́ет**.	*Im Zimmer zieht es.*

Manchmal lassen sich **persönliche Sätze durch unpersönliche ersetzen**. Ihre Bedeutung bleibt dabei unverändert. Bei der Umformung eines persönlichen Satzes wird das Subjekt zum Instrumentalobjekt und das Prädikat wird in die sächliche Singularform des Präteritums gesetzt.

Meistens handelt es sich dabei um Naturereignisse, als Subjekt der persönlichen Sätze treten also Substantive wie **дождь**, **снег**, **вода́**, **ве́тер**, **гроза́** usw. auf.

persönliche Sätze		unpersönliche Sätze	
Маши́ну **завали́л** снег.	*Der Schnee hat das Auto unter sich begraben.*	Маши́ну **завали́ло** сне́гом.	*Das Auto wurde unter dem Schnee begraben.*
Доро́гу **размы́л** дождь.	*Der Regen hat den Weg weggespült.*	Доро́гу **размы́ло** дождём.	*Der Weg wurde vom Regen weggespült.*

завали́ть – *begraben*
размы́ть – *wegspülen*
гроза́ – *Gewitter*

3. **Prädikative Adverbien** können als Prädikat eines unpersönlichen Satzes gebraucht werden. Im Präteritum und im Futur werden die entsprechenden Formen von **быть** gebraucht, im Präsens wird es weggelassen. Anstelle von **быть** können auch die Verben **станови́ться**, **ока́зываться**, **каза́ться**, **де́латься** verwendet werden.

Мне **жа́рко**. Мне **бы́ло жа́рко**. Мне **бу́дет жа́рко**.	Вошли́ го́сти, и **ста́ло шу́мно**. В ваго́не **оказа́лось пу́сто**. Вдруг **сде́лалось темно́**.

Prädikate mit einem prädikativen Adverb können auch ein **Infinitivverb** enthalten.

Смешно́ ду́мать об э́том.	Сюда́ **мо́жно прие́хать** то́лько на маши́не.

Unpersönliche Sätze mit **слы́шно**, **ви́дно** lassen sich **durch persönliche ersetzen**. Dabei wird das Akkusativobjekt (oder das Genitivobjekt bei Verneinung) zum Subjekt des persönlichen Satzes und das prädikative Adverb wird durch die Kurzform des Adjektivs ersetzt.

unpersönliche Sätze	persönliche Sätze
Ви́дно ра́дугу. **Не слы́шно** голосо́в.	Ра́дуга **видна́**. Голоса́ не **слышны́**.

ра́дуга – *Regenbogen*

Die Kurzform der Partizipien, S. 163

4. **Kurzformen** der **Partizipien** können auch als Prädikate von unpersönlichen Sätzen auftreten.

In einem unpersönlichen Satz mit einer Kurzform eines Partizips als Prädikat kann **kein direktes Objekt** stehen (es sei denn, das Partizip hat ein Infinitivverb bei sich).

В журна́ле **напи́сано** об э́том.	Мне **ска́зано** вас **встре́тить**.

Unpersönliche Sätze mit Partizipien als Prädikat kann man **in unbestimmt-persönliche Sätze umwandeln**:

unpersönliche Sätze	**unbestimmt-persönliche Sätze**
Здесь **запрещено́ кури́ть**. По́сле обе́да **решено́ идти́** да́льше.	Здесь **запреща́ется кури́ть**. По́сле обе́да **реши́ли идти́** да́льше.

Die Negation, S. 224

5. Das **Nichtvorhandensein** bzw. das **Fehlen** einer Person oder eines Gegenstands wird durch unpersönliche Sätze mit **нет** (Präsens), **не́ было** (Präteritum) und **не бу́дет** (Futur) als Prädikat ausgedrückt.

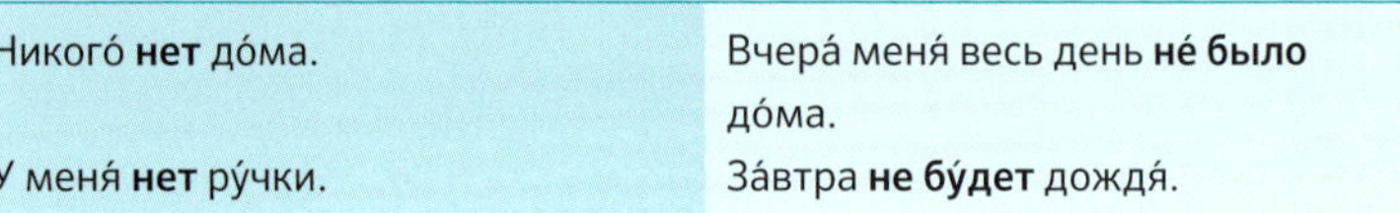

Никого́ **нет** до́ма.	Вчера́ меня́ весь день **не́ было** до́ма.
У меня́ **нет** ру́чки.	За́втра **не бу́дет** дождя́.

Das Substantiv oder das Pronomen, das den fehlenden Gegenstand bzw. die fehlende Person bezeichnet, steht im Genitiv.

In verneinten unpersönlichen Sätzen können auch andere Verben mit **не** auftreten: **не существу́ет, не ста́ло, не оказа́лось, не нашло́сь, не быва́ет**.
Гно́мов **не быва́ет**.

Handelt es sich in einem unpersönlichen Satz um eine **Person**, so lässt sich der Satz durch einen **persönlichen** ersetzen. Das Genitivobjekt des unpersönlichen Satzes wird dabei zum Subjekt des persönlichen Satzes. Handelt es sich um einen **Gegenstand**, kann man den **Satz nicht in einen persönlichen** umwandeln.

unpersönliche Sätze	**persönliche Sätze**
Окса́ны **не́ было** на пра́зднике. В ко́мнате **не́ было** ла́мпы.	Окса́на **не была́** на пра́зднике. –

Gebrauch

Unpersönliche Sätze beschreiben meist eine Handlung oder einen Zustand, die entweder gar **keine handelnde Person** bzw. **keinen handelnden Gegenstand** voraussetzen oder deren **Subjekt zweitrangig** ist, weil die Handlung an sich in den Vordergrund tritt.

Ста́ло темно́. (keine handelnde Person)	Мне не **спи́тся**. (der Zustand ist wichtiger als das Subjekt)

Die unpersönlichen Sätze mit unpersönlichen Verben als Prädikat berichten meist über den **Zustand** der **Natur** oder den **psychischen** bzw. den **physischen Zustand** des **Menschen**. Sie können auch das **Nichtvorhandensein** oder das **Fehlen** von jemandem oder von etwas sowie das **Müssen** oder **Wollen** bezeichnen.

Темне́ет.	Вла́ду **хоте́лось** петь.
Ребёнка **моро́зит**.	Ему́ **пришло́сь** уйти́.
Мне не **хвата́ет** тебя́.	Им **на́до** пое́сть.

Durch das Benutzen von unpersönlichen Sätzen wird eine gewisse **Unwillkürlichkeit** einer **Handlung** oder eines Zustands zum Ausdruck gebracht. Die Handlung wird also nicht durch das Subjekt, sondern durch **äußere Umstände** verursacht.

Я **хочу́** танцева́ть.	Мне **хо́чется** танцева́ть.
(Das ist mein Wunsch.)	(Weil die Musik so feurig ist.)

Das unpersönliche Verb **хоте́ться** drückt außerdem einen schwächeren Wunsch als **хоте́ть** aus. Я **хочу́** танцева́ть. *Ich will tanzen.* – Мне **хо́чется** танцева́ть. *Ich möchte tanzen.*

Übungen

1. Verwandeln Sie die **persönlichen** Sätze in **unbestimmt-persönliche**.*

a) Тебе́ кто-то звони́т.

Тебе звонят.

b) Врач вы́рвал мне зуб.

____

c) Кто́-то подари́л ей цветы́.

____

d) На ме́сте па́рка строи́тели постро́или торго́вый центр.

____

e) Стюарде́ссы про́сят пассажи́ров пристегну́ться.

____

f) У нас всегда́ кто́-то све́рлит.

____

g) Тебя́ уже́ кто́-нибудь поздра́вил с Но́вым го́дом?

____

вы́рвать зуб – *einen Zahn ziehen*

торго́вый центр – *Einkaufszentrum*

пристегну́ться – *sich anschnallen*

сверли́ть – *bohren*

2. Bestimmen Sie, ob die Sätze **persönlich** (P) oder **allgemein-persönlich** (AP) sind.*

		P	AP
a)	Ты ре́дко сиди́шь до́ма.	☐	☐
b)	С тобо́й не соску́чишься.	☐	☐
c)	Э́ту кни́гу уже́ нигде́ не ку́пишь.	☐	☐
d)	Ты ку́пишь э́ту кни́гу за́втра.	☐	☐
e)	Ты узна́ешь меня́ по зелёной шля́пе.	☐	☐
f)	Его́ в очка́х и не узна́ешь.	☐	☐

соску́читься – *sich langweilen*

3. Ersetzen Sie die **persönlichen Sätze** durch **unpersönliche**.**

a) Я хочу́ вина́.

Мне хочется вина.

b) Он не хоте́л идти́ в го́сти.

____

c) Она́ не сиди́т до́ма.

____

d) Сын не спит.

____

e) Ве́тер слома́л де́рево.

____

урага́н – *Hurrikan*
снести́ – *wegreißen*
затяну́ть – *zuziehen*

f) Урага́н снёс не́сколько домо́в.

____

g) Всё не́бо затяну́ли тёмные ту́чи.

____

h) Мне слы́шен чей-то го́лос.

____

i) Отсю́да ви́ден наш дом.

____

j) Они́ не ве́рят в успе́х пое́здки.

____

4. Antworten Sie **negativ** auf die Фragen.**

a) У тебя́ есть сёстры?

– Нет, у меня нет сестёр.

b) У вас есть часы́?

c) Здесь была́ мали́на?

d) У тебя́ есть свобо́дное вре́мя?

e) Тут кто́-нибудь есть?

f) В коридо́ре есть ве́шалка?

g) В но́мере есть душ?

мали́на – *Himbeere*
ве́шалка – *Garderobe*

5. Übersetzen Sie die Sätze ins Russische, benutzen Sie dabei **unpersönliche Satzkonstruktionen**.***

a) *Es war kalt und dunkel.*

b) *Auf der Straße gab es niemanden.*

c) *Vor Nebel war nichts zu sehen.*

d) *Man hätte schnell nach Hause gehen sollen.*

e) *Manchmal waren merkwürdige Geräusche zu hören.*

f) *An einem solchen Abend möchte man zu Hause bleiben.*

Die Negation

Im Russischen wird die **Verneinung** mit **не** und **нет** ausgedrückt.

Сейча́с **не** идёт дождь.	Сейча́с **нет** дождя́.

Die Negation mit *не* und *нет*

Mit der Negationspartikel **не** können im Russischen sämtliche Satzglieder verneint werden. Die Partikel **не** steht immer **vor dem zu verneinenden Satzglied**.

Мы вчера́ купи́ли но́вый пылесо́с.	*Gestern haben wir einen neuen Staubsauger gekauft.*
Не мы вчера́ купи́ли но́вый пылесо́с.	*Nicht wir haben gestern einen neuen Staubsauger gekauft.*
Мы **не** вчера́ купи́ли но́вый пылесо́с.	*Wir haben den neuen Staubsauger nicht gestern gekauft.*
Мы вчера́ **не** купи́ли но́вый пылесо́с.	*Gestern haben wir keinen neuen Staubsauger gekauft.*
Мы вчера́ купи́ли **не** но́вый пылесо́с, а ста́рый.	*Gestern haben wir keinen neuen, sondern einen alten Staubsauger gekauft.*

Nach einem den Akkusativ regierenden verneinten Verb kann das **abhängige Objekt** sowohl im **Akkusativ** als auch im **Genitiv** stehen.

Я получи́л посы́лку. (Akk.) Я не получи́л посы́лки. (Gen.)	Я не получи́л посы́лку. (Akk.)

Im Präsens bezeichnet das Wort **нет** als Prädikat das **Nichtvorhandensein**, das **Fehlen** eines Gegenstandes oder einer Person. Das Wort, das das Fehlende bezeichnet, steht in einem verneinenden Satz mit **нет** im Genitiv.

дневни́к – *Tagebuch*

У него́ **нет** бра́т**а**.	У неё **нет** дневник**а́**.

Das Verb *быть*, S. 120
Unpersönliche Verben, S. 127

In den entsprechenden bejahenden Sätzen steht im Präsens das Verb **есть**.

У него́ **есть** брат.	У неё **есть** дневни́к.

Im Präteritum und im Futur wird das Wort **нет** nicht benutzt. Stattdessen werden die entsprechenden Formen von **быть** verwendet. Im Präteritum wird dafür **не́ было**, im Futur **не бу́дет** benutzt.

У меня́ **не́ было** биле́та.	У меня́ **не бу́дет** биле́та.

Die Doppelte Verneinung

Steht in einem Satz ein **Negationspronomen** mit dem Präfix **ни-** (**никто́**, **ничто́**, **никако́й**, **ниче́й**) oder ein **verneinendes Adverb** (**нигде́**, **никуда́**, **никогда́**), so muss auch das Prädikat mit **не** oder **нет** verneint werden. Nach einem den Akkusativ regierenden Verb sowie nach **нет** steht das abhängige Negationspronomen immer im Genitiv.

Negations-pronomen, S. 73
Das Adverb, S. 181

Он **ничего́ не** купи́л.	Я **нигде́ не** нахожу́ второ́й носо́к.
Она́ **ни с кем не** дру́жит.	Мы **никуда́ не** пое́дем.
Здесь **нет ничего́** интере́сного.	**Никогда́ не** сдава́йся!

сдава́ться – *aufgeben*

Die doppelte Verneinung gilt auch bei der Verwendung der verstärkenden Negationspartikel **ни** vor anderen Wortarten.

Die Partikel **ни** wird oft mit dem Wort **оди́н** verbunden.

Он **не** сказа́л **ни** сло́ва.	*Er sagte kein Wort.*
В э́том упражне́нии **нет ни** одно́й оши́бки.	*In dieser Übung gibt es keinen einzigen Fehler.*
На не́бе **ни** о́блака.*	*Am Himmel ist keine einzige Wolke.*

*Die Partikel **нет** wird in Sätzen mit **ни** oft weggelassen.

Eine doppelte Negation durch die zweifache Verwendung von **не** hebt die Verneinung auf und verstärkt die Satzaussage.

Я **не** могла́ **не** рассказа́ть тебе́ об э́том слу́чае.	*Ich musste dir unbedingt von diesem Fall erzählen.*
Не могу́ **не** согласи́ться с Ва́ми.	*Ich kann Ihnen nur zustimmen.*

!

ни ... ни wird als *weder ... noch* übersetzt:
У меня́ нет **ни** зо́нтика, **ни** плаща́. – *Ich habe weder einen Regenschirm noch einen Regenmantel.*

Übungen

1. Kreuzen Sie die Sätze an, in denen die **doppelte Verneinung** eine Bejahung ausdrückt.*

a) Он не мог не вмеша́ться. ☐

b) У меня́ нет ни копе́йки. ☐

c) Я не хочу́ остава́ться здесь ни мину́ты. ☐

d) Э́того нельзя́ не заме́тить. ☐

e) Я ничего́ не ви́жу. ☐

f) Ты не мо́жешь не хоте́ть есть! ☐

g) Он уже́ никому́ не ве́рит. ☐

h) Вы не мо́жете не люби́ть бале́т! ☐

i) Мы так ни о чём и не договори́лись. ☐

вмеша́ться – *sich einmischen*

2. Unterstreichen Sie die Sätze mit der **richtigen Wortreihenfolge.****

a) Ich kenne ihn nicht.
1. Я зна́ю его́ не.
2. Я его́ не зна́ю.

b) Ich komme nicht morgen.
1. Я приду́ не за́втра.
2. Я не приду́ за́втра.

c) Das ist nicht meine Tasche.
1. Э́то не моя́ су́мка.
2. Э́то моя́ не су́мка.

d) Warum rufst du sie nicht an?
1. Почему́ ты не ей позвони́шь?
2. Почему́ ты ей не позвони́шь?

e) Ich sehe den Vogel nicht.
1. Я ви́жу не пти́цу.
2. Я не ви́жу пти́цу.

f) Ich möchte nicht tanzen.
1. Я не хочу́ танцева́ть.
2. Я хочу́ не танцева́ть.

3. **Übersetzen** Sie ins Deutsche.**

a) У него́ нет ни друзе́й, ни семьи́.

____

b) Я никогда́ не был в Крыму́.

____

c) Андре́й не зна́ет ни одно́й украи́нской пе́сни.

____

d) Они́ не могли́ не помо́чь де́тям.

____

e) Я ни о чём не слы́шала.

____

f) Он не мог не вспо́мнить э́ту исто́рию.

____

16 СЛО́ЖНОЕ ПРЕДЛОЖЕ́НИЕ – DER ZUSAMMENGESETZTE SATZ

Ein zusammengesetzter Satz besteht aus **zwei** oder **mehreren einfachen Sätzen**.

Der einfache Satz, S. 199

(1) Са́ша сде́лал предложе́ние Та́не, (2) и она́ согласи́лась.	(1) Са́ша сде́лал предложе́ние Та́не, (2) и она́ согласи́лась, (3) хотя́ они́ знако́мы всего́ два ме́сяца.

Einfache Sätze können **mit** oder **ohne Konjunktion** zu zusammengesetzten Sätzen verbunden werden.

Са́ша сде́лал предложе́ние Та́не, она́ согласи́лась.	Са́ша сде́лал предложе́ние Та́не, **и** она́ согласи́лась.

Bei den zusammengesetzten Sätzen mit Konjunktionen unterscheidet man zwischen **Satzverbindungen** und **Satzgefügen**.

Satzverbindungen, S. 228
Satzgefüge, S. 234

1 *Ich habe gehört, dass Sascha Tanja einen (Heirats-)Antrag gemacht hat, als sie in Paris waren!*
2 *Der Tanja, die er in einer Straßenbahn kennengelernt hat?*
3 *Ja! Und sie war einverstanden, obwohl sie sich erst seit zwei Monaten kennen, aber die Hochzeit ist erst in einem Jahr.*

In einer **Satzverbindung** sind die einfachen Sätze **gleichwertig** und **einander nebengeordnet**.

Стáло хóлодно, и пошёл снег.
Стáло хóлодно, и подýл вéтер, и пошёл снег.

скóльзко – *glatt, rutschig*
турагéнтство – *Reisebüro*
преподавáть – *unterrichten*
вязáть – *stricken*
охóтиться – *jagen*
клубóк – *Knäuel*

Ein **Satzgefüge** besteht aus einem **Hauptsatz** (1) und einem oder mehreren ihm **untergeordneten Nebensätzen** (2).

(1) Я не хочý éхать на маши́не, (2) потомý что идёт снег.
(1) Я не хочý éхать на маши́не, (2) потомý что идёт снег (2) и скóльзко.

Satzverbindungen

Eine **Satzverbindung** besteht aus zwei oder mehreren nebengeordneten einfachen Sätzen, die auch **unabhängig** voneinander verwendet werden können.

Zum **Gebrauch** der Konjunktion **a**, S. 230

Сергéй рабóтает в турагéнтстве, а Áлла преподаёт мýзыку.	Сергéй рабóтает в турагéнтстве. Áлла преподаёт мýзыку.

Form

In einer durch die Konjunktion **и** verknüpften Satzverbindung steht **kein Komma**, wenn es ein **gemeinsames Satzglied** ist, das sich auf beide Teilsätze bezieht: Сегóдня идёт дождь **и** дýет си́льный вéтер.

Die Sätze in einer Satzverbindung werden mit **nebenordnenden Konjunktionen** miteinander verknüpft. Dabei werden sie durch **Kommas** getrennt.

Бáбушка вя́жет, **и** кóшка охóтится за клубкóм.	Бáбушка вя́жет, **а** кóшка охóтится за клубкóм.

Die Konjunktionen können aus einem Wort (**и**, **а**, **но**, **же**, **однáко**, **и́ли**, **ли́бо***) oder mehreren (**ни** ... **ни**, **то** ... **то**, **и́ли** ... **и́ли**, **ли́бо** ... **ли́бо**, **тó ли** ... **тó ли**, **не тó** ... **не тó***) Wörtern bestehen.

*Die Übersetzungen der Konjunktionen folgen auf der nächsten Seite.

Óливер éдет на Байкáл пóездом, **а** Тóмас лети́т в Москвý самолётом.	**Тó ли** бензи́н кóнчился, **тó ли** motóр сломáлся.

Oft können die Teilsätze ihre **Plätze tauschen**, ohne dass sich die Bedeutung des Satzes dadurch ändert (vgl. Satz 1). Manchmal kommt es allerdings doch zu einer Bedeutungsverschiebung (vgl. Satz 2).

1. Он поёт, а онá танцýет.	Онá танцýет, а он поёт.
2. Он ушёл, и онá заплáкала.	Онá заплáкала, и он ушёл.

Gebrauch

Die Bedeutung des zusammengesetzten Satzes hängt von der Konjunktion ab, die die Teilsätze verbindet. Die nebenordnenden **Konjunktionen** werden in **drei Gruppen** eingeteilt:

anreihende:	и, ни … ни, и … и, не только … но и	*und, weder … noch, sowohl … als auch, nicht nur … sondern auch*
entgegensetzende:	но, однáко, а, же	*aber, allerdings, und/aber, jedoch*
ausschließende:	то … то, и́ли, ли́бо, не тó … не тó, тó ли … тó ли	*mal … mal, oder, oder, ob … ob, oder*

Nicht alle russischen Konjunktionen haben genaue Entsprechungen im Deutschen. Daher werden mehrere russische Konjunktionen mit einer deutschen Konjunktion übersetzt.

Die Konjunktion **и** verbindet Sätze, in denen die Handlungen:

- **gleichzeitig** ablaufen

Сóлнце свéтит, **и** поют пти́цы.
Ужé свари́лась кáша **и** испёкся пирóг.

свари́ться – *gekocht werden*
испéчься – *gebacken werden*

- **aufeinander** folgen

Откры́лась дверь, **и** вошли́ гóсти.
Скóро прозвени́т звонóк **и** начнётся урóк.

Zur Bezeichnung von aufeinanderfolgenden Handlungen werden **vollendete** Verben gebraucht.

Die Aspekte des Verbs, S. 108

- den **Grund** und die **Folge** bezeichnen (vor allem in Sätzen mit **потомý**, **оттогó** im zweiten Teil)

Пошёл дождь, **и** мы промóкли.
Бы́ло -30°C, **и потомý** шкóлы бы́ли закры́ты.

звонóк – *Klingel*
промóкнуть – *nass werden*

Die Konjunktion **ни** … **ни** verbindet **verneinte Sätze** und verstärkt die Verneinung. Sie kann durch **и** ersetzt werden.

Ни самолёты тудá <u>не</u> летáют, **ни** поездá <u>не</u> éздят.
(**И** самолёты тудá <u>не</u> летáют, **и** поездá <u>не</u> éздят.)

Die doppelte Verneinung, S. 225

Die entgegensetzende Konjunktion **но** weist auf die **Gegenüberstellung** von zwei Handlungen bzw. Erscheinungen hinweist. Der **zweite Satz** enthält dabei das **Gegenteil** von dem, was **erwartet** wird.

Мы пошли́ в кафé, **но** онó бы́ло закры́то.
Он изучáл филосóфию, **но** емý прихóдится рабóтать таксúстом.

Vgl. Beispiele mit **но** auf S. 230

Die Konjunktion **однáко** wird in der Bedeutung von **но** gebraucht.

Мы пошли́ в кафé, **однáко** онó бы́ло закры́то.
Он изучáл филосóфию, **однáко** емý прихóдится рабóтать таксúстом.

Однáко wird hauptsächlich in der gehobenen Sprache verwendet.

Die Konjunktion **а** hat keine genaue Entsprechung im Deutschen und wird je nach Kontext mit *und* oder *aber* übersetzt. Diese Konjunktion verbindet Sätze, in denen zwei **Geschehen**, **Erscheinungen** oder **Eigenschaften verglichen** bzw. **gegenübergestellt** werden.

Ксю́ша у́чится в университе́те, **а** Окса́на рабо́тает в музе́е.	*Ksjuscha studiert an einer Uni, und Oksana arbeitet in einem Museum.*
По́ля хоте́ла пойти́ на дискоте́ку, **а** роди́тели ей не разреши́ли.	*Polja wollte in die Disco gehen, aber die Eltern erlaubten es ihr nicht.*

Man benutzt die Konjunktion **а,** wenn es keinen starken Widerspruch zwischen den Teilsätzen gibt. Der mit **а** eingeleitete Teilsatz enthält nur **zusätzliche Informationen**.

Гейдельберг – *Heidelberg*

В Мю́нхене идёт снег, **а** в Ню́рнберге су́хо.
В Ге́йдельберге ещё ве́чер, **а** в Москве́ уже́ по́лночь.

мяу́кать – *miauen*
виля́ть хвосто́м – *mit dem Schwanz wedeln*
мурлы́кать – *schnurren*

In verneinten Sätzen kann **а** auch *sondern* bedeuten.

Э́то не ребёнок пла́чет, **а** ко́шка мяу́кает.
Не он мне позвони́л, **а** я ему́ позвони́ла.

Vergleichen Sie die Sätze mit **и**, **но** und **а**.

Вчера́ пого́да была́ плоха́я,	**и** мы оста́лись до́ма.
	но мы всё-таки пое́хали в зоопа́рк.
	а сего́дня све́тит со́лнце.
Соба́ка виля́ет хвосто́м,	**и** ей ве́село.
	но я её бою́сь.
	а ко́шка мурлы́кает.

Die Konjunktion **же** wird wie **а** bei **Gegenüberstellungen** gebraucht, allerdings steht sie nie am Anfang des Teilsatzes sondern **nach dem ersten Wort** des zweiten Satzes und hebt es hervor.

Вчера́ пого́да была́ плоха́я, сего́дня **же** све́тит со́лнце.
Соба́ка виля́ет хвосто́м, ко́шка **же** мурлы́кает.

In Sätzen mit **то ... то** werden meist unvollendete Verben gebraucht.

Die ausschließende Konjunktion **то ... то** verbindet Sätze, deren **Handlungen einander ablösen**.

Стра́нная сего́дня пого́да: **то** со́лнце све́тит, **то** дождь льёт.
Я так не могу́ рабо́тать: **то** компью́тер зависа́ет, **то** телефо́н звони́т, **то** есть хо́чется.

лить – *gießen*
зависа́ть – *sich aufhängen*

Die Konjunktion **и́ли** steht, wenn **eine Aussage die andere ausschließt**.

Мне никто́ не звони́т, **и́ли** у меня́ не рабо́тает телефо́н.
И́ли Поли́на с Ми́шей прие́дут к нам, **и́ли** мы к ним пое́дем.

Die Konjunktion **ли́бо** hat dieselbe Bedeutung wie **и́ли**, ist aber etwas **hochsprachlicher**. Diese Konjunktion wird häufig in der Form **ли́бо** ... **ли́бо** verwendet.

Мне никто́ не звони́т, **ли́бо** у меня́ не рабо́тает телефо́н.
Ли́бо Поли́на с Ми́шей прие́дут к нам, **ли́бо** мы к ним пое́дем.

Die Bedeutung der Konjunktionen **не то́** ... **не то́** und **то́ ли** ... **то́ ли** ist der Konjunktion **и́ли** ähnlich, sie drücken jedoch außerdem **Ungewissheit** aus.

Не то́ кто́-то стучи́т в воро́та, **не то́** ве́тер их кача́ет.
То́ ли э́та коме́дия глу́пая, **то́ ли** у меня́ нет чу́вства ю́мора.

кача́ть – *bewegen*
глу́пый – *dumm*
чу́вство ю́мора – *Sinn für Humor*

Übungen

1. Bestimmen Sie, ob der Satz **einfach** (E) oder **zusammengesetzt** (Z) ist und setzen Sie, wenn nötig, ein **Komma**.*

		E	Z
a)	Я лежу́ на дива́не и чита́ю кни́гу.	☐	☐
b)	Мы лю́бим игра́ть в те́ннис а они́ не лю́бят.	☐	☐
c)	Все уста́ли и нам пришло́сь сде́лать переры́в.	☐	☐
d)	Твой бра́т ско́ро придёт и отвезёт нас домо́й.	☐	☐
e)	Ста́ло о́чень жа́рко но мы шли да́льше.	☐	☐
f)	В лесу́ бы́ло сы́ро и росло́ мно́го грибо́в.	☐	☐

сы́ро – *nass*

2. Verbinden Sie die Sätze mit **а** und **же**. Achten Sie dabei auf die **Wortfolge**.**

a) В кино́ мы бы́ли вчера́. В о́перный теа́тр мы пойдём в суббо́ту.

В кино мы были вчера, а в оперный театр мы пойдём в субботу.

В кино мы были вчера, в оперный театр же мы пойдём в субботу.

мали́на – *Himbeere*
клубни́ка – *Erdbeere*

b) У меня́ аллерги́я на мали́ну. Клубни́ку я могу́ есть.

c) Она́ не лю́бит рок. Кла́ссика ей о́чень нра́вится.

d) Влад не говори́т по-англи́йски. По-неме́цки он говори́т свобо́дно.

3. Kreuzen Sie die Sätze mit **falschen Konjunktionen** an.**

ла́мпочка – *Glühbirne*
перегоре́ть – *durchbrennen*
хло́пать – *knallen*
автоотве́тчик – *Anrufbeantworter*
перезвони́ть – *zurückrufen*

a) Я включи́л свет, и́ли ла́мпочка перегоре́ла. ☐
b) Ди́ма откры́л окно́, и в ко́мнате ста́ло хо́лодно. ☐
c) Здесь шу́мно: не то́ две́ри хло́пают, не то́ му́зыка игра́ет. ☐
d) То́ ли вы пло́хо слы́шите, то́ ли я сли́шком ти́хо говорю́. ☐
e) В те́ксте мно́го незнако́мых слов, одна́ко Ле́на всё понима́ет. ☐
f) Мне пришло́ ва́жное письмо́, а мне на́до на него́ отве́тить. ☐
g) Ли́бо я успе́ю на авто́бус, ли́бо мне придётся идти́ пешко́м. ☐
h) Он оста́вил сообще́ние на автоотве́тчике, но я ему́ перезвони́л. ☐
i) Он звони́л нам, и мы уже́ ушли́. ☐
j) Ми́ше приноси́ли посы́лку, и его́ не́ было до́ма. ☐
k) Де́вочке подари́ли мяч, и она́ о́чень обра́довалась. ☐
l) Ка́тя зна́ет три языка́, но Тама́ра зна́ет два. ☐

4. Setzen Sie die richtigen **Konjunktionen** (**и, а oder но**) ein.***

a) Э́тот фильм был о́чень стра́шный, *но* я досмотре́л его́ до конца́.
а тот – весёлый.
и я его́ вы́ключил.

b) И́ра у́чит неме́цкий уже́ пять лет, ___ почти́ не де́лает оши́бок.
___ говори́т с си́льным акце́нтом.
___ Ки́ра то́лько начина́ет его́ учи́ть.

c) На не́бе бы́ли тёмные ту́чи, ___ дождя́ не́ было.
___ мы так жда́ли со́лнца.
___ вско́ре пошёл дождь.

d) Э́то упражне́ние о́чень сло́жное, ___ ты с ним спра́вишься.
___ над ним на́до до́лго ду́мать.
___ то упражне́ние ле́гче.

e) В дверь позвони́ли, ___ почтальо́н принёс посы́лку.
___ пото́м я услы́шал стук.
___ я реши́л не открыва́ть.

f) Это мой дома́шний но́мер, ___ я до́ма то́лько по вечера́м.
___ ты мо́жешь звони́ть по нему́ в любо́е вре́мя.
___ рабо́чий но́мер я скажу́ тебе́ пото́м.

g) Я люблю́ приро́ду, ___ в лесу́ сли́шком мно́го комаро́в.
___ моему́ му́жу нра́вятся больши́е города́.
___ ча́сто е́зжу за́ город.

h) Бы́ло уже́ по́здно, ___ спать он не хоте́л.
___ он ника́к не возвраща́лся.
___ мы пошли́ спать.

стра́шный – *gruselig*
ту́ча – (*Regen-*)*Wolke*
вско́ре – *bald*
спра́виться с + Instr.- *schaffen, hinbekommen*
посы́лка – *Paket*
дома́шний но́мер – *Festnetznummer*
рабо́чий но́мер – *Büronummer*
кома́р – *Stechmücke*
за́ город – *aufs Land*

Satzgefüge

Ein **Satzgefüge** besteht aus einem **Hauptsatz** und mindestens einem **Nebensatz**. Der **Hauptsatz** ist von den anderen Sätzen **unabhängig**, die **Nebensätze** sind ihm **untergeordnet** und erweitern oder erklären ihn näher.

де́тство – *Kindheit*
спеши́ть – *sich beeilen*

Hauptsatz	Nebensätze
Он нашёл дом,	в кото́ром он жил в де́тстве.
Он нашёл дом,	в кото́ром он жил в де́тстве, когда́ его́ семья́ ещё жила́ в Ташке́нте.

Zwischen dem Hauptsatz und dem Nebensatz steht immer ein **Komma**. Zwischen mehreren Nebensätzen, die miteinander durch eine nebenordnende Konjunktion verknüpft sind, steht **kein Komma**.

Он не мог вспо́мнить, **где он был <u>и</u> как он туда́ попа́л**.

Der Nebensatz kann sich **auf den ganzen Hauptsatz beziehen**.

Когда́ я шёл домо́й, <u>дул си́льный ве́тер</u>.	(Когда́ дул си́льный ве́тер?)
<u>На́до спеши́ть</u>, **потому́ что ско́ро приду́т го́сти.**	(Почему́ на́до спеши́ть?)

Nebensätze können sich aber auch **auf ein Satzglied des Hauptsatzes beziehen**.

Мне написа́ла <u>де́вушка</u>, **с кото́рой я познако́мился в о́тпуске.**	(Кака́я де́вушка?)
<u>Тот</u>, **кто зна́ет отве́т**, мо́жет подня́ть ру́ку.	(Кто мо́жет подня́ть ру́ку?)

!

Das Wort **что** kann in einem Satz eine Konjunktion, in dem anderen ein Konjunktionswort sein. Vgl.:
Я зна́ю, **что** ты ско́ро уе́дешь. (Konjunktion, da kein Satzglied)
Я зна́ю, **что** лежи́т у тебя́ в су́мке. (Konjunktionswort, da das Objekt des Nebensatzes)

Ein Nebensatz kann sich **auf einen weiteren Nebensatz** oder **auf ein Satzglied eines Nebensatzes beziehen**.

Hauptsatz	Nebensatz 1	Nebensatz 2
Я зна́ю,	<u>что на́до мно́го занима́ться</u>,	**что́бы хорошо́ вы́учить ру́сский.**
Я попроси́л А́ню,	что́бы она́ дала́ мне <u>кни́гу</u>,	**кото́рая лежи́т на столе́.**

Die Nebensätze werden durch **unterordnende Konjunktionen** oder **Konjunktionswörter** (Relativpronomen oder Relativadverbien) mit dem Hauptsatz verbunden.

Relativpronomen, S. 71
Satzglieder, S. 206

Die **unterordnenden Konjunktionen sind keine Satzglieder**, sie verknüpfen lediglich den Nebensatz mit dem Hauptsatz.

что, что́бы, хотя́, потому́ что, е́сли u.a.	*dass, damit (um zu), obwohl, weil, wenn* u.a.

В газе́те напи́сано, **что** на выходны́х бу́дет отли́чная пого́да.

Die **Konjunktionswörter** (auch unechte Konjunktionen genannt) sind **Relativpronomen** und **Relativadverbien**, die als Bindewort auftreten und ihre Bedeutung im Satz behalten.

§ **Relativpronomen**, S. 71
Das Adverb, S. 181

Relativpronomen:	кто, что, какóй, котóрый, чей	*wer, was, welcher, der/welcher, wessen*
Relativadverbien:	где, кудá, откýда	*wo, wohin, woher*

Я знáю, **чей** э́то гóлос.
Бáбушка забы́ла, **кудá** онá положи́ла свои́ очки́.

Die **Hauptsätze** können **hinweisende Wörter** enthalten, die in Verbindung mit Konjunktionswörtern im Nebensatz stehen.

Hauptsatz		**Nebensatz**
тот	*der*	котóрый, кто
то	*das*	что
так	*so*	как
такóй	*so ein, ein solcher*	какóй
тогдá	*dann*	когдá
там, тудá, оттýда	*dort, dorthin, von dort*	где, кудá, откýда

Тот, **кто** опаздáет на вечери́нку, бýдет мыть посýду!
В слéдующий раз мы поéдем **тудá**, **где** мы ужé бы́ли.

Objekt- und Subjektsätze

Wenn der **Nebensatz** als **Objekt** zu einem Satzglied des **Hauptsatzes** (meist zum Prädikat) dient und auf Fragen nach dem Genitiv, Dativ, Akkusativ, Instrumental oder Präpositiv antwortet, nennt man ihn **Objektsatz**.

§ **Satzglieder**, S. 206

Я ви́жу **проблéму.** (что? – Akk.-Objekt)	Я ви́жу, **что у нас есть проблéма**. (что? – Objektsatz)

Ein Objektsatz kann auch das **durch ein Pronomen ausgedrückte Objekt des Hauptsatzes** erläutern.

Онá не пóмнит тогó (Gen.-Objekt), **что случи́лось вчерá**.
Нáдо найти́ тех (Akk.-Objekt), **кто мóжет её знать**.

Oft kann man das Pronomen im Hauptsatz auch weglassen:

Онá не пóмнит, **что случи́лось вчерá.**

Objekt- und Subjektsätze

Ein **Subjektsatz** übernimmt die Funktion des **Subjekts** zum Prädikat des **Hauptsatzes.**

мечта́ть о + Präp. – *träumen von*

Мне бы́ло **всё** (что? – Subjekt) поня́тно.	Мне бы́ло поня́тно, **что она́ меня́ не узнаёт** (что? – Subjektsatz).

Er kann auch das **durch ein Pronomen ausgedrückte Subjekt** des Hauptsatzes erläutern.

Произошло́ то (Subjekt), **о чём мы да́же не мечта́ли.**
Тот (Subjekt), **кого́ мы жда́ли, так и не пришёл.**

Konjunktionen in Objekt- oder Subjektsätzen

Objekt- oder Subjektsätze werden durch folgende **Konjunktionen** eingeleitet:

Konjunktionen	что	*dass*
	что́бы	*dass*
	как	*wie*
	бу́дто (бы)	*dass (angeblich), ob*
	ли	*ob*
	ка́к бы не	*dass … nicht*

Form

Durch **что, что́бы, как, бу́дто (бы), ли** oder **ка́к бы не** eingeleitete Nebensätze beziehen sich in der Regel auf das **Prädikat eines Hauptsatzes**.

Я слы́шал, **что** ты бо́льше не рабо́таешь на телеви́дении.
Переда́йте Саби́не, **что́бы** она́ мне позвони́ла.
Он ви́дел, **как** убира́ют снег.
Она́ не зна́ет, смо́гут **ли** они́ прие́хать.

In einem Nebensatz mit **как бы не** steht **как бы** am Anfang des Satzes und **не** vor dem Prädikat. Das Prädikat wird aber dadurch nicht verneint. Ве́ра бо́ится, **как бы** её сын **не** заболе́л. – *Vera befürchtet, dass ihr Sohn krank werden könnte.*

In einem durch **что́бы** oder **ка́к бы не** eingeleiteten Objektsatz wird das **Prädikat immer durch ein Verb im Präteritum** ausgedrückt, egal, zu welchem Zeitpunkt die Handlung vor sich geht und welche Zeitform das Prädikat des Hauptsatzes hat.

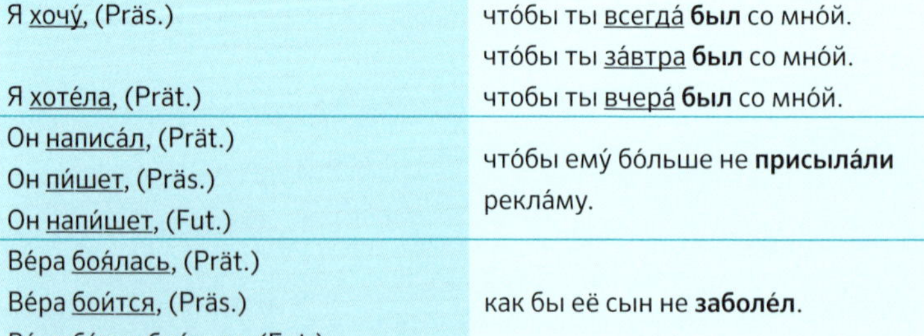

Я хочу́, (Präs.)	что́бы ты всегда́ **был** со мно́й.
	что́бы ты за́втра **был** со мно́й.
Я хоте́ла, (Prät.)	что́бы ты вчера́ **был** со мно́й.
Он написа́л, (Prät.) Он пи́шет, (Präs.) Он напи́шет, (Fut.)	что́бы ему́ бо́льше не **присыла́ли** рекла́му.
Ве́ра боя́лась, (Prät.) Ве́ра бои́тся, (Präs.) Ве́ра бу́дет боя́ться, (Fut.)	как бы её сын не **заболе́л**.

In einem Nebensatz mit **что**, **как**, **бу́дто бы**, **ли** kann das **Verb** im **Präteritum**, **Präsens** oder **Futur** stehen. Die Zeitform des Verbs im Nebensatz hängt nicht von der Zeitform des Verbs im Hauptsatz ab.

Das **Präsens im Nebensatz** wird gebraucht, wenn die Handlungen des Hauptsatzes und des Nebensatzes **gleichzeitig** verlaufen. Das Prädikat des Hauptsatzes kann dabei in allen drei Zeitformen stehen.

Она́ сказа́ла, Она говори́т, Она ска́жет,	что у неё **боли́т** голова́.	*Sie sagte, dass sie Kopfschmerzen habe.* *Sie sagt, dass sie Kopfschmerzen habe.* *Sie wird sagen, dass sie Kopfschmerzen habe.*
Я не знал, Я не зна́ю, Я не бу́ду знать,	**мо́жно** ли здесь кури́ть.	*Ich wusste nicht, ob man hier rauchen darf.* *Ich weiß nicht, ob man hier rauchen darf.* *Ich werde nicht wissen, ob man hier rauchen darf.*

Ли steht nicht am Anfang des Nebensatzes sondern nach dem Satzteil, der erfragt wird:
Я спроси́л, мо́жно **ли** вы́йти. (*ob man rausgehen darf*)
Я спроси́л, все **ли** уже́ пришли́. (*ob alle schon gekommen sind*)
Я спроси́л, здесь **ли** бу́дет ле́кция. (*ob die Vorlesung hier stattfindet*)

Das **Präteritum** des Verbs im Nebensatz gibt an, dass die Handlung des Nebensatzes **vor der Handlung des Hauptsatzes** verlief.

Она́ сказа́ла,		*Sie sagte, dass sie Kopfschmerzen gehabt habe.*
Она́ говори́т,	что у неё **боле́ла** голова́.	*Sie sagt, dass sie Kopfschmerzen gehabt habe.*
Она́ ска́жет,		*Sie wird sagen, dass sie Kopfschmerzen gehabt habe.*

Das **Futur** des Verbs im Nebensatz gibt an, dass die Handlung des Nebensatzes **nach der Handlung im Hauptsatz** folgt.

Она́ сказа́ла,		*Sie sagte, dass sie Kopfschmerzen haben werde.*
Она́ говори́т,	что у неё **бу́дет боле́ть** голова́.	*Sie sagt, dass sie Kopfschmerzen haben werde.*
Она́ ска́жет,		*Sie wird sagen, dass sie Kopfschmerzen haben werde.*

Ein durch **что/что́бы** eingeleiteter Nebensatz kann sich sowohl unmittelbar auf das **Prädikat** des **Hauptsatzes** als auch auf das **Pronomen то** beziehen, das beim Prädikat des Hauptsatzes steht. Das **то** dient dann als Platzhalter für das Satzglied im Hauptsatz, in dessen Funktion der Nebensatz auftritt.

Ему́ рассказа́ли, **что** Де́да Моро́за нет. Он попроси́л, **что́бы** я никому́ об э́том не расска́зывал.	Ему́ рассказа́ли **о том**, **что** Де́да Моро́за нет. Он попроси́л **о том**, **что́бы** я никому́ об э́том не расска́зывал.

Дед Моро́з – *Väterchen Frost, Weihnachtsmann*

Merken Sie sich die Wortverbindungen, die **то** erfordern:
де́ло **в том, что**...
пробле́ма **в том, что**...
нача́ть **с того, что**...
заключа́ться **в том, что**...
состоя́ть **в том, что**...
ко́нчиться **тем, что**...
объясня́ться **тем, что**...

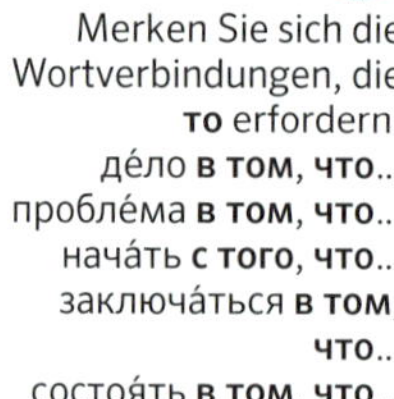

In einigen Fällen muss das hinweisende Wort **то unbedingt verwendet** werden.

Пробле́ма не в **том, что** он не говори́т по-англи́йски.
Начнём с **того́, что** он вообще́ ма́ло говори́т.

Gebrauch

Ein durch **что** eingeleiteter Nebensatz bezieht sich in der Regel auf das **Prädikat eines Hauptsatzes**, das durch folgende Wortarten ausgedrückt wird:

Verben des **Sagens** und **Denkens**, der **Empfindung** und der **sinnlichen Wahrnehmung**:

заключа́ться/состоя́ть в том, что – *darin bestehen, dass*

ви́деть	*sehen*	понима́ть	*verstehen*
говори́ть	*sagen*	ра́довать	*freuen*
ду́мать	*denken*	ра́доваться	*sich freuen*
замеча́ть	*merken*	слы́шать	*hören*
знать	*wissen*	сообща́ть	*mitteilen*
нра́виться	*gefallen*	удивля́ться	*sich wundern*
оказа́ться	*sich herausstellen*	чу́вствовать	*fühlen*

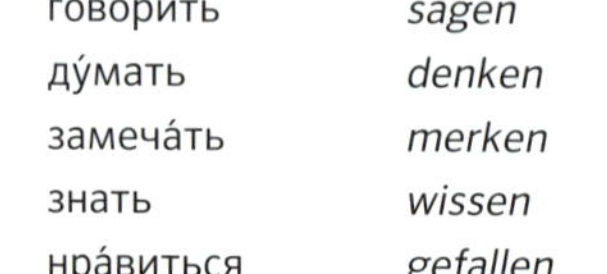

Das Prädikat des Hauptsatzes bestimmt die Deklinationsform von **то**:
ду́мать **о том** (Präp.), что...
удивля́ться **тому́** (Dat.), что...
запомина́ть **то** (Akk.), что... usw.

Мне <u>нра́вится</u>, **что** здесь так мно́го ме́ста.
Они́ не <u>понима́ют</u>, **что** э́то не вы́ход.

вы́ход – *Ausweg, Lösung*

- **Kurzformen** von einigen **Adjektiven**:

рад	*froh*	согла́сен	*einverstanden*
сча́стлив	*glücklich*	винова́т	*schuldig*
дово́лен	*zufrieden*	уве́рен	*sicher*

Флори́н о́чень <u>рад</u>, **что** нашла́сь рабо́та в Норве́гии.
Ле́ся <u>согла́сна</u>, **что** э́то бы́ло пра́вильное реше́ние.

Die Lang- und die Kurzformen der Adjektive, S. 44
Das Adverb, S. 181
Unpersönliche Sätze, S. 218

- prädikative **Adverbien** oder **sächliche Kurzformen** von **Adjektiven**:

ви́дно	*man sieht*	слы́шно	*man hört*
жаль (жа́лко)	*es ist schade*	смешно́	*es ist lächerlich*
заме́тно	*man merkt*	стра́нно	*es ist merkwürdig*
изве́стно	*es ist bekannt*	стра́шно	*es ist furchtbar*
поня́тно	*es ist verständlich*	удиви́тельно	*es ist sonderbar*
прия́тно	*es ist angenehm*	я́сно	*es ist klar*

<u>Жаль</u>, **что** вы не мо́жете прие́хать.
<u>Ви́дно</u>, **что** он стара́ется.

стара́ться – *sich Mühe geben*

- **Kurzformen** von **Partizipien** des **Passivs**:

заме́чено	*es ist bemerkt worden*	дока́зано	*es ist bewiesen*
ска́зано	*es ist gesagt worden*	объя́влено	*es ist bekannt-gegeben worden*

Бы́ло объя́влено, **что** курс перено́сится на сле́дующую сре́ду.
Дока́зано, **что** ша́хматы существу́ют полторы́ ты́сячи лет.

Die Kurzform der Partizipien, S. 163

Als **Prädikate**, auf die sich ein durch **что́бы** eingeleiteter Nebensatz bezieht, können stehen:

- **Verben**, die einen **Wunsch**, eine **Bitte**, einen **Befehl** oder das **Streben** nach etwas ausdrücken:

боро́ться	*darum kämpfen*	проси́ть	*bitten*
веле́ть	*etw. machen lassen*	стреми́ться	*streben*
жела́ть	*wünschen*	тре́бовать	*fordern*
прика́зывать	*befehlen*	хоте́ть	*wollen*

Я хочу́, **что́бы** меня́ оста́вили в поко́е.
Я веле́л, **что́бы** мне принесли́ инструме́нты.

оста́вить в поко́е – *in Ruhe lassen*

инструме́нты – Werkzeug

- **prädikative Adverbien**, die ausdrücken, dass eine **Handlung erwünscht** oder **notwendig** ist:

Das Adverb, S. 181

жела́тельно	*es ist erwünscht*	необходи́мо	*es ist erforderlich, es ist unumgänglich*
на́до, ну́жно	*es ist notwendig*		

На́до, **что́бы** все пришли́ на карнава́л в ма́сках.
Необходи́мо, **что́бы** больно́й пил мно́го воды́.

Nach einigen Wörtern kann **sowohl что als auch что́бы** gebraucht werden. Der Sinn des Satzes hängt dabei davon ab, welche Konjunktion verwendet wird.

сказа́ть	*sagen*	напи́сано	*geschrieben*
ска́зано	*es ist gesagt worden*	предупреди́ть	*warnen*
написа́ть	*schreiben*	ва́жно	*es ist wichtig*

Unpersönliche Sätze, S. 218

Артём сказа́л, **что** все вы́шли. — *Artjom sagte, **dass** alle **rausgegangen waren.***

Артём сказа́л, **что́бы** все вы́шли. — *Artjom sagte, **dass** alle **rausgehen sollen**.*

Objekt- und Subjektsätze

Ein durch **как** eingeleiteter Nebensatz bezieht sich meistens auf das **Prädikat** eines Hauptsatzes, das durch Wörter der **sinnlichen Wahrnehmung** ausgedrückt ist:

ви́деть	*sehen*	ви́дно	*man sieht*
слы́шать	*hören*	слы́шно	*man hört*
заме́тить	*merken*	заме́тно	*man merkt*
смотре́ть	*sehen, ansehen*	наблюда́ть	*beobachten*
слу́шать	*hören, anhören*	следи́ть	*folgen*

С у́лицы бы́ло слы́шно, **как** в до́ме кто́-то кричи́т.
Де́ти наблюда́ли, **как** дельфи́нов ко́рмят ры́бой.

Mit der Konjunktion **бу́дто (бы)** werden Nebensätze mit **unsicherem Inhalt** eingeleitet. Sie beziehen sich auf **Verben** des **Sagens**, des **Denkens** und der **sinnlichen Wahrnehmung**.

Die Verben **каза́ться**, **сни́ться**, **послы́шаться** werden meistens in unpersönlichen Sätzen gebraucht:
Мне ка́жется... – *Mir scheint ...*
Мне сни́тся... – *Ich träume ...*
Мне послы́шалось... – *Mir schien ...*

говори́ть	*sagen*	каза́ться	*scheinen, vorkommen*
расска́зывать	*erzählen*	сни́ться	*träumen*
ду́мать	*denken*	послы́шаться	*scheinen (akustisch)*

Го́ша расска́зывал, **бу́дто бы** он говори́т на пяти́ языка́х, но я ему́ не ве́рю.
Мне сни́лось, **бу́дто бы** я уме́ю лета́ть.

Ein durch **ли** eingeleiteter Nebensatz bezieht sich auf das Prädikat des Hauptsatzes, dass durch folgende Wörter ausgedrückt wird:

Unpersönliche Sätze, S. 218

спроси́ть	*fragen*	не по́мнить	*sich nicht erinnern*
узна́ть	*sich erkundigen*	неизве́стно	*es ist unbekannt*
ждать	*warten*	нея́сно	*es ist unklar*
не зна́ть	*nicht wissen*	непоня́тно	*es ist unverständlich*
не поня́ть	*nicht verstehen*	интере́сно	*es ist interessant*

Вы не зна́ете, мо́жно **ли** здесь купа́ться?
Интере́сно, пойдёт **ли** за́втра снег.

Die direkte und die indirekte Rede, S. 258

Wenn sich ein Nebensatz mit **ли** auf das Verb **спроси́ть** bezieht, drückt er eine **indirekte Frage** aus.

Она спроси́ла: «Ты пойдёшь со мной в кино́?»	Она спроси́ла, пойдёшь **ли** ты с ней в кино́.

Ein Objektsatz, der mit **ка́к бы не** eingeleitet wird, drückt **Unruhe** oder eine **Befürchtung** aus. Im Hauptsatz stehen dabei Verben wie:

беспоко́иться	*beunruhigt sein*	боя́ться	*fürchten*
волнова́ться	*sich aufregen*	опаса́ться	*befürchten*

Тури́сты опаса́лись, **ка́к бы не** испо́ртилась пого́да.
Я волну́юсь, **ка́к бы** мы **не** опозда́ли.

Das Prädikat wird durch не nicht verneint.

Konjunktionswörter in Objekt- oder Subjektsätzen

In Objekt- und Subjektsätzen werden folgende **Konjunktionswörter** (unechte Konjunktionen) gebraucht:

Relativpronomen:	кто	*wer*
	что	*was*
	како́й	*welcher*
	чей	*wessen*
	ско́лько	*wieviel*
Relativadverbien:	где	*wo*
	куда́	*wohin*
	отку́да	*woher*
	когда́	*wann*
	как	*wie*
	почему́	*warum*
	заче́м	*wozu*

Relativ-pronomen, S. 71
Das Adverb, S. 181

Form

Ein durch **Relativpronomen** oder **-adverbien** eingeleiteter **Nebensatz** kann das Objekt oder das Subjekt eines Hauptsatzes näher bestimmen.

	Objektsatz	Subjektsatz
Я не зна́ю,	**кто э́та де́вушка.**	То, **о чём напи́сано в рома́не,**
	о чём э́та кни́га.	происходи́ло на са́мом де́ле.
	кака́я э́то у́лица.	Все, **кто меня́ зна́ет**, мо́гут э́то
	где мы.	подтверди́ть.
	куда́ на́до идти́.	Любо́й, **кто с ним обща́лся**,
	отку́да э́ти де́ньги.	счита́л его́ ге́нием.
	когда́ зако́нчится заня́тие.	

на са́мом де́ле – *wirklich*
подтверди́ть – *bestätigen*
обща́ться – *sich unterhalten*

Objekt- und Subjektsätze

Als **Subjekt** bzw. **Objekt** des **Hauptsatzes**, das durch den Nebensatz bestimmt wird, können folgende Wortarten auftreten:

Demonstrativpronomen, S. 65

- die **Demonstrativpronomen тот** (*derjenige*) und **то** (*das*).

Тот, **кто** прибежи́т пе́рвым, полу́чит приз. (Subjektsatz)
Того́, **что** случи́лось де́сять лет наза́д, уже́ никто́ не по́мнит. (Objektsatz)

- die **Definitpronomen все** (*alle*), **всё** (*alles*), **вся́кий** (*jeder (beliebige)*), **ка́ждый** (*jeder*), **любо́й** (*ein beliebiger*).

помеща́ться – *hineinpassen*

Все, **кого́** мы встре́тили, бы́ли ра́ды нас ви́деть.
Всё, **что** я хоте́ла взять с собо́й, помести́лось в двух су́мках.
Ка́ждому, **кто** задава́л вопро́с, президе́нт дава́л отве́т.

- die **Negationspronomen никто́** (*niemand, keiner*) , **ничто́** (*nichts*). Erläutert der Nebensatz das Pronomen **никто́**, **ничто́** im Hauptsatz, wird im Nebensatz immer die verstärkende Partikel **ни** gebraucht.

Кому́ я **ни** расска́зываю о встре́че с инопланетя́нами, никто́ мне не ве́рит.*
Чем она́ **ни** занима́ется, ничто́ её бо́льше не ра́дует.

* Oft wird diese Konstruktion ins Deutsche mit *Wer/Was/ ... auch immer* übersetzt: *Wem auch immer ich über die Begegnung mit Aliens erzähle, niemand glaubt mir.*

Die Pronomen im Hauptsatz und die Konjunktionswörter **кто** und **что** können in einem **beliebigen Fall mit oder ohne Präposition** stehen. Der Fall des Pronomens und des Konjunktionswortes hängt von seiner Funktion im Satz ab.

разочарова́ть – *enttäuschen*

чего́ и сле́довало ожида́ть – *was zu erwarten war*

Там бы́ли **те**,	кто его́ зна́ет.	(Nom.)
Там не́ было **тех**,		(Gen.)
Э́то бы́ло я́сно **тем**,		(Dat.)
Он разочарова́л **тех**,		(Akk.)
Он разгова́ривал с **те́ми**,		(Instr.)
Он ду́мал о **тех**,		(Präp.)

Кто kann sich sowohl auf einen Singular als auch auf einen Plural beziehen:
Он ду́мал о **тех**, кто его́ зна́ет. (Pl.)
Он ду́мал о **том**, кто его́ знает. (Sg.)

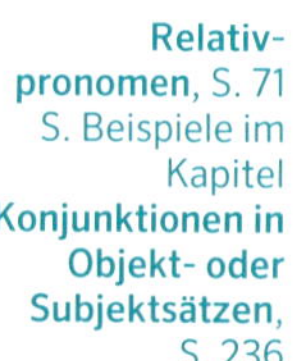

Произошло́ то,	**что** должно́ бы́ло произойти́.	(Nom.)
	чего́ и сле́довало ожида́ть.	(Gen.)
	чему́ все удиви́лись.	(Dat.)
	что на́до бы́ло ви́деть.	(Akk.)
	о чём ещё до́лго говори́ли.	(Präp.)

Das **Verb** in einem durch ein Konjunktionswort eingeleiteten **Nebensatz** kann im **Präsens**, **Präteritum** oder **Futur** stehen und hängt nicht von der Zeitform des Verbs im Hauptsatz ab. Das **Präteritum** drückt die **Vorzeitigkeit**, das **Präsens** die **Gleichzeitigkeit** und das **Futur** die **Nachzeitigkeit** gegenüber der Handlung im Hauptsatz aus.

Relativpronomen, S. 71
S. Beispiele im Kapitel **Konjunktionen in Objekt- oder Subjektsätzen**, S. 236

Gebrauch

Die **Konjunktionswörter кто, что, како́й, чей, ско́лько, где, куда́, отку́да, когда́, как, почему́, заче́м** stehen nach **Verben**, **Kurzadjektiven** und **-partizipien** des **Sagens** und **Denkens** bzw. der **sinnlichen Wahrnehmung**.

говори́ть	*sagen*	понима́ть	*verstehen*
спра́шивать	*fragen*	слы́шать	*hören*
объясня́ть	*erklären*	ви́деть	*sehen*
узнава́ть	*sich erkundigen*	(не)изве́стно	*es ist (un)bekannt*
отвеча́ть	*antworten*	(не)поня́тно	*es ist (un)verständlich*
знать	*wissen*	интере́сно	*es ist interessant*
по́мнить	*sich erinnern*	ска́зано u. a.	*es wird gesagt*

Мне <u>непоня́тно</u> то, **о чём** вы говори́те.
Она́ <u>не по́мнит</u>, **куда́** положи́ла свой зо́нтик.
Они́ <u>не зна́ют</u>, **чей** э́то телефо́н.

§ Unpersönliche Sätze, S. 218

Übungen

1. Entscheiden Sie, ob der Nebensatz durch eine **Konjunktion** (K) oder ein **Konjunktionswort** (KW) eingeleitet wird.*

		K	KW
a)	Мари́на ду́мала о том, что ей нужна́ но́вая су́мка	☐	☐
b)	Кари́на наконе́ц-то узна́ла, кто присла́л ей буке́т цвето́в.	☐	☐
c)	Ко́ля зна́ет, что подари́ть сестре́ на день рожде́ния.	☐	☐
d)	То́ля попроси́л, что́бы ему́ ничего́ не дари́ли.	☐	☐
e)	Маша́ смотре́ла, как её дочь ра́дуется пода́рку.	☐	☐
f)	Са́ше непоня́тно, как пора́довать сы́на.	☐	☐
g)	Вале́рий не сказа́л, понра́вился ли ему́ наш сюрпри́з.	☐	☐
h)	Вале́рия не представля́ет себе́, ско́лько э́то сто́ит.	☐	☐

2. Bestimmen Sie, ob die Handlung im Nebensatz **vor**, **gleichzeitig** oder **nach** der Handlung im Hauptsatz passiert ist.*

a) Он зна́ет, что Ва́ля хорошо́ рисова́ла. *vor*________

b) Ва́ся понима́ет, что э́то бу́дет ску́чно. __________

c) Мне было я́сно, что никто́ меня́ не бу́дет слу́шать. ______

бесполе́зно – *sinnlos*
воспи́тывать – *aufziehen*
птене́ц – *Küken*

d) Она́ ска́жет, что э́то было бесполе́зно. ______

e) Им не нра́вилось, что их никто́ не слу́шает. ______

f) Учёные наблюда́ли за тем, как пти́цы воспи́тывают птенцо́в. ______

g) Его́р объясни́л мне, что произошло́ вчера́. ______

h) Никто́ не зна́ет, когда́ начнётся кри́зис. ______

3. Setzen Sie die Konjunktion **что** oder **что́бы** ein.**

a) Ра́иса хоте́ла, *чтобы* ______ я отвёз её домо́й на маши́не.

b) Миха́йл узна́л, ______ экза́мен перенесли́ на за́втра.

c) Я чу́вствую, ______ мне на́до сро́чно отдохну́ть.

d) И́нна попроси́ла продавщи́цу, ______ она́ принесла́ ей ту́фли друго́го разме́ра.

e) И́нна сказа́ла продавщи́це, ______ ей нужны́ ту́фли друго́го разме́ра.

f) Все о́чень ра́довались, ______ наконе́ц наступи́ли кани́кулы.

g) Шко́льники о́чень хоте́ли, ______ наконе́ц наступи́ли кани́кулы.

h) На́до, ______ меня́ кто́-нибудь встре́тил на вокза́ле.

i) Я ду́маю, ______ меня́ кто́-нибудь встре́тит на вокза́ле.

4. Setzen Sie die **hinweisenden Wörter** in die richtige Form.**

a) На́до спроси́ть *тех* ______ (те), кто его́ хоро́шо зна́ет.

b) ______ (тот), кому́ я пишу́, живёт в Австра́лии.

c) Я расскажу́ об э́том ______ (все), кого́ я зна́ю.

d) Об э́том до́лжен знать ______ (ка́ждый), кто собира́ется пое́хать в Росси́ю.

e) Ей хоте́лось рассказа́ть мне обо ______ (всё), что произошло́ с ней за пять лет.

f) Они́ не люби́ли вспомина́ть ______ (то), что случи́лось.

g) Что мы ему́ ни предлага́ли, ____________ (ничто́) он не заинтересова́лся.

заинтересова́ться + Instr. – *sich interessieren für*

h) С кем мы его́ ни знако́мили, ____________ (никто́) он бо́льше не позвони́л.

i) ____________ (любо́й), кто ви́дел его фотогра́фию, счита́л его́ симпати́чным.

5. Setzen Sie die entsprechenden **Konjunktionswörter** ein.**

a) Вы зна́ете, *когда* ____________ начина́ется ле́кция?

b) Я не по́мню, ____________ лежа́т твои́ ключи́.

c) Ты не по́мнишь, ____________ её зову́т?

d) Вы не зна́ете, ____________ э́то фотогра́фия?– Э́то же Альбе́рт Эйнште́йн!

e) Я забы́л, ____________ ещё до́лжен был прийти́ к нам в го́сти.

f) Всем, ____________ ви́дел э́тот фильм, он о́чень понра́вился.

6. Bilden Sie **zusammengesetzte Sätze**, benutzen Sie dabei die passenden **Konjunktionen**.***

что • ка́к бы не • бу́дто бы • как • ли

a) Я рад. Сейча́с не жа́рко.

Я рад, что сейчас не жарко.

b) Мне показа́лось. Кто́-то позвони́л в дверь.

____

____

c) Ли́на волну́ется. Илья́ просту́дится.

простуди́ться – *sich erkälten*

____

____

d) Я не зна́ю. На́до снима́ть сапоги́?

____

____

e) Всем бы́ло заме́тно. Она́ вы́росла за э́ти полго́да.

____

____

Attributsätze

Ein Attributsatz bestimmt ein **Substantiv des Hauptsatzes** näher und beantwortet die Fragen **како́й? кака́я? како́е? каки́е?** (*welcher? welche? welches? welche? was für ein/eine/welche?*).

Die Frage kann in einem **beliebigen Fall**, **mit oder ohne Präposition** gestellt werden.

Э́то была́ у́лица (Nom.), **на кото́рой он вы́рос.** Он нашёл у́лицу(Akk.), **где он вы́рос.** Он шёл по у́лице (Dat.), **на кото́рой он вы́рос.** Он жил на тако́й у́лице (Präp.), **что её бы́ло тру́дно найти́ на ка́рте го́рода.**	кака́я у́лица? (Nom.) каку́ю у́лицу? (Akk.) по како́й у́лице? (Dat.) на како́й у́лице? (Präp.)

Die Attributsätze können durch Konjunktionen oder Konjunktionswörter (unechte Konjunktionen) eingeleitet werden.

Konjunktionen im Attributsatz

Die Regeln zum Gebrauch der **Zeitformen** in Nebensätzen, die durch **что, что́бы, бу́дто** eingeleitet sind, werden im Abschnitt **Form** des Unterkapitels ▸ **Konjunktionen in Objekt- oder Subjektsätzen**, S. 236 erklärt.

Ein Attributsatz kann durch folgende **Konjunktionen** eingeleitet werden:

что	*dass*
что́бы	*damit*
бу́дто, как бу́дто	*als ob*

Die Konjunktion **что** leitet Attributsätze ein, die als Zusatzbedeutung eine **Folge** angeben.

Начала́сь така́я гроза́, **что** бы́ло стра́шно вы́йти из до́ма.	*Es begann so ein Gewitter, dass man Angst hatte, aus dem Haus zu gehen.*

Die Konjunktion **бу́дто** (**как бу́дто**) verleiht dem Nebensatz die Bedeutung des **Vergleichs**.

Она́ взяла с собо́й таку́ю су́мку, **бу́дто** уезжа́ла на ме́сяц.	*Sie nahm so eine (große) Tasche mit, als ob sie für einen Monat wegfahren würde.*

Чтоб wird eher in der gesprochenen Sprache gebraucht.

Die Konjunktion **что́бы** (**чтоб**) leitet einen Attributsatz ein, wenn der Hauptsatz einen **Wunsch** oder ein **Erfordernis** ausdrückt.

Я хочу́ найти́ таку́ю ла́мпу, **что́бы** её мо́жно бы́ло поста́вить в у́гол.	*Ich möchte so eine Lampe finden, die man in die Ecke stellen kann.**
На́до сде́лать тако́е расписа́ние, **что́бы** всем бы́ло удо́бно.	*Man muss so einen Stundenplan machen, der für alle passt.**

*Wörtlich:
... dass man sie in die Ecke stellen kann.
... dass es für alle bequem ist.

Wenn der Attributsatz mit den Konjunktionen **что**, **как бу́дто**, **бу́дто** oder **что́бы** eingeleitet wird, kann im Hauptsatz vor dem Substantiv das **hinweisende Wort** **тако́й**, **така́я**, **тако́е**, **таки́е** stehen.

Зима́ была́ <u>така́я</u> тёплая, **что** в феврале́ зацвела́ ви́шня.
У неё <u>тако́й</u> вид, **бу́дто** она́ о́чень расстро́ена.
Он хо́чет нарисова́ть <u>таку́ю</u> карти́ну, **что́бы** все порази́лись.

Der Gebrauch von hinweisenden Wörtern ist nicht obligatorisch:
У неё **тако́й** вид, как бу́дто она о́чень расстро́ена. – У неё вид, как бу́дто она́ о́чень расстро́ена.

зацвести́ – *blühen*
расстро́енный – *verstimmt*
порази́ться – *erstaunen*

Konjunktionswörter im Attributsatz

Ein Attributsatz kann durch folgende **Konjunktionswörter** (unechte Konjunktionen) mit dem Hauptsatz verbunden werden:

Pronomen		Adverbien	
кото́рый	*welcher, was für ein, der, wie*	где	*wo*
како́й		куда́	*wohin*
что	*wessen*	отку́да	*woher*
чей		когда́	*wann*

Das Pronomen, S. 57
Das Adverb, S. 181

Form

Die Konjunktionswörter **кото́рый**, **како́й** und **чей** stimmen mit dem **Substantiv des Hauptsatzes**, auf das sie sich beziehen, in **Geschlecht** und **Zahl** überein.

Вот <u>уче́бник</u>, о **кото́ром** я тебе́ говори́л.	mask. Sg.
Мы уви́дели <u>же́нщину</u>, **кото́рая** идёт к реке́.	fem. Sg.
Э́то бы́ло тако́е тёмное <u>у́тро</u>, **како́е** быва́ет по́здней о́сенью.	Neutr. Sg.
Я реши́ла посове́товаться с <u>дру́гом</u>, **чьи** сове́ты мне всегда́ помога́ли.	Pl.

по́здняя о́сень – *Spätherbst*

Das Wort **чей** kann man im Attributsatz durch den **Genitiv** von **кото́рый** ersetzen, das nach seinem Bezugswort steht:
Я реши́ла посове́товаться с дру́гом, сове́ты **кото́рого** мне всегда́ помога́ли.

Der **Fall** der Konjuktionswörter hängt von seiner **Funktion im Nebensatz** ab bzw. davon, welchen Fall das Verb im Nebensatz erfordert.

Там сиди́т де́вушка,	**кото́рая** <u>звони́ла</u> мне вчера́.	Nominativ
	у **кото́рой** <u>есть</u> с собо́й компью́тер.	Genitiv
	кото́рой я <u>до́лжен</u> 1000 рубле́й.	Dativ
	кото́рую я <u>люблю́</u>.	Akkusativ
	с **кото́рой** я <u>знако́м</u>.	Instrumental
	о **кото́рой** я тебе́ <u>говори́л</u>.	Präpositiv

навеща́ть – *besuchen*

Tritt **что** als Subjekt des Attributsatzes auf, so ist dieses unveränderlich, unabhängig davon, auf welches Wort im Hauptsatz es sich bezieht. Hingegen stimmt das **Prädikat** des Attributsatzes mit seinem **Bezugswort** im **Hauptsatz** in **Geschlecht** und **Zahl** überein.

Мы уви́дели <u>ко́шку</u>, что **сиде́ла** на де́реве.	fem. Sg.
На́ши <u>друзья́</u>, что нас давно́ не **навеща́ли**, приезжа́ют на сле́дующей неде́ле.	Pl.

Что lässt sich problemlos durch **кото́рый** ersetzen:
Мы уви́дели ко́шку, **что** сиде́ла на де́реве.
Мы уви́дели ко́шку, **кото́рая** сиде́ла на де́реве.

Das Adverb, S. 181

Da **где**, **куда́**, **отку́да** und **когда́** Adverbien sind, bleiben sie immer **unverändert**. Sie treten als **Adverbialbestimmungen** im Nebensatz auf.

Ко́мната, **где** все собрали́сь, была́ больша́я и све́тлая.
Они́ смотре́ли на го́ру, **куда́** они́ собира́лись зале́зть.
Село́, **отку́да** он был ро́дом, находи́лось на берегу́ Оки́.
Стари́к расска́зывал о тех времена́х, **когда́** он был молоды́м.

быть ро́дом – *stammen aus*

Wenn der Nebensatz mit einem Konjunktionswort eingeleitet wird, kann das **Substantiv** (das Bezugswort) im **Hauptsatz** ein **hinweisendes Wort** (**тот** oder **тако́й**) bei sich haben. Hinweisende Wörter treten als **Attribute** auf und stimmen mit dem **Bezugswort** in **Geschlecht**, **Zahl** und **Fall** überein. Sie heben das Bezugswort im Hauptsatz hervor, sind aber nicht obligatorisch.

Die Konjunktionswörter **где**, **куда́**, **отку́да**, **когда́** lassen sich im Attributsatz meistens durch **кото́рый** mit Präposition ersetzen:
Ко́мната, **в кото́рой** все собрали́сь, была́ больша́я и све́тлая.

Та ко́мната, **где** все собрали́сь, была́ больша́я и све́тлая.
Она́ рассказа́ла мне таку́ю исто́рию, **како́й** я ещё никогда́ не слы́шал.

Ein **Attributsatz** steht **immer unmittelbar nach dem Substantiv**, auf das er sich bezieht. Er kann dabei nach dem Hauptsatz oder in seiner Mitte (zwischen Kommas eingeschlossen) stehen.

Я положи́л на сту́л оде́жду, **кото́рую хочу́ наде́ть за́втра**.
Оде́жда, **кото́рую я хочу́ наде́ть за́втра**, лежи́т на сту́ле.

Кото́рый steht nicht am Anfang des Nebensatzes, wenn es von einem Substantiv im Nebensatz abhängt:
В дом вошёл челове́к, нос **кото́рого** был кра́сный от моро́за.

Gebrauch

Das Konjunktionswort **кото́рый** hat eine **allgemeine attributive Bedeutung** und verleiht dem Satz keine zusätzliche Bedeutungsschattierung.

Вот дом, **кото́рый** постро́ил Джек.

Das Konjunktionswort **како́й** verleiht dem Satz (vor allem wenn im Hauptsatz ein hinweisendes Wort steht) die zusätzliche Bedeutung eines **Vergleichs**. Im Hauptsatz steht immer das hinweisende Wort **тако́й**.

моро́з – *Frost*
звёздный – *sternenklar*
Ве́на – *Wien*

Результа́т экспериме́нта **тако́й**, **како́й** и до́лжен быть.
Сейча́с жизнь уже совсе́м не **така́я**, **како́й** она́ была́ сто лет наза́д.

Das Wort **чей** bezeichnet die **Zugehörigkeit** zu einer Person oder einem Gegenstand, die von seinem Bezugswort im Hauptsatz bezeichnet werden.

Музыка́нты, **чью** му́зыку мы то́лько что слу́шали, живу́т в Ве́не.

Das Konjunktionswort **что**, das Attributsätze einleiten kann, wird wie который in einer **neutralen Bedeutung** verwendet.

маха́ть – *winken*

Лю́ди, **что** стоя́ли на берегу́, маха́ли нам рука́ми.

Die Konjunktionswörter **где**, **куда́**, **отку́да** stehen in Attributsätzen, die Angaben zu **räumlichen Verhältnissen** enthalten.

Шко́лы, **где** я учи́лась, уже́ давно́ нет.
Гости́ница, **куда́** мы е́здили в про́шлом году́, была́ в це́нтре го́рода.
В стране́, **отку́да** они́ прие́хали, произошла́ револю́ция.

Das Konjunktionswort **когда́** verleiht dem Satz **zeitliche Bedeutung** und wird nur dann gebraucht, wenn sein Bezugswort die Bedeutung der Zeit hat.

Поли́на родила́сь в том году́, **когда́** была́ Олимпиа́да в Москве́.

Übungen

1. Setzen Sie **кото́рый** in der richtigen Form ein.*

a) Они́ бы́ли в магази́не, *который* ________ нахо́дится на сосе́дней у́лице.

b) Я знако́м со студе́нтом, ________ прие́хал из Белару́си.

c) Вы не ви́дели письмо́, ________ лежа́ло на столе́?

d) Кни́гу, ________ стои́т на по́лке, я ещё не чита́л.

e) Ко́шка смо́трит на птиц, ________ сидя́т на де́реве.

f) Пти́цы смо́трят на ко́шку, ________ сиди́т под де́ревом.

g) Я хочу́ приме́рить пла́тье, ________ здесь продаётся.

h) На́до вы́бросить стул, ________ слома́лся.

приме́рить – *anprobieren*

2. Unterstreichen Sie die richtige Form der **Konjunktionswörter**.*

a) Под мои́ми о́кнами стои́т маши́на, кото́рая/кото́рую поста́вил мой сосе́д.

b) Мне подари́ли ре́дкую кни́гу, како́й/кака́я у меня́ ещё не́ было.

c) Под фонарём, кото́рым/кото́рый стоя́л ря́дом с до́мом, лета́ли мо́шки.

d) В карма́не брюк, кото́рые/кото́рых он наде́л, нашли́сь де́ньги.

e) Я свари́л тако́й борщ, како́го/како́й ты ещё никогда́ не ел!

f) На́до почи́стить сиде́ние, кото́рое/на кото́рое вы́лился ко́фе.

мо́шка – *kleine Fliege*

Das verneinte Objekt steht im Genitiv.

Die Negation, S. 224

3. Ersetzen Sie die Nebensätze mit **кото́рый** durch Nebensätze mit **чей**.**

a) Мы встре́тились с писа́телем, кни́ги кото́рого нам о́чень нра́вятся.

Мы встре́тились с писа́телем, *чьи книги нам очень нравятся.*

b) Я позвони́л знако́мому, сестра́ кото́рого учи́лась в моём кла́ссе.

Я позвони́л знако́мому, ______

______

c) Я была́ в гостя́х у люде́й, сын кото́рых живёт в сосе́дней кварти́ре.

Я была́ в гостя́х у люде́й, ______

______

арти́ст – *Schauspieler*
ла́ять на + Akk. – *jmdn. anbellen*

d) Вы познако́митесь с арти́стом, и́мя кото́рого изве́стно ка́ждому.

Вы познако́митесь с арти́стом, ______

______

e) Тут живёт наш сосе́д, соба́ки кото́рого всегда́ ла́ют на меня́.

Тут живёт наш сосе́д, ______

______

4. Setzen Sie die passenden **Konjunktionen** oder **Konjunktionswörter** ein.**

где • куда́ • отку́да • где • когда́ • что • что́бы • когда́ • бу́дто

a) Мы дошли́ до той у́лицы, ______ жи́ли на́ши знако́мые.

b) Он не добежа́л до платфо́рмы, ______ до́лжен был отправля́ться по́езд.

c) У де́вочки тако́е выраже́ние лица́, ______ она́ сейча́с запла́чет.

d) Он взял о́тпуск в том ме́сяце, ______ у дете́й кани́кулы.

e) Де́вушка побежа́ла в том направле́нии, ______ убежа́ла её соба́ка.

f) Включи́ таку́ю му́зыку, ______ мы могли́ танцева́ть.

g) Дива́н был тако́й мя́гкий, ______ я сра́зу на нём усну́ла.

h) Мы до́лго иска́ли рестора́н, ______ мо́жно пообе́дать.

i) В тот день, ______ она родила́сь, вы́пал пе́рвый снег.

отправля́ться – *abfahren*
выраже́ние лица́ – *Gesichtsausdruck*

5. Verbinden Sie zwei **einfache Sätze** zu einem **Satzgefüge** mit **который**.***

заменя́ть – *vertreten*
кошелёк – *Geldbeutel*
паке́т – *Tüte*

a) Э́то учи́тельница матема́тики. Она́ заменя́ет учи́теля фи́зики.

Это учительница математики, которая заменяет учителя физики.

b) Мы вы́шли на доро́гу. По доро́ге мы ещё не ходи́ли.

c) Кошелёк мо́жет быть в паке́те. Паке́т я пове́сила на сту́л.

d) Позвони́ юри́сту. Я с ним вчера́ встреча́лся.

e) Я получи́л письмо́. Я до́лго его́ ждал.

f) Она́ купи́ла ту́фли. В них мо́жно танцева́ть всю ночь.

6. Ändern Sie die Sätze so um, dass der **Nebensatz zum Hauptsatz** und der **Hauptsatz zum Nebensatz** wird.***

снять – *aufnehmen, drehen*
чу́вство ю́мора – *Sinn für Humor*

a) Фильм, кото́рый мы смотре́ли, был снят два́дцать лет наза́д.

Мы смотрели фильм, который был снят двадцать лет назад.

b) В рюкзаке́, кото́рый я потеря́л, бы́ли ва́жные докуме́нты.

c) Знако́мые, с кото́рыми я разгова́ривал, неда́вно прие́хали из И́ндии.

d) Я говорю́ о лю́дях, у кото́рых нет чу́вства ю́мора.

Adverbialsätze

Das Adverb, S. 181

Eine große Gruppe von Nebensätzen bilden die **Adverbialsätze**, die die **Handlung im Hauptsatz näher bestimmen** und eine **Adverbialbestimmung** ersetzen. Nach ihrer Bedeutung unterscheidet man zwischen folgenden Hauptgruppen:

Adverbialsatz des Ortes	где? куда́? отку́да?	*wo? wohin? woher?*
Adverbialsatz der Zeit	когда́?	*wann?*
Adverbialsatz des Zweckes	заче́м?	*wozu?*
Adverbialsatz des Grundes	почему́? из-за чего́?	*warum? weswegen?*
Bedingungssatz	при како́м усло́вии?	*unter welcher Bedingung?*

война́ – *Krieg*
шу́мно – *laut*

Наш дом стои́т там, **где ра́ньше был лес.**	Ort
Его́ постро́или, **когда́ зако́нчилась война́.**	Zeit
Я закры́ла окно́, **что́бы не́ было хо́лодно.**	Zweck
Мне жа́рко, **потому́ что все о́кна закры́ты.**	Grund
Е́сли я откро́ю окно́, **бу́дет сли́шком шу́мно.**	Bedingung

Adverbialsätze des Ortes

Ein Adverbialsatz des Ortes bestimmt den Ort oder die Richtung, die im Hauptsatz erwähnt werden, näher und beantwortet die Fragen **где**? **куда́**? **отку́да**? (*wo*? *wohin*? *woher*?).

Adverbialsätze des Ortes werden durch die **Konjunktionswörter** (Adverbien) **где**, **куда́** oder **отку́да** eingeleitet.

прохо́жий – *Passant*

Там, **где мы стоя́ли**, бы́ло темно́.
Мы пошли́ туда́, **куда́ нам показа́л прохо́жий**.
Он пришёл отту́да, **отку́да слы́шались голоса́**.

Einige Verben, die im Deutschen mit einer Ortsangabe im Dativ stehen, sind im Russischen mit einer Ortsangabe im Akkusativ zu verwenden (und umgekehrt): Он пи́шет зада́ние **в тетра́ди**. *(Dat.) – Er schreibt die Aufgabe in sein Heft. (Akk.)* Президе́нт при́был **в аэропо́рт**. (Akk.) – *Der Präsident ist auf dem Flughafen angekommen. (Dat.)*

Im Hauptsatz können die hinweisenden Wörter **там**, **туда́**, **отту́да** (*dort, dorthin, von dort*) stehen, ihr Gebrauch ist aber nicht immer erforderlich.

Я вста́ла **туда́**, где бы́ло ме́сто.	Я вста́ла, где бы́ло ме́сто.

Im Nebensatz kann bei einem Konjunktionswort die verstärkende Partikel **ни** stehen. Im Hauptsatz treten dabei die Adverbien **везде́/всю́ду** (*überall*) oder **нигде** (*nirgendwo*) auf.

Куда́ **ни** пое́дешь, везде́ краси́во.	*Wohin man auch fährt, überall ist es schön.*
Куда́ **ни** посмо́тришь, всю́ду тума́н.	*Wohin man auch blickt, überall ist Nebel.*
Где мы **ни** иска́ли ко́шку, нигде́ её не́ было.	*Wo auch immer wir die Katze gesucht haben, sie war nirgendwo.*

Adverbialsätze der Zeit

Ein Adverbialsatz der Zeit gibt die **Zeit** der Handlung im Hauptsatz an.

Der Nebensatz der Zeit antwortet auf die **Frage когда́**? (*wann?*) und wird durch die **Konjunktion когда́** eingeleitet. Dabei können im Hauptsatz die **hinweisenden Wörter то** oder **тогда́** gebraucht werden.

Де́вочка научи́лась чита́ть, **когда́** ей бы́ло пять лет.
Когда́ прошло́ пять лет, то уже́ никто́ не вспомина́л об э́том.
Почему́ ты не позвони́л тогда́, **когда́** я ждал твоего́ звонка́?

звоно́к – *Anruf*

Adverbialsätze des Zweckes

Ein Adverbialsatz des Zweckes bestimmt das **Ziel** oder den **Zweck** der im Hauptsatz bezeichneten Handlung und antwortet auf die Frage **заче́м**? (*wozu?*).

Ein Adverbialsatz des Zweckes wird ausschließlich durch die Konjunktion **что́бы** eingeleitet.

Я пришёл, **что́бы** спасти́ вас.
Дай мне ру́ку, **что́бы** я не упа́ла.

Das **Prädikat** von einem Adverbialsatz des Zweckes kann im **Infinitiv** oder im **Präteritum** stehen (s. o.). Enthält der Nebensatz mit **что́бы** ein **Subjekt**, so steht das Prädikat immer im Präteritum, unabhängig von der Zeitform des Prädikats im Hauptsatz.

§ Das Prädikat, S. 211

Он дал мне ру́ку, Он даёт мне ру́ку, Он даст мне ру́ку,	что́бы я не **упа́ла**. что́бы не **упа́сть**.

Wenn der **Nebensatz unpersönlich** ist, so steht das **Prädikat** auch im **Präteritum**.

Возьми́ меня́ за́ руку, что́бы мне не́ **было** стра́шно.
На́до закры́ть окно́, что́бы не́ **было** хо́лодно.

Bezieht sich das Prädikat des **Nebensatzes** auf **dieselbe handelnde Person** (Subjekt) wie das Prädikat des **Hauptsatzes**, so steht im Nebensatz normalerweise kein Subjekt. Das **Prädikat** vom **Adverbialsatz des Zweckes** steht dabei im **Infinitiv**.

Са́ша пришёл, что́бы **помо́чь** мне.	~~Са́ша пришёл, что́бы Са́ша помо́г мне.~~

Vgl. im Deutschen:
Sascha kam, um mir zu helfen.
~~*Sascha kam, damit Sascha mir hilft.*~~

Der Nebensatz kann sowohl **vor** als auch **nach dem Hauptsatz** stehen.

Я включи́ла свет, что́бы бы́ло светле́е.
Что́бы бы́ло светле́е, я включи́ла свет.

Adverbialsätze des Grundes

Ein Adverbialsatz des Grundes gibt den **Grund** für die im Hauptsatz genannte Handlung an. Er antwortet auf die Fragen **почему́**? **из-за чего́**? (*warum? weswegen?*) und wird durch folgende Konjunktionen eingeleitet:

потому́ что так как из-за того́ что оттого́ что поско́льку	*weil, da, wenn*

Ein durch **потому́ что** eingeleitete Nebensatz **steht immer nach dem Hauptsatz**, Sätze mit anderen Konjunktionen können sowohl vor als auch nach dem Hauptsatz stehen.

состоя́ться - *stattfinden*
застря́ть - *stecken bleiben*
испуга́ть - *erschrecken*
заика́ться - *stottern*
торопи́ться - *sich beeilen*

Я не ем я́блоки, **потому́ что у меня́ на них аллерги́я**.
Конце́рт не состоя́лся, **так как музыка́нты застря́ли в ли́фте.**
Из-за того́ что ты меня́ испуга́л, я тепе́рь заика́юсь.
Она́ сде́лала оши́бку, **оттого́ что о́чень торопи́лась**.
Поско́льку они́ не мо́гут прие́хать, мы са́ми пое́дем к ним.

Die zusammengesetzten Konjunktionen **из-за того́ что** und **оттого́ что** können **getrennt werden**. Dabei steht der erste Teil im Hauptsatz und der zweite im Nebensatz. In diesem Fall wird der erste Teil der Konjunktion betont, um den Grund des Geschehens hervorzuheben.

Он не мог усну́ть, **из-за того́ что** бы́ло сли́шком шу́мно.	**Из-за того́** он не мог усну́ть, **что** бы́ло сли́шком шу́мно.
Мне так хо́лодно, **оттого́ что** но́ги промо́кли.	**Оттого́** мне так хо́лодно, **что** но́ги промо́кли.

Е́сли ist die gebräuchlichste Konjunktion, **раз** wird seltener gebraucht (▸ S. 255).

Bedingungssätze

Ein Bedingungssatz bezeichnet die **Bedingung**, unter der die im Hauptsatz genannte Handlung eintritt. Er antwortet auf die Frage **при како́м усло́вии**? (*unter welcher Bedingung?*) und wird durch die Konjunktionen **е́сли** oder **раз** (*wenn, falls*) eingeleitet.

Е́сли я пое́ду в Росси́ю, я смогу́ разгова́ривать там по-ру́сски. (Futur)
Е́сли бы я жил в Росси́и, я бы везде́ говори́л по-ру́сски. (Konjunktiv)
Раз ты хо́чешь вы́учить ру́сский, поезжа́й в Росси́ю. (Imperativ)

Satzgefüge mit einem **Bedingungssatz** werden in zwei Typen eingeteilt:

1. Die Handlung im Hauptsatz kann unter einer im Nebensatz genannten Bedingung geschehen, geschieht zum selben Zeitpunkt oder kann in der Zukunft geschehen. Die Prädikate im Nebensatz und im Hauptsatz stehen im **Präsens**, **Präteritum** oder **Futur**.

Е́сли мы не **приноси́ли** сме́нную о́бувь, нас не **пуска́ли** в класс.
Ты **мо́жешь** позвони́ть мне, е́сли **хо́чешь**.
Е́сли **бу́дет** жа́рко, мы **пойдём** в бассе́йн.

сме́нная о́бувь – *Wechselschuhe*

Das **Prädikat** des **Hauptsatzes** kann auch im **Imperativ** stehen.

Е́сли ты хо́чешь, **позвони́** мне за́втра.

Der Imperativ, S. 144

In Sätzen mit dem **Imperativ** wird oft die Konjunktion **раз** verwendet, die eine reale Bedingung angibt.

Раз ты не хо́чешь со мной идти́, оставáйся до́ма.
Раз у нас не хвата́ет де́нег на рестора́н, дава́й поу́жинаем до́ма.

Wenn der **Nebensatz kein Subjekt** aufweist und **verallgemeinernde Bedeutung** hat, steht das Prädikatsverb des Bedingungssatzes im **Infinitiv**.

Е́сли до́лго **му́читься**, что́-нибудь полу́чится. (Sprichwort)

му́читься – *sich quälen*
получи́ться – *klappen, gelingen*

2. Im Hauptsatz wird von einer **möglichen** oder **irrealen Handlung** gesprochen, im Nebensatz von einer möglichen Bedingung dieser Handlung. In diesem Fall stehen die **Prädikate** des **Hauptsatzes** und des **Bedingungssatzes** im **Konjunktiv**.

Der Konjunktiv, S. 148

Е́сли **бы** то́лько мо́жно **бы́ло** тебя́ встре́тить, я **был бы** сча́стлив.
Е́сли **бы** ты **пришёл** во́время, мы **бы успе́ли** посмотре́ть вме́сте футбо́л.

Der Bedingungssatz kann **vor** oder **nach** dem **Hauptsatz** stehen sowie in den Hauptsatz **eingeschlossen** sein.

Е́сли у меня́ бу́дет вре́мя, я помогу́ тебе́ за́втра.
Я помогу́ тебе́ за́втра, **е́сли у меня́ бу́дет вре́мя**.
За́втра, **е́сли у меня́ бу́дет вре́мя**, я помогу́ тебе́.

Wenn der **Bedingungssatz vor dem Hauptsatz** steht, können am Anfang des Hauptsatzes die **hinweisenden Wörter то** oder **тогда́** gebraucht werden.

Е́сли бы я вы́играл миллио́н, **то́гда** бы я купи́л дом.
Е́сли ты не хо́чешь мне помога́ть, **то** так и скажи́.

Übungen

1. Setzen Sie in die **Adverbialsätze** des **Ortes** und der **Zeit** passende **Konjunktionswörter** ein.*

a) Мы пошли́ туда́, *куда* ______ нас отпра́вила ма́ма.

b) Он вернётся в свой го́род, ______ зако́нчит университе́т.

c) Я ждала́ тебя́ там, ______ мы договори́лись встре́титься.

d) Она́ пришла́ отту́да, ______ её никто́ не ждал.

e) Русла́н реши́л пое́хать туда́, ______ он ещё не был.

f) Ключи́ висе́ли там, ______ я их обы́чно ве́шаю.

g) ______ кто́-нибудь игра́ет на скри́пке, мне хо́чется пла́кать.

2. Setzen Sie **hinweisende Wörter** ein.*

a) Стул стои́т *там* ______ , где он никому́ не меша́ет.

b) Е́сли тебе́ позвоня́т, ______ я обяза́тельно тебе́ скажу́.

c) Э́то случи́лось ______ , когда́ Андре́й боле́л.

d) Я спря́тал де́ньги ______, где их никто́ не найдёт.

удáться – *gelingen*
провали́ть экза́мен – *durch die Prüfung fallen*
сгоре́ть – *abbrennen*
пожа́р – *Brand*

e) Ему́ удало́сь верну́ться ______ , отку́да ещё никто́ не возвраща́лся.

f) Ты провали́л экза́мен ______ , что сли́шком волнова́лся.

g) Раз вы не хоти́те петь, ______ дава́йте потанцу́ем!

h) Е́сли у вас нет до́ма, ______ он не сгори́т при пожа́ре.

i) Я записа́л твой телефо́н для ______ , что́бы не забы́ть.

3. Setzen Sie das **Verb** in der richtigen Form ein.**

a) Е́сли вы к нам *придёте* ______ , мы *приготовим* ______ вам блины́. (прийти́/пригото́вить)

b) Е́сли бы Алексе́й ______ худо́жником, он ______ тебя́. (быть/нарисова́ть)

c) ______ мне за́втра, е́сли у тебя́ ______ вре́мя. (позвони́ть/быть)

d) Е́сли бы я (mask.) ________________ тебя́ на у́лице, я не ________________ тебя́ в э́тих очка́х. (встре́тить/узна́ть)

e) Е́сли у меня́ ________________ ли́шний биле́т на конце́рт, я ________________ его́ тебе́. (быть/отда́ть)

ли́шний – *zu viel, übrig*

f) Е́сли я не ________________ вы́пить ко́фе у́тром, я обы́чно пото́м весь день ________________ спать. (успева́ть/хоте́ть)

g) Е́сли бы они́ ________________ к вам вчера́, сего́дня мы ________________ пое́хать вме́сте с ни́ми на пляж. (прие́хать/мочь)

h) Е́сли вы уже́ ________________ э́то упражне́ние, ________________ (Imperativ) де́лать сле́дующее зада́ние. (сде́лать/начина́ть)

4. Bilden Sie aus jedem Satzpaar ein Satzgefüge mit einem **Adverbialsatz des Zweckes** oder einem **Adverbialsatz des Grundes**.***

a) Серге́й пришёл. Ка́тя отда́ст ему́ кни́гу.

Сергей пришёл, чтобы Катя отдала ему книгу.

b) Дми́трий звони́т мне. Он узна́ет но́мер телефо́на Оле́га Ива́новича.

____

____

c) Я доста́ну э́ту ва́зу. Мне ну́жно зале́зть на стул.

____

____

d) Ю́ля наде́ла рези́новые перча́тки. Она́ не запа́чкает ру́ки.

____

____

рези́новые перча́тки – *Gummihandschuhe*
запа́чкать – *schmutzig machen*
аэрофо́бия – *Flugangst*

e) Мариа́нна не лета́ет самолётами. У неё аэрофо́бия.

____

____

f) Влади́мир откры́л дверь. На́дя мо́жет войти́.

____

____

Die direkte und die indirekte Rede

Die Aussagen anderer können auf zwei Weisen wiedergegeben werden:

- **direkte Rede**: Der Sprecher zitiert die Aussagen wörtlich in ihrer ursprünglichen Form.
- **indirekte Rede**: Der Sprecher gibt eine Äußerung inhaltlich wieder, ohne sie wörtlich zu wiederholen.

direkte Rede	indirekte Rede
Свéта сказáла: **«Приезжáйте к нам в гóсти!»**	Свéта сказáла, **чтóбы мы приезжáли к ним в гóсти**.

Bei der Wiedergabe von **Dialogen** wird die direkte Rede meistens mit einem neuen Absatz und einem Gedankenstrich eingeleitet.

Bei der direkten Rede muss man beachten, dass die russische **Zeichensetzung** von der deutschen abweicht. Es gibt zwei Möglichkeiten, die direkte Rede wiederzugeben – mit **Anführungszeichen** oder mit einem **Gedankenstrich**.

«Что у нас на ýжин?» – спросúла Óля. «Пúцца», – отвéтила мáма.	– Что у нас на ýжин? – спросúла Óля. – Пúцца, – отвéтила мáма.

Wenn die direkte Rede **nach dem Einführungssatz** steht, dann steht sie hinter einem **Doppelpunkt**. Am Ende der direkten Rede steht ein Punkt nach dem Anführungszeichen. Frage- oder Ausrufezeichen stehen vor dem Anführungszeichen.

Свéта сказáла**: «**Приезжáйте в гóсти**».**
Свéта сказáла**: «**Приезжáйте в гóсти**!»**
Свéта спросúла**: «**Вы приéдете в гóсти**?»**

Wenn die direkte Rede **vor dem Einführungssatz** steht, dann folgt nach der direkten Rede anstelle des Punktes ein Komma bzw. ein Frage- oder Ausrufezeichen vor dem Anführungszeichen und danach ein **Gedankenstrich**:

«Приезжáйте в гóсти**», –** сказáла Свéта.
«Приезжáйте в гóсти**!» –** сказáла Свéта.
«Вы приéдете в гóсти**?» –** спросúла Свéта.

Wird die direkte Rede mit **Gedankenstrichen** eingeleitet, so entfallen die Anführungszeichen. Für alle anderen Interpunktionszeichen gelten dieselben Regeln wie oben.

Свéта спросúла:
– Вы приéдете в гóсти?
– Спасúбо за приглашéние, обязáтельно приéдем**, –** отвéтила я.
– Мы бýдем óчень рáды вас вúдеть**! –** сказáла Свéта.

Bei der **Umwandlung der direkten Rede in die indirekte** wird der Einführungssatz zum Hauptsatz und die wiedergegebene Äußerung zum Nebensatz.

indirekte Aussage	**Objektsatz mit что** «Ма́рта игра́ет», – сказа́ла Э́мма. Э́мма сказа́ла, **что** Ма́рта игра́ет.
indirekte Aufforderung	**Objektsatz mit что́бы** Я попроси́ла Ми́шу: «Принеси́ мне ча́ю». Я попроси́ла Ми́шу, **что́бы** он принёс мне ча́ю.
indirekte Frage	**mit Fragewort**: Fragewort ▸ **Konjunktionswort** Он спроси́л меня́: «Куда́ ты идёшь?» Он спроси́л меня́, **куда́** я иду́. **ohne Fragewort**: **Objektsatz mit ли** Он спроси́л меня́: «Ты пойдёшь со мной в кино́?» Он спроси́л меня́, пойду́ **ли** я с ним в кино́.

Objekt- oder Subjektsätze, S. 235

Bei der Umwandlung der direkten Rede in die indirekte muss man die Formen der Verben sowie den Gebrauch der Pronomen beachten.
Он спроси́л меня́: «Ты **пойдёшь** со **мной** в кино́?» (*„Gehst du mit mir ins Kino?"*)
Он спроси́л меня́, **пойду́** ли **я** с **ним** в кино́. (*...ob ich mit ihm ins Kino gehe*.)

Übungen

1. Setzen Sie die fehlenden **Satzzeichen** in die Sätze mit der **direkten Rede** ein.*

a) Како́й прекра́сный день! подý мал я.

b) Он спроси́л Здесь есть врачи́?

c) О́ля сказа́ла Дай мне, пожа́луйста, моё пальто́!

d) Дени́с предложи́л Пойдём пешко́м!

e) Вот мой дом сказа́ла Ната́ша.

f) Тебе́ не хо́лодно? спроси́ла я.

Die Zeiten, S. 131
Personalpronomen, S. 58
Possessivpronomen, S. 60

2. Wandeln Sie die **direkte Rede** in die **indirekte** um.**

a) Же́ня сказа́л Ри́те: «Я тебя́ люблю́».

Же́ня сказа́л Ри́те, *что он её лю́бит.* ____________________

b) Дочь попроси́ла па́пу: «Закро́й окно́!»

Дочь попроси́ла па́пу, ____________________

c) Сосе́дка сказа́ла: «К вам приходи́л почтальо́н».

Сосе́дка сказа́ла, ____________________

d) Я спроси́ла у подру́ги: «Отку́да у тебя́ э́та су́мочка?»

су́мочка – *Handtasche*

Я спроси́ла у подру́ги, ____________________

e) Учени́к спроси́л: «Мо́жно войти́?»

Учени́к спроси́л, ____________________

ANHANG

Aussprachetraining Russisch

Die russische Sprache mag zunächst fremd und schwer erlernbar erscheinen. Gerade die Aussprache stellt für viele Lernende eine Herausforderung dar. Dabei lässt sich im Russischen meist von der Schreibweise auf die korrekte Aussprache schließen und es gibt nur wenige Laute, die die deutsche Sprache nicht kennt, wie etwa das [y] = ы. Trotzdem muss die Aussprache gezielt geübt werden, um den Klang der Vokale und Konsonanten und die Satzmelodie zu treffen.

Mit diesem Aussprachetrainer erlernen, üben und meistern Sie das russische Lautsystem, angefangen von den einzelnen Lauten und Lautkombinationen bis hin zu Wortbetonungen und den Unterschieden in der Intonation der Sätze.

Wo finde ich das Aussprachetraining?

Die MP3-Hördateien zum Aussprachetraining finden Sie zum Downloaden unter www.pons.de/praxisgrammatik-ru
Dort finden Sie auch das dazugehörige PDF.

Wie mache ich das Aussprachetraining?

Das Aussprachetraining können Sie komplett nur durch Anhören der Audioaufnahmen machen. Sie bekommen in den Aufnahmen alles zur Aussprache erklärt und werden immer wieder aufgefordert nachzusprechen, so können Sie die russische Aussprache erlernen und verbessern.
Sie finden aber das gesamte Aussprachetraining auch als PDF zum Herunterladen und Mitlesen. Das hilft vor allem dabei sich die Unterschiede zwischen Schreibung und Aussprache einzuprägen.

Was enthält das Aussprachetraining?

Im Folgenden finden Sie die Inhaltsangabe des Aussprachetrainings, so dass Sie sich auch gezielt einzelne Themen heraussuchen können. Die Angaben in Klammern weisen auf den entsprechenden Audiotrack hin, unter dem Sie das Thema finden.

Lösungen

Natürlich müssen Sie in Ihren Lösungen keine Betonungszeichen setzen. Sie dienen hier nur der besseren Lesbarkeit.

Rechtschreibung (Seite 11)

1. a) Oper; b) Schokolade; c) Theater; d) Zirkus; e) Professor; f) Telefon
2. a) „Отцы́ и де́ти" – рома́н Ива́на Турге́нева. b) Знако́мьтесь, э́то мой брат Же́ня, а э́то – моя́ подру́га Поли́на. c) В День Побе́ды в Москве́ устра́ивают салю́т. d) Река́ Днепр протека́ет по террито́рии Росси́и, Белару́си и Украи́ны. e) Пра́здновать Но́вый год мы бу́дем у на́ших друзе́й в Дюссельдо́рфе. f) Моя́ знако́мая игра́ет в орке́стре Большо́го теа́тра. g) В э́том году́ я не пое́ду на Чёрное мо́ре.

Formenlehre (Seite 14 – 15)

1. a) рука́, ручно́й, приручи́ть, рукави́ца; b) бе́гать, бег, вы́бежать; c) мо́ре, морско́й, моря́к; d) де́ти, де́тский, де́точка; e) де́рево, деревя́нный; f) ста́рый, ста́рость, стари́к; g) ско́рость, ско́рый, ско́ро
2. _-мы́ш-к-а; под-одея́ль-ник-_; пере-ки́-ну-ть; не-больш-_-о́й; _-буты́л-очк-а
3. a) подхо́д, подходи́ть, прихо́д, приходи́ть, дохо́д, доходи́ть, перехо́д, переходи́ть, похо́д, походи́ть, ходи́ть; b) кра́сный, прекра́сный, красне́ть, покрасне́ть, краснота́, кра́сненький; c) берёза, берёзовый, подберёзовик; d) пры́гать, попры́гать, пры́гнуть, перепры́гнуть, подпры́гнуть, прыжо́к; e) чернота́, черне́ть, почерне́ть, чёрненький, чёрный; f) ро́за, ро́зовый, розове́ть, порозове́ть, ро́зовенький; g) весёлый, весёленький, весели́ть, весели́ться, веселе́ть, повеселе́ть

подберёзовик – *Birkenpilz*

Das Substantiv (Seite 19 – 20)

1. <u>Maskulina</u>: c), e), f); <u>Feminina</u>: b), h), i), j); <u>Neutra</u>: a) d), g), k), l)
2. b) одна́; c) оди́н; d) одно́; e) одна́; f) оди́н; g) одно́; h) одна́
3. <u>Nur Sg</u>.: a), f), g), k); <u>Sg. und Pl</u>.: c), e), h), l); <u>Nur Pl</u>.: b), d), i), j)
4. b) мой; c) моя́; d) мои́; e) моё; f) мой; g) мой; h) мои́; i) мой; j) мой; k) моё; l) моя́
5. b) –; c) боти́нок; d) близне́ц; e) –; f) –; g) перча́тка; h) –

Deklinationsmodelle: Die Deklination der Substantive im Singular (Seite 26 – 28)

1. b) Neutr., Gen.; c) Mask., Präp.; d) Mask., Nom. e) Mask., Instr.; f) Mask., Akk.; g) Mask., Gen.; h) Mask., Instr.; i) Fem., Nom.; j) Fem., Instr.; k) Fem., Gen.; l) Fem.; Instr.; m) Mask., Instr.; n) Mask. Gen.
2. b) ро́дственник; c) фи́зику; d) с подру́гой; e) об о́тпуске; f) пла́тье; g) в лесу́; h) карандашо́м; i) кот; j) жене́

3. b) 1; c) 2; d) 3; e) 1; f) 1; g) 2; h) 3; i) 1; j) 2; k) 1; l) 1; m) 1; n) 3; o) 1; p) 1; q) wird nicht dekliniert; r) 1
4. b) ключ; c) ключóм; d) мýха; e) мýхе; f) мýхой; g) о мýхе; h) кáмня; i) кáмень; j) о кáмне; k) стеклó; l) стеклý; m) стеклóм; o) любóвь; p) любóвью; q) сóлнце; r) сóлнцу; s) сóлнцем; t) о сóлнце; u) мýжа; v) мýжа; w) о мýже; x) истóрия; y) истóрии; z) истóрией
5. b) подрýги; c) сéтью; d) бáбочку; e) лéте; f) садý; g) контролёру, билéт; h) окнó
6. a) б; b) а; c) й; d) к; e) а; f) л; Lösungswort: Байкáл

Deklinationsmodelle: Die Deklination der Substantive im Plural, die Deklination von Eigennamen (Seite 34 – 37)

1. b) грýши; c) крéсла; d) прúнтеры; e) кровáти; f) кострьí; g) сёстры; h) гардúны; i) моря́; j) чемодáны; k) скрúпки; l) мячú; m) директорá; n) вéшалки
2. b) mask., 1. Dekl.; c) fem., 2. Dekl.; d) mask., 1. Dekl.; e) fem., 2. Dekl.; f) neutr.; nicht deklinierbar; g) mask., 1. Dekl.; h) fem., 3. Dekl.
3. a) студéнтов, домóв, городóв, языкóв, телефóнов; экзáменов; b) стýльев, герóев, мéсяцев, украúнцев; c) словарéй, портфéлей, дней, календарéй, друзéй, голубéй
4. b) упражнéний; c) тетрáдей; d) чúсел; e) странúц; f) облакóв; g) дерéвьев
5. b) сыр; c) вóду; d) водьí; e) мёд; f) мёда; g) клубнúку; h) клубнúки
6. a) 1; b) 2; c) 2; d) 2; e) 1; f) 1; g) 2; h) 2
7. b) В магазúне он купúл óвощи и фрýкты. c) Учúтель объясня́л дéтям прáвила. d) Пáпа забивáет молоткóм гвóзди. e) Мы читáем кнúги и журнáлы о птúцах и зверя́х. f) Почтальóн принёс мне пúсьма от рóдственников. g) Мьíши всегдá боя́тся кóшек. h) Медвéди лю́бят я́годы. i) Я читáю журнáл об автомобúлях. j) Нúна звонúт мáтери по вáжному вопрóсу. k) Дéвочка дáрит дрýгу кнúгу. l) Друзья́ опоздáли на пóезд.

Das Adjektiv: Die Adjektivdeklination (Seite 41 – 42)

1. b) -ее; c) -ое; d) -ая; e) -ий; f) -ие; g) -ая; h) -ой; i) -ий; j) -яя
2. a) лéвый; b) золотóй; c) óбщее; d) дóбрый; e) рьíжий; f) большóе; g) смешнóй; h) плохóе; i) вóлчье; j) чужóе
3. b) Жéнский. c) Сúнего. d) Нóвое. e) Стáршего. f) Лилóвой. g) тёмному.
4. b) стáршего; c) óстрые; d) прекрáсную; e) бéдным; f) деревя́нным; g) рáдужный; h) ю́жного; i) свéжий

Das Adjektiv: Qualitäts- und Beziehungsadjektive, die Lang- und die Kurzform (Seite 46 – 48)

1. Qualitätsadjektive: мя́гкий, тёплый, то́лстый, уста́лый; Beziehungsadjektive: неме́цкий, рези́новый, речно́й, техни́ческий
2. b) e; c) ë; d) o; e) o; f) ë; g) e; h) ë; i) o
3. b) то́лстый литерату́рный; c) просто́рная ва́нная; d) дли́нный майский; e) вку́сный я́блочный; f) высо́кая кни́жная
4. c) широ́кий; d) широка́; e) широки́; f) умён; g) умно́; h) больно́й; i) больна́; j) больны́; k) ко́роток; l) ко́ротко; m) плохо́й; n) плоха́; o) пло́хи
5. b) поле́зен; c) по́лон; d) бо́лен; e) велики́; f) интере́сна; g) гру́стен; h) споко́ен; i) сложны́; j) бе́ден; k) высо́к
6. a) 2; b) 1, 2; c) 2; d) 1; e) 1; f) 1, 2; g) 1, 2; h) 2; i) 1; j) 1, 2

Das Adjektiv: Die Steigerung der Adjektive, Substantivierte Adjektive, die Deklination der Familiennamen (Seite 54 – 56)

Man sollte zwar normalerweise die Formen des einfachen und des zusammengesetzten Superlativs nicht miteinander kombinieren (~~**са́мый теплéйший, са́мый длиннéйший**~~), aber in zwei Fällen ist dies möglich: **са́мый лу́чший, са́мый ху́дший.**

1. b) мокре́е, са́мый мо́крый; c) твёрже, са́мый твёрдый; d) тепле́е, са́мый тёплый; e) мя́гкий, са́мый мя́гкий; f) плохо́й, са́мый плохо́й/са́мый ху́дший; g) ме́дленный, са́мый ме́дленный; h) дли́нный, длинне́е; i) ма́ленький, ме́ньше; j) гру́стный, грустне́е
2. kann Steigerungsformen bilden: лёгкий, тёмный, счастли́вый, то́нкий, сла́бый, удо́бный, гро́мкий; kann keine Steigerungsformen bilden: желе́зный, весе́нний, кра́сный, речно́й, соба́чий, компью́терный, ку́хонный
3. b) A; c) S; d) A; e) A; f) S; g) S; h) A; i) S; j) A
4. b) Серге́ем Серге́евым; c) Ка́ти Беля́евой; d) Оле́гу Ильину́; e) Окса́ну Нау́мову; f) Пу́шкине; g) Спа́сского
5. b) длинне́йшая; c) глубоча́йшее; d) крупне́йшее; e) холодне́йший; f) длинне́йшая
6. b) О́ля мла́дше Ю́ли, а Ле́на – са́мая мла́дшая. c) Стол вы́ше ту́мбочки, а шкаф – са́мый высо́кий. d) Черепа́ха ме́дленнее лягу́шки, а ули́тка – са́мая ме́дленная. e) Мотоци́кл быстре́е велосипе́да, а самолёт – са́мый бы́стрый. f) Юпи́тер бли́же Сату́рна, а Марс – са́мый бли́зкий.
7. a) Мой дом вы́ше твоего́ до́ма. b) Гепа́рд – са́мое бы́строе (быстре́йшее) живо́тное на све́те. c) Дуна́й длинне́е Ре́йна. d) Шокола́д сла́ще морко́ви. e) Ламборжи́ни Вене́но – са́мая дорога́я маши́на (са́мый дорого́й автомоби́ль) на свете. f) В Москве́ са́мый коро́ткий день го́да дли́тся семь часо́в.

Das Pronomen: Personalpronomen, Possessivpronomen, Reflexivpronomen (Seite 62 – 64)

1. a) 2; b) 2; c) 3; d) 3; e) 1; f) 2; g) 1; h) 3
2. Nom: твоё; Gen.: твоегó, твоегó, твои́х; Dat.: твоему́, твоéй, твои́м; Akk.: твоегó (bel.) твой (unbel.), твоё, твои́; Instr.: твои́м, твоéй, твои́ми; Präp.: о твоéй, о твоём
3. b) твоя́; c) наш; d) их; e) егó; f) твой; g) мои́; h) её
4. b) себé, тебé; c) емý, себé; d) ней, собóй; e) себé, нам
5. b) Мы подари́ли дрýгу егó карти́ну. c) Он дал конфéты свои́м дéтям. d) Вы чита́ли мою́ статью́? e) Нет, онá поéдет со свои́ми друзья́ми. f) Мы поéдем на моéй маши́не.

Das Pronomen: Demonstrativpronomen (Seite 68)

1. a) 2; b) 2; c) 2; d) 2
2. b) Э́тот, э́тот, тот, тот; c) те; d) этом; e) те
3. a) – i); b) – g) ; c) – h); d) – l); e) – j); f) – k)

Das Pronomen: Interrogativpronomen (Seite 72)

1. b) Чтó это? c) Ктó это? d) Ктó это? e) Чтó это? f) Ктó это? g) Чтó это?
2. b) Котóрый; c) Чьи; d) Скóльким; e) Каки́ми; f) Чью; g) Скóлько; h) Котóрую; i) какóм
3. a) Кто; b) Когó; c) кем; d) чём; e) Какóе; f) какóй; g) Какýю; h) Что; i) Какýю; j) котóром

Das Pronomen: Negationspronomen (Seite 75)

1. Richtige Pronomen: a) ничегó; b) нéчего; c) никóго; d) нéкого; e) ничегó; f) нéчего, ничегó; g) ни с кéм; h) нé с кем
2. b) У неё нет никаки́х цветóв. c) Он не отвечáет ни на чьи́ звонки́. d) Они́ ни о чём не знáют. e) Я не пóльзуюсь никаки́ми духáми. f) Он никогó не лю́бит. g) Ты мне ни о чём не расскáзывала.

Das Pronomen: Indefinitpronomen, Definitpronomen (Seite 81 – 83)

1. b) кáждую; c) нéскольких; d) все; e) кéм-то; f) любóй; g) вся́ком; h) чегó-то; i) вся́ких
2. a) F; b) R; c) R; d) F; e) F; f) R; g) R; h) F; i) R; j) F
3. b) чтó-то; c) кóе-чтó; d) какýю-нибудь; e) чéй-то; f) чтó-нибудь; g) Ктó-нибудь; h) чьё-то; i) какáя-то; j) кóе-комý
4. a) Manche Leute verstehe ich nicht. b) Ich sehe mehrere/ein paar Pferde, und du? c) Nimm irgendeine Zeitschrift, ich habe mehrere davon. d) Jeden Morgen bereitet er das Frühstück für die ganze Familie zu. e) Den ganzen Winter über trägt sie dieselbe Mütze wie im Herbst. f) Nehmen Sie diese Tabletten alle zwei Stunden. g) Er hat

diese Musik selbst komponiert. h) Anna versteht alle slawischen Sprachen. i) In dieser Schatulle liegen verschiedene Knöpfe. j) Diese Aufgabe schafft nicht jeder! k) Jeden Sommer fahren wir ans Schwarze Meer. l) Ich habe den gleichen Schal wie du. m) Sie haben bis spät in die Nacht gearbeitet.

Das Zahlwort: Grundzahlwörter (Seite 89 – 91)

1. b) двенáдцать; c) шестьдеся́т два; d) двáдцать; e) три, пять; f) шестьсóт шестьдеся́т шесть; g) пять ты́сяч
2. b) Шестьдеся́т минýт. c) Двенáдцать мéсяцев. d) Трúста шестьдеся́т пять.
3. b) две тóлстых/тóлстые кни́ги; c) однó стáрое зéркало; d) четы́ре нóвых/нóвые скамéйки; e) три весёлых поросёнка; f) шесть свобóдных мест; g) трúдцать оди́н зелёный попугáй; h) девятú больны́х ученикóв; i) сто крупнéйших бáнков Росси́и
4. b) Вóсемь ми́нус оди́н равня́ется семú. c) Три умнóжить на двенáдцать равня́ется тридцатú шестú. d) Пятьдесят шесть раздели́ть на семь равня́ется восьмú. e) Шесть в квадрáте равня́ется тридцатú шестú. f) Квадрáтный кóрень из сорокá девятú равня́ется семú.
5. Nom.: три прекрáсных/прекрáсные принцéссы; Gen.: двух весёлых гусéй; Dat.: трём прекрáсным принцéссам; Akk.: двух весёлых гусéй; Instr.: тремя́ прекрáсными принцéссами; Präp.: (о) двух весёлых гуся́х; Nom.: сóрок оди́н год; Gen.: ты́сячи однóй нóчи; Dat.: сорокá одномý гóду; Akk.: ты́сячу однý ночь; Instr.: сорокá одни́м гóдом; Präp.: (о) ты́сячи однóй нóчи
6. b) Я учи́лась в клáссе с двадцатью пятью ученикáми. c) У нас нет пятнáдцати чёрных карандашéй. d) Мы смотрéли фильм о Белоснéжке и семи́ гнóмах. e) Он ви́дел пятьсóт девянóсто однý бáбочку.

Das Zahlwort: Sammelzahlwörter (Seite 93 – 95)

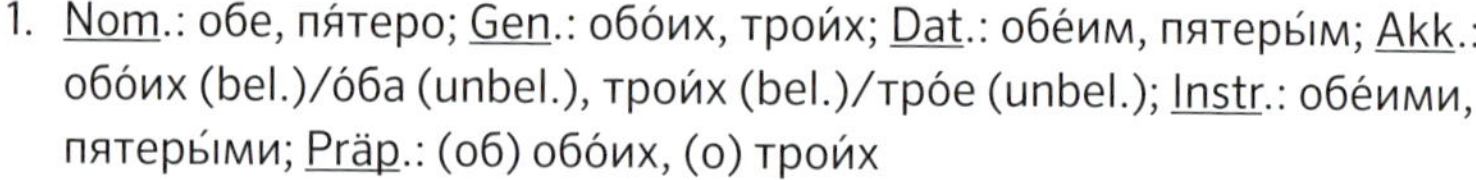

1. Nom.: обе, пя́теро; Gen.: обóих, трои́х; Dat.: обéим, пятеры́м; Akk.: обóих (bel.)/óба (unbel.), трои́х (bel.)/трóе (unbel.); Instr.: обéими, пятеры́ми; Präp.: (об) обóих, (о) трои́х
2. a) óкон, студéнтов, сыновéй, сýток, теля́т, шкафóв,брáтьев, детéй, часóв, учителéй; b) студéнта, студéнтки, сы́на, дóчери, телёнка, шкáфа, брáта, сестры́, ребёнка, маши́ны, учи́теля
3. a) R; b) F; c) F; d) R; e) F; f) R; g) R; h) R
4. b) обóих городáх; c) нас чéтверо; d) пять подрýг; e) две сестры́, óбе; f) семеры́х; g) трóе сóлнечных очкóв; h) четы́ре продавщи́цы; i) четверы́х котя́т

Merken Sie sich: **два часá** (*zwei Stunden/zwei Uhr*) aber **двóе часóв** (*zwei Uhren*).

Das Zahlwort: Ordnungszahlwörter, Bruch- und Dezimalzahlen (Seite 98 – 99)

1. Grundzahlwörter: два, сто, девяно́сто де́вять, девятна́дцать, во́семь, семна́дцать; Sammelzahlwörter: че́тверо, дво́е, ше́стеро; Ordnungszahlwörter: пе́рвый, пятна́дцатый, пятиты́сячный, пятьдеся́т шесто́й, второ́й, ты́сяча девя́тый
2. c) седьма́я ры́ба, – ; d) тридца́тая ла́мпа, 30-я ла́мпа; e) пе́рвое сло́во, – ; f) второ́й тайм, – ; g) со́тый клие́нт, 100-й клие́нт; h) тре́тьи но́жницы, – ; i) пятьдеся́т восьма́я страни́ца, 58-я страни́ца
3. a) 9; b) 8; c) 3; d) 6; e) 7; f) 10; g) 1; h) 4; i) 5; j) 2
4. b) четвёртом; c) Втора́я, семьсо́т пя́той; d) шесто́го, деся́тый; e) оди́ннадцатого; f) три́дцать шесто́е, три́дцать седьмо́е; g) со́рок восьмо́м, девя́том; h) пе́рвом, деся́том; i) двадца́тую; j) пя́тый

Das Zahlwort: Datum und Uhrzeit (Seite 102 – 104)

1. a) два́дцать восьмо́е ноября́ ты́сяча четы́реста пятьдеся́т седьмо́го го́да; b) 16.05.1713; c) тре́тье ма́рта ты́сяча девятьсо́т восьмидеся́того го́да; d) 04.07.1599; e) оди́ннадцатое февраля́ две ты́сячи четвёртого го́да; f) 01.01.2000
2. b) 9.20/21.20; c) 7.45/19.45; d) 5.05/17.05; e) 11.15/23.15; f) 12.00; g) 5.47/17.47; h) 4.00; i) 8.30; j) 6.10, 18.10
3. b) де́вять часо́в два́дцать мину́т, два́дцать мину́т деся́того; c) де́сять часо́в пятна́дцать мину́т, че́тверть оди́ннадцатого; d) оди́ннадцать часо́в три́дцать мину́т, полдвена́дцатого; e) двена́дцать часо́в со́рок мину́т, без двадцати́ час; f) трина́дцать часо́в со́рок пять мину́т, без че́тверти два; g) шестна́дцать часо́в ро́вно, четы́ре часа́ дня; h) два́дцать три часа́ со́рок мину́т, без двадцати́ двена́дцать; i) ноль часо́в пять мину́т, пять мину́т пе́рвого но́чи; j) два часа́ ро́вно, два часа́ но́чи
4. b) В шесто́м ве́ке. c) В ты́сяча семьсо́т двена́дцатом году́. d) Два́дцать пе́рвого апре́ля ты́сяча семьсо́т два́дцать девя́того го́да. e) Два́дцать восьмо́го декабря́ ты́сяча восемьсо́т девяно́сто пя́того го́да. f) Трина́дцатого а́вгуста ты́сяча девятьсо́т шестьдеся́т пе́рвого го́да. g) В ты́сяча девятьсо́т восьмидеся́том году́. h) В две ты́сячи восьмо́м году́.
5. a) 2; b) 1; c) 1; d) 2; e) 2; f) 2; g) 2; h) 1; i) 2; j) 1

Das Verb: Der Infinitiv, die Aspekte des Verbs (Seite 114 – 116)

злить - *ärgern*
мига́ть - *blinken*
укуси́ть - *beißen*
цара́пать - *kratzen*
отрыва́ть - *abreißen*
по́лзать / ползти́ - *kriechen*
рвать - *reißen*
трясти́ - *schütteln*
ныря́ть uv, нырну́ть v - *tauchen*

1.

П	О	Б	Е	Ж	А	Т	Ь	Е	П	Д	Б
О	Д	Е	Т	Ь	К	Р	К	И	О	Э	Ы
Л	Е	Ж	А	Т	Ь	Я	П	Л	Л	Е	Т
З	Л	И	Т	Ь	Л	С	Л	Е	З	Т	Ь
Т	У	Т	И	К	О	Т	Б	Р	А	Т	Ь
И	С	К	А	Л	М	И	Г	А	Т	Ь	Й
У	К	У	С	И	Т	Ь	М	Ж	Ь	С	В
З	А	К	Р	Ы	Т	Ь	О	К	Я	Е	Н
Э	З	О	В	У	Т	Д	Ч	И	Т	А	Л
Ц	А	Р	А	П	А	Т	Ь	С	В	П	У
Ю	Т	О	Т	Р	Ы	В	А	Т	Ь	К	Щ
Х	Ь	У	Ь	Ю	Ъ	Ж	У	Ь	У	Ш	А

waagerecht: побежа́ть, оде́ть, лежа́ть, злить, лезть, брать, мига́ть, укуси́ть, закры́ть, цара́пать, отрыва́ть; senkrecht: ползти́, сказа́ть, рвать, трясти́, мочь, по́лзать, быть

2. b) лета-; c) тряс-; d) слови-; e) висе-; f) отвез-; g) гуля-; h) ид-; i) смея-; j) одева-
3. a) брать, взять; b) броса́ть, бро́сить; c) ви́деть, уви́деть; d) класть, положи́ть; e) ныря́ть, нырну́ть; f) открыва́ть, откры́ть; g) отреза́ть, отре́зать; h) писа́ть, написа́ть; i) сади́ться, сесть; j) смея́ться, засмея́ться; k) стро́ить, постро́ить; l) тро́гать, тро́нуть
4. a) Richtig; b) Richtig; c) Falsch; d) Falsch; e) Richtig; f) Richtig; g) Falsch; h) Richtig; i) Falsch
5. b) заболе́л; c) отдала́; d) отдава́ла; e) дописа́л; f) допи́сывал; g) отре́зать; h) отреза́ть; i) растёт; j) вы́росли; k) нарисова́ли; l) рисова́ть
6. b) купи́ть; c) нале́й; d) бери́те; e) волнова́ться; f) меша́ть; g) расска́зывать

Das Verb: Verben der Fortbewegung, das Verb *быть* (Seite 122 – 124)

1. b) Где; c) Куда́; d) Где; e) Куда́; f) Где; g) Куда́; h) Где
2. a) идти́ b) ходи́ть; c) е́хать; d) е́здить; e) нести́; f) носи́ть; g) вести́; h) води́ть; i) везти́; j) вози́ть; k) по́лзать; l) ползти́

3. a) войти́, входи́ть, въе́хать, вбежа́ть, влете́ть, влета́ть, вползти́, вполза́ть, влезть, внести́, вноси́ть, ввести́, ввезти́, ввози́ть, вводи́ть, втащи́ть, вкати́ть, вогна́ть, вгоня́ть;
   b) зайти́, заходи́ть, зае́хать, забежа́ть, забега́ть, залете́ть, залета́ть, заползти́, заполза́ть, залеза́ть, зала́зить, занести́, заноси́ть, завести́, заводи́ть, затащи́ть, закати́ть, загна́ть, загоня́ть;
   c) ...
4. b) -; c) бы́ли; d) бу́дет; e) бу́дут; f) был, – ; g) бу́дут; h) бу́дут; i) – ; j) бу́дете
5. b) е́хать; c) идём; d) ле́зем; e) слеза́ем; f) бро́дим; g) е́дем; h) е́здили; i) ходи́ли; j) е́хали; k) вёл; l) пое́хал; m) вела́

Die Möglichkeiten, Verben der Fortbewegung zu präfigieren, sind so vielfältig, dass sie hier nicht alle aufgeführt werden können. Die anderen Verben könnten Sie leicht anhand eines Wörterbuches überprüfen.

Das Verb: Verben mit der Partikel *-ся*, unpersönliche Verben (Seite 128 – 130)

1. b) 1; c) 3; d) 2; e) 2; f) 2; g) 3; h) 1; i) 3; j) 1
2. b) обнима́ть; c) ката́ть; d) оставля́ть; e) дви́гать; f) хоте́ть; g) – ; h) опуска́ть; i) – ; j) печа́лить; k) крути́ть; l) раздева́ть; m) – ; n) начина́ть; o) – ; p) – ; q) открыва́ть; r) -
3. b) +; c) +; d) -; e) +; f) -; g) +; h) -; i) +; j) +; k) +; l) +; m) -; n) +; o) +
4. a) поднима́ться; b) остава́ться; c) дви́гаться; d) серди́ться; e) наде́яться; f) опуска́ться; g) ра́доваться; h) проща́ться; i) ложи́ться; j) возвраща́ться; k) горди́ться; l) стара́ться
5. a) 1; b) 2; c) 1; d) 1; e) 1; f) 1
6. b) откры́л, открыва́ется; c) помы́ться, помы́л; d) останови́лось, останови́ла; e) руга́ет, руга́ются; f) вы́тереться, вы́тереть; g) встре́тились, встре́тили

Beispiele für die unpersönlichen Verben:
Мне нездоро́вится. – *Ich fühle mich nicht gut.*
Его́ шата́ет от уста́лости. – *Er schwankt vor Müdigkeit.*
Ей прихо́дится мно́го рабо́тать. – *Sie muss viel arbeiten.*

Die Zeiten: Das Präteritum (Seite 133 – 134)

1. Infinitiv: куса́ть, быть, пры́гнуть, класть, запере́ть; Prät. mask.: тряс, тёк, привы́к, оши́бся; Prät. fem.: куса́ла, была́, пры́гнула, кла́ла, за́перла; Prät. neutr.: чи́стило, трясло́, текло́, привы́кло, оши́блось; Prät. Pl.: куса́ли, бы́ли, пры́гнули, кла́ли, за́перли
2. b) Его́ мать рабо́тала бухга́лтером. c) С на́ми произошло́ весёлое приключе́ние. d) Во́зле до́ма рос ста́рый клён. e) Ко мне приходи́ли знако́мые. f) Ната́лья шла домо́й. g) Наша́ сосе́дка до́лго лежа́ла в больни́це.
3. b) ходи́ла; c) сел; d) вела́; e) цвела́; f) шло; g) привы́к; h) е́хала; i) могло́; j) при́был

4.

в	ё	л	л	у	с	ц	ж	у	х	и	л	у
ё	о	к	щ	ъ	е	э	с	м	з	ч	а	ш
з	а	н	е	с	л	о	л	е	и	р	я	л
м	о	г	л	и	з	б	а	р	о	к	х	а
к	п	р	и	в	ы	к	л	а	к	е	д	е

waagerecht: вёл, занесло́, могли́, привы́кла; senkrecht: вёз, е́ли, сел, у́мер, ушла́

5. a) пошли́; b) гуля́ли; c) собира́ли; d) начался́; e) спря́тались; f) ко́нчился; g) появи́лась

Die Zeiten: Das Präsens (Seite 138 – 140)

1. b) выход-, выход-; c) скака-, скач-; d) плы-; плыв-; e) собира-, собира-; f) писа-, пиш-; g) целова-, целу-; h) иска-, ищ-; i) прята-, пряч-
2. 1. Konjugation: разгова́ривать, нести́, шить, слу́шать, тяну́ть, печа́тать;
   2. Konjugation: носи́ть, лежа́ть, ложи́ться, горе́ть, слы́шать, стуча́ть
3. b) игра́ешь, игра́ю; c) лю́бите, люблю́, лю́бит; d) де́лает, мо́ет; e) де́лает, игра́ет; f) гото́вите, печём; g) ешь, ем; h) собира́ются, приезжа́ют; i) де́лаете, хо́дим
4. b) смею́тся, пла́чу; c) прилета́ем, улета́ете; d) сиди́те, стои́м; e) открыва́ет, закрыва́ет; f) рабо́таю, отдыха́ешь; g) продаёте, покупа́ем

Die Zeiten: Das Futur (Seite 142 – 144)

1. a) я: узна́ю, причешу́, съем; ты: подни́мешь, свернёшь, побежи́шь; он, она́ оно́: узна́ет, приче́шет, съест; мы: улети́м, пока́жем, укра́сим; вы: уе́дете, захоти́те, вы́льете, свя́жете; они́: улетя́т, пока́жут, укра́сят
2. b) бу́дешь звони́ть; c) бу́дет ходи́ть; d) бу́дем проводи́ть; e) бу́дете приезжа́ть; f) бу́дут кури́ть; g) бу́ду учи́ть
3. a) P; b) F; c) F; d) P; e) F; f) P; g) P; h) F; i) P; j) F
4. b) – Что ты бу́дешь де́лать, когда́ сде́лаешь дома́шнее зада́ние? – Когда́ я сде́лаю дома́шнее зада́ние, я бу́ду отдыха́ть. c) – Что Са́ша бу́дет де́лать, когда́ пригото́вит обе́д? – Когда́ Са́ша пригото́вит обе́д, он бу́дет занима́ться. d) – Что вы бу́дете де́лать, когда́ вы поу́жинаете? – Когда́ мы поу́жинаем, мы бу́дем игра́ть в ка́рты. e) – Что де́ти бу́дут де́лать, когда́ помо́ют ру́ки? – Когда́ де́ти помо́ют ру́ки, они́ бу́дут обе́дать.

Der Imperativ (Seite 146 – 148)

1. b) сядь! ся́дьте! c) ложи́сь! ложи́тесь! d) закро́й! закро́йте! e) поднима́й! поднима́йте! f) вези́! вези́те! g) зале́зь! зале́зьте! h) фотографи́руй! фотографи́руйте! i) встань! вста́ньте! j) возьми́! возьми́те! k) бей! бе́йте!
2. a) 2; b) 1; c) 2; d) 1; e) 2; f) 2; g) 1
3. b) свари́те; c) наре́жьте, поджа́рьте; d) Доба́вьте; e) Жа́рьте; f) Нале́йте, посоли́те, поперчи́те
4. b) Пла́вай зимо́й в бассе́йне! c) Иди́ ко мне́! d) Ча́ще ходи́ пешко́м! e) Скоре́е неси́ мне полоте́нце! f) Носи́ зимо́й ша́пку!

Der Konjunktiv (Seite 149 – 150)

1. b) шёл бы, шла́ бы, шло́ бы, шли́ бы; c) игра́л бы, игра́ла бы, игра́ло бы, игра́ли бы; d) спа́л бы, спала́ бы, спало́ бы, спа́ли бы; e) пое́л бы, пое́ла бы, пое́ло бы, пое́ли бы; f) прие́хал бы, прие́хала бы, прие́хало бы, прие́хали бы; g) мы́лся бы, мы́лась бы, мы́лось бы, мы́лись бы; h) забра́л бы, забрала́ бы, забра́ло бы, забра́ли бы
2. b) Написа́л бы письмо́ ба́бушке, ей бу́дет прия́тно. c) Убра́л бы свои́ кни́ги, здесь не́где сиде́ть. d) Наде́л бы ша́пку, на у́лице прохла́дно. e) Сня́л бы сви́тер, жа́рко.
3. b) бы, была́, назва́л(-а́) бы; c) бы, зна́ли, смотре́ли бы; d) бы, была́, могли́ бы; e) бы, просну́лся, успе́л бы; f) бы, вы́играл, купи́л бы; g) бы, могли́, се́ли бы

Das Passiv (Seite 152)

1. a) переводи́ть; b) писа́ть; c) роня́ть; d) ожида́ть; e) съесть; f) проверя́ть; g) приноси́ть; h) иска́ть; i) надева́ть
2. b) Ко́мната освеща́ется ла́мпой. c) Пацие́нт бу́дет осма́триваться врачо́м. d) Кни́га брала́сь чита́телем в библиоте́ке.

Das Partizip: das Partizip Präsens Aktiv, das Partizip Präteritum Aktiv, die Deklination der Partizipien Präsens und Präteritum Passiv (Seite 158 – 159)

1. b) включа́ющий, включа́вший; c) дви́гающийся, дви́гавшийся; d) – , вы́ключивший; e) подпи́сывающий, подпи́сывавший; f) убира́ющий, убира́вший; g) ды́шащий, дыша́вший; h) пи́лящий, пили́вший; i) ползу́щий, по́лзший; j) во́зящий, вози́вший; k) теку́щий, тёкший
2. b) Писа́тель, написа́вший э́ту кни́гу, живёт в Бо́нне. c) Сотру́дница, рабо́тающая над прое́ктом, в о́тпуске. d) Э́то сосе́ди, живу́щие над на́ми. e) Преподава́тель, чита́вший ле́кцию, уже́ ушёл. f) Де́вочка, дое́вшая за́втрак, мо́ет таре́лку.

3. b) живу́щую в на́шем до́ме, живу́щей в на́шем до́ме;
c) прие́хавший из Кита́я, прие́хавшему из Кита́я;
d) уча́ствовавшими в Олимпиа́де, уча́ствовавших в Олимпиа́де

Das Partizip: das Partizip Präsens Passiv, das Partizip Präteritum Passiv, die Deklination der Partizipien Präsens und Präteritum Passiv, die Kurzform der Partizipien (Seite 164 – 166)

1. b) дава́емый/да́нный/~~дава́нный~~; c) ~~мы́нный~~/мо́емый/мы́тый; d) ~~напишу́емый~~/~~напи́сатый~~/напи́санный; e) ~~одева́нный~~/одева́емый/оде́тый; f) ~~сня́емый~~/снима́емый/сня́тый; g) убира́емый/у́бранный/~~у́братый~~; h) нагрева́емый/~~нагрева́нный~~/нагре́тый
2. b) журна́л, печа́тающий рекла́му; рекла́ма, печа́таемая журна́лом; c) грузови́к, перевозя́щий груз; груз, перевози́мый грузовико́м; d) перево́дчик, переводя́щий статью́; статья́, переводи́мая перево́дчиком; e) ве́тер, го́нящий ли́стья; ли́стья, гони́мые ве́тром. f) пульт, включа́ющий телеви́зор; телеви́зор, включа́емый пу́льтом; g) сквозня́к, гася́щий свечу; свеча, гаси́мая сквозняко́м.
3. b) заброни́рован; c) сло́жены; d) о́тдан; e) поли́ты; f) нако́рмлена; g) зака́зано
4. b) сда́нных; c) изуча́емый; d) вы́ученные; e) покупа́емые; f) ку́пленный; g) исполня́емых; h) испо́лнены; i) узнава́ем; j) у́знанной
5. a) Посы́лка, отпра́вленная в пя́тницу, всё ещё не пришла́. b) Предме́ты/ве́щи, забы́тые в по́езде и́ли на вокза́ле, вы мо́жете найти́ в бюро́ нахо́док. c) Э́то ру́сское предложе́ние, переводи́мое мной на неме́цкий, не сло́жное. d) По телеви́зору идёт мой горячо́ люби́мый фильм.

Das Adverbialpartizip: Adverbialpartizipien der Gleichzeitigkeit, Adverbialpartizipien der Vorzeitigkeit (Seite 170 – 172)

1. b) возвраща́ясь, возврати́вшись; c) красне́я, покрасне́в; d) ра́дуясь, обра́довавшись; e) зовя́, позва́в; f) неся́, отнеся́*; g) танцу́я, станцева́в; h) приезжа́я, прие́хав
2. a) Написа́в; b) Расска́зывая; c) Чита́я; d) Сда́в; e) Рису́я; f) Взя́вшись; g) взяв, h) собира́я; i) смея́сь
3. b) Уви́дев э́ту де́вушку, я поняла́, что мы знако́мы. –; c) –, Купи́в биле́ты, мы сра́зу же пошли́ в кинозал. d) Проезжа́я ми́мо ста́нции, я потеря́л шля́пу. –; e) Возвраща́ясь домо́й, он всегда́ в хоро́шем настрое́нии. –

* Die Form **отнёсши** wird in der modernen Sprache nicht mehr gebraucht.

4. a) Си́дя за столо́м, они́ разгова́ривали. b) Гуля́я, я ча́сто встреча́ю свою́ сосе́дку. c) Подня́вшись на́ гору, тури́сты уви́дели мо́ре. d) Прочита́в письмо́, оте́ц переда́л его́ ма́тери. e) Она́ убира́ет свою́ ко́мнату, слу́шая му́зыку. f) Он ушёл, ничего́ не объясни́в.

Die Präposition (Seite 178 – 180)

1. b) в шко́лу, в шко́ле; c) на по́чту, на по́чте; d) в парикма́херскую, в парикма́херской; e) на стадио́н, на стадио́не; f) на рабо́ту, на рабо́те; g) в спа́льню, в спа́льне; h) в музе́й, в музе́е; i) на вы́ставку, на вы́ставке; j) на стоя́нку, на стоя́нке; k) в го́сти, в гостя́х.
2. Gen.: без, с, о́коло, кро́ме, до, из, от, ми́мо; Dat.: к, благодаря́, по; Akk.: на, под, че́рез, о, с, за, про, сквозь, по; Instr.: под, ме́жду, с, за, над, пе́ред; Präp.: на, при, о, по
3. b) ме́сяц; c) четверга́; d) тебе́; e) Росси́и; f) ци́рка; g) на́шего знако́мства; h) конце́ртом; i) обе́да; j) посети́телей вы́ставки
4. b) че́рез; c) под; d) пе́ред; e) по́сле; f) на; g) И́з-за; h) по; i) о́бо; j) за; k) вдоль
5. b) на; c) с; d) до; e) без; f) по; g) на; h) на; i) –; j) у; k) на; l) на; m) в; n) в; o) на; p) под; q) за; r) в; s) с; t) на; u) на

Das Adverb: Die Steigerung der Adverbien (Seite 185 – 186)

1. b) сле́ва, нале́во; c) бли́зко; d) по-мо́ему; e) споко́йно; f) по-сво́ему; g) похо́же; h) осторо́жно
2. b) ла́сковее, ла́сковее всех/всего́; c) быстре́е, быстре́е всех/всего́; d) ме́дленнее, ме́дленнее всех/всего́; e) да́льше, да́льше всех/всего́; f) трудне́е, трудне́е всех/всего́; g) мя́гче, мя́гче всех/всего́; h) лу́чше, лу́чше всех/всего́; i) ху́же, ху́же всех/всего́; j) бо́льше, бо́льше всех/всего́; k) бли́же, бли́же всех/всего́
3. b) ча́сто; c) хоро́шее; d) пло́хо; e) пра́вильный; f) кре́пко; g) по́здно; h) мно́го; i) ти́хий

Das Adverb: Prädikative Adverbien (Seite 188)

1. c); e); f)
2. a) Es ist für Sie schon Zeit aufzustehen! b) Muss irgendjemand eine Fahr-/Eintrittskarte kaufen? c) Ich darf kein Bier trinken. d) Sie muss nicht abnehmen.
3. b) Нам бы́ло интере́сно на ле́кции. c) Мне гру́стно. d) В о́тпуске бу́дет хорошо́. e) Ей всегда́ беспоко́йно.

Die Partikel (Seite 194 – 195)

1. a) бы; b) то́лько; c) то; d) Ра́зве; e) же; f) ни; g) да́же; h) же; i) ни … ни; j) ведь; k) Вон; l) ни-

2. b); e); f); g)
3. b) не, ни, ни; c) не; d) ни; e) не, ни, ни; f) ни, не; g) ни, не
4. a) Z; b) Z; c) Z; d) G; e) Z; f) Z; g) G; h) G

Die Interjektion (Seite 197 – 198)

1. b) Бу́дьте здоро́вы! c) Пожа́луйста; d) Алло́; e) Приве́т; f) Здра́вствуйте; g) Споко́йной но́чи; h) До свида́ния
2. a) овца́; b) коро́ва; c) куку́шка; d) коза́; e) соба́ка; f) ко́шка; g) пету́х; h) воробе́й; i) свинья́; j) гусь; k) лягу́шка; l) у́тка; m) мышь; n) ку́рица
3. b) 5; c) 2; d) 6; e) 1; f) 8; g) 7; h) 4; i) 10; j) 9

Der einfache Satz: Die Wortstellung in Aussage- und Fragesätzen, Aufforderungssätze (Seite 203 – 205)

1. b) Продаве́ц до́лго не дава́л мне второ́й боти́нок. c) Почтальо́н всегда́ прино́сит нам све́жие газе́ты. d) Макси́м го́рдо показа́л Са́ше свою́ но́вую маши́ну. e) И́горь за́втра сде́лает Ле́не предложе́ние. f) Врач сра́зу вы́писал больно́му лека́рство. g) Соба́ка с ра́достью принесла́ хозя́ину та́пки. h) Пе́тер ча́сто да́рит Ри́вке цветы́. i) Окса́на обы́чно передаёт Андре́ю приве́т.
2. a) Bitte; b) Empfehlung; c) Befehl; d) Bitte; e) Bitte; f) Empfehlung; g) Befehl; h) Empfehlung; i) Bitte
3. b) Я ходи́л в бассе́йн вчера́. c) Мы пода́рим э́ти цветы́ учи́тельнице. d) Мы в Ита́лию полети́м. e) На фле́йте игра́ет моя́ подру́га.
4. b) Чем он боле́л? c) О чём была́ пе́сня? d) Что ты де́лаешь/вы де́лаете по́сле у́жина? e) Где стои́т твой/ваш стол? f) Когда́ прие́дут его́ роди́тели?
5. b) Мари́на уме́ет танцева́ть вальс? Уме́ет ли Мари́на танцева́ть вальс? Ра́зве Мари́на уме́ет танцева́ть вальс? Неуже́ли Мари́на уме́ет танцева́ть вальс? c) Пингви́ны (не) уме́ют лета́ть? (Не) Уме́ют ли пингви́ны летать? Ра́зве пингви́ны не уме́ют лета́ть? Неуже́ли пингви́ны не уме́ют лета́ть? d) У неё есть брат? Есть ли у неё брат? Ра́зве у неё есть брат? Неуже́ли у неё есть брат?

Der einfache Satz: Satzglieder: Das Subjekt, abhängige Satzglieder (Seite 209 – 210)

1. b) Понеде́льник – Substantiv; c) Фотографи́ровать – Verb; d) Чита́ющие – substantiviertes Partizip; e) Се́меро – Zahlwort; f) «мя́у!» – Interjektion; g) «за́втра» – Adverb; h) Рабо́чие – substantiviertes Adjektiv
2. b) уме́ет/уме́ют; c) пла́вает; d) не зна́ет; e) пришёл; f) стоя́ла; g) прошло́; h) упа́ло/упа́ли; i) ушли́

3. a) На пло́щади бы́ло мно́го голубе́й. b) Не́сколько друзе́й стоя́ло/стоя́ли у метро́. c) В э́том бале́те танцева́ли две изве́стные балери́ны. d) О́ба её сы́на учи́лись игра́ть на гита́ре. e) Мы с сестро́й ходи́ли в кино́. f) На кры́ше сиде́ло шесть ко́шек.

Der einfache Satz: Satzglieder/Das Prädikat (Seite 214 – 215)

1. b) A; c) B; d) B; e) B; f) A; g) B; h) B; i) A; j) C; k) C
2.

А	Г	У	Ч	И	Т	Ь	С	Я	С	Н	Й
М	О	Ч	Ь	Д	В	Х	И	З	П	А	К
Р	Т	М	Ч	Б	А	Ё	П	Н	А	Д	О
Д	О	Л	Ж	Е	Н	Ж	Р	У	Т	О	Н
Щ	В	Ъ	Э	Г	Л	Р	А	Д	Ь	Е	Ч
Б	Ф	О	Ъ	А	О	Д	З	Л	С	Д	А
Л	Ю	Б	И	Т	Ь	И	Р	О	Т	А	Т
Я	Х	Я	З	Ь	Ж	Д	Е	Л	А	Т	Ь
В	С	З	Ш	К	М	Е	Ш	А	Т	Ь	Ж
Ч	З	А	П	Р	Е	Щ	А	Т	Ь	Р	Б
Г	У	Н	Р	Е	Ш	А	Т	Ь	Д	К	В
Д	Е	П	Б	Р	А	Т	Ь	И	М	Х	О

waagerecht: учи́ться, мочь, на́до, до́лжен, рад, люби́ть, меша́ть, запреща́ть, реша́ть;
senkrecht: гото́в, обя́зан, разреша́ть, стать, надоеда́ть, конча́ть

3. b) Е́сли бы ты был здоро́в! c) Е́сли бы му́зыка была́ ти́хая/ти́ше! d) Е́сли бы Артём был холосто́й! e) Е́сли бы Ва́ля была́ не за́мужем! f) Е́сли бы э́та ю́бка была́ коро́ткая/коро́че! g) Е́сли бы э́тот биле́т был дешёвый/деше́вле!
4. e); j)

Der einfache Satz: Sätze ohne grammatisches Subjekt (Seite 221 – 223)

1. b) Мне вы́рвали зуб. c) Ей подари́ли цветы́. d) На ме́сте па́рка постро́или торго́вый центр. e) Пассажи́ров про́сят пристегну́ться. f) У нас всегда́ сверля́т. g) Тебя́ уже́ поздра́вили с Но́вым го́дом?
2. a) P; b) AP; c) AP; d) P; e) P; f) AP
3. b) Ему́ не хоте́лось идти́ в го́сти. c) Ей не сиди́тся до́ма. d) Сы́ну не спи́тся. e) Де́рево слома́ло ве́тром./Ве́тром слома́ло де́рево. f) Не́сколько домо́в снесло́ урага́ном./Урага́ном снесло́ не́сколько домо́в. g) Всё не́бо затяну́ло тёмными ту́чами./Тёмными ту́чами

затяну́ло всё не́бо. h) Мне слы́шно че́й-то го́лос. i) Отсю́да ви́дно наш дом. j) Им не ве́рится в успе́х пое́здки.

4. b) Нет, у меня́ нет часо́в. c) Нет, зде́сь не́ было мали́ны. d) Нет, у меня́ нет свобо́дного вре́мени. e) Нет, тут никого́ нет. f) Нет, в коридо́ре нет ве́шалки. g) Нет, в но́мере нет ду́ша.
5. a) Бы́ло хо́лодно и темно́. b) На у́лице никого́ не́ было. c) И́з-за тума́на ничего́ не́ было ви́дно. d) На́до бы́ло бы скоре́е идти́ домо́й. e) Иногда́ бы́ло слы́шно стра́нные зву́ки. f) В тако́й ве́чер хо́чется остава́ться до́ма.

Der einfache Satz: Die Negation (Seite 225 - 226)

1. a); d); f); h)
2. a) 2; b) 1; c) 1; d) 2; e) 2; f) 1
3. a) Er hat weder Freunde noch Familie. b) Ich war noch nie auf der Krim. c) Andrej kennt kein einziges ukrainisches Lied. d) Sie mussten den Kindern einfach helfen. e) Ich habe nichts davon gehört. f) Er musste sich einfach an diese Geschichte erinnern.

Der zusammengesetzte Satz: Satzverbindungen (Seite 231 - 233)

1. a) E; b) Z (Komma nach те́ннис); c) Z (Komma nach уста́ли); d) E; e) Z (Komma nach жа́рко); f) Z
2. b) У меня́ аллерги́я на мали́ну, а клубни́ку я могу́ есть. У меня́ аллерги́я на мали́ну, клубни́ку же я могу́ есть. c) Она́ не лю́бит рок, а кла́ссика ей о́чень нра́вится. Она́ не лю́бит рок, кла́ссика же ей о́чень нра́вится. d) Влад не говори́т по-англи́йски, а по-неме́цки он говори́т свобо́дно. Влад не говори́т по-англи́йски, по-неме́цки же он говори́т свобо́дно.
3. a); c); f); h); i); j); l)
4. b) и, но, а; c) но, а, и; d) но, и, а; e) и, а, но; f) но, и, а; g) но, а, и; h) но, а, и

Der zusammengesetzte Satz: Satzgefüge, Objekt- und Subjektsätze (Seite 243 - 245)

1. a) K; b) KW; c) KW; d) K; e) K; f) KW; g) K; h) KW
2. b) nach; c) nach; d) vor; e) gleichzeitig; f) gleichzeitig; g) vor; h) nach
3. b) что; c) что; d) что́бы; e) что; f) что; g) что́бы; h) что́бы; i) что
4. b) Тот; c) всем; d) ка́ждый; e) всём; f) то; g) ниче́м; h) никому́; i) Любо́й
5. b) где; c) как; d) чья; e) кто; f) кто
6. b) Мне показа́лось, бу́дто бы кто́-то позвони́л в дверь. c) Ли́на волну́ется, как бы Илья́ не простуди́лся. d) Я не зна́ю, на́до ли снима́ть сапоги́. e) Всем бы́ло заме́тно, как она́ вы́росла за э́ти полго́да.

Der zusammengesetzte Satz: Attributsätze (Seite 249 – 251)

1. b) котóрый; c) котóрое; d) котóрая; e) котóрые; f) котóрая; g) котóрое; h) котóрый
2. a) котóрую; b) какóй; c) котóрый; d) котóрые; e) какóго; f) на котóрое
3. b) чья сестрá учи́лась в моём клáссе. c) чей сын живёт в сосéдней кварти́ре. d) чьё и́мя извéстно кáждому. e) чьи собáки всегдá лáют на меня́.
4. a) где; b) откýда; c) бýдто; d) когдá; e) кудá; f) чтóбы; g) что; h) где; i) когдá
5. b) Мы вы́шли на дорóгу, по котóрой мы ещё не ходи́ли. c) Кошелёк мóжет быть в пакéте, котóрый я повéсила на стул. d) Позвони́ юри́сту, с котóрым я вчерá встречáлся. e) Я получи́л письмó, котóрого (я) дóлго ждал. f) Онá купи́ла тýфли, в котóрых мóжно танцевáть всю ночь.
6. b) Я потеря́л рюкзáк, в котóром бы́ли вáжные докумéнты. c) Я разговáривал со знакóмыми, котóрые недáвно приéхали из Итáлии. d) У людéй, о котóрых я говорю́, нет чýвства ю́мора.

Der zusammengesetzter Satz: Adverbialsätze (Seite 256 – 257)

1. b) когдá; c) где; d) откýда; e) где; f) кудá; g) Когдá
2. b) то; c) тогдá; d) тудá; e) оттýда; f) потомý/из-за тогó/оттогó; g) то; h) то; i) тогó
3. b) был, бы нарисовáл; c) Позвони́, бýдет; d) встрéтил, узнáл бы; e) бýдет/есть, отдáм; f) успевáю, хочý; g) приéхали, могли́ бы; h) сдéлали, начинáйте
4. b) Дми́трий звони́т мне, чтóбы узнáть нóмер телефóна Олéга Ивáновича. c) Мне нýжно залéзть на стул, чтóбы достáть эту вáзу. d) Ю́ля надéла рези́новые перчáтки, чтóбы не запáчкать рýки. e) Мариáнна не летáет самолётами, потомý что у неё аэрофóбия. f) Влади́мир откры́л дверь, чтóбы Нáдя моглá войти́.

Der zusammengesetzte Satz: die direkte und die indirekte Rede (Seite 259)

1. a) «Какóй прекрáсный день!» – подýмал я. b) Он спроси́л: «Здесь есть врачи́?» c) Óля сказáла: «Дай мне, пожáлуйста, моё пальтó». d) Дени́с предложи́л: «Пойдём пешкóм!» e) «Вот мой дом», – сказáла Натáша. f) «Тебé не хóлодно?» – спроси́ла я.
2. b) Дочь попроси́ла пáпу закры́ть окнó. c) Сосéдка сказáла, что к нам приходи́л почтальóн. d) Я спроси́ла у подрýги, откýда у неё э́та сýмочка. e) Учени́к спроси́л, мóжно ли войти́.

Sachregister

Fett markierte **Wörter** sind als Überschrift zu den nachfolgenden, eingerückten Wörtern zu verstehen. Fett markierte **Seitenzahlen** weisen darauf hin, an welcher Stelle des Buches ein Thema hauptsächlich behandelt wird.

Wortregister

Bildnachweis

U1: Getty Images/letty17; **S. 10:** iStockphoto/izold; **S. 12:** Shutterstock/pfshots; **S. 16:** iStockphoto/diane39; **S. 21:** Shutterstock/AlikeYou; **S. 38:** iStockphoto/cwinegarden; **S. 57:** iStockphoto/RonTech2000; **S. 84:** iStockphoto/sasasasa; **S. 105:** Shutterstock/Wallenrock; **S. 153:** Getty Images/FOTOGRAFIA INC.; **S. 167:** iStockphoto/lisegagne; **S. 173:** Getty Images/clu; **S. 181:** Adobe Stock/Denis; **S. 189:** iStockphoto/cloki; **S. 196:** Shutterstock/Radoslaw Korga; **S. 199:** iStockphoto/encrier; **S. 227:** iStockphoto/Sean Locke